Thomas Chorherr

DAS ANGST-DILEMMA

Thomas Chorherr

DAS ANGST-DILEMMA

Warum wir mit Angst nicht leben und ohne Angst nicht überleben können

ecowin

Thomas Chorherr
Das Angst-Dilemma
Warum wir mit Angst nicht leben und ohne Angst nicht überleben können

Umschlagidee und -gestaltung: **kratkys.net**

1. Auflage

Lektorat: Dr. Arnold Klaffenböck
Gesamtherstellung: www.theiss.at
Gesetzt aus der Sabon
Printed in Austria
ISBN 978-3-902404-75-6

1 2 3 4 5 6 7 8 / 11 10 09

www.ecowin.at

Inhaltsverzeichnis

Prolog

Angst. Ich habe sie, du hast sie, nicht ununterbrochen, aber gelegentlich, wenn nicht gar häufig. Angst. Wir alle haben sie. So viele Menschen es gibt, so viele Ängste gibt es. Angst ist eine Volkskrankheit. Sie ist es heute mehr denn je. Wir haben Angst vor der Krise, vor Arbeitslosigkeit, vor der Zukunft. Wir haben Angst von der Geburt bis zum Tod.

Angst ist wohlfeil – gerade jetzt, inmitten einer Krise. Etwa 17 Millionen Menschen leiden allein in Österreich, Deutschland und der Schweiz an Angsterkrankungen. In der Europäischen Union sind es 43 Millionen.

Aber Angst ist auch die Farbe unseres Lebens. Angst hilft uns, zu existieren. „Angst ist eine der fünf bis sechs Grundfunktionen unseres Gehirns", sagt der Münchner Gehirnforscher und Psychologe Ernst Pöppel. Angst ist Dynamo. „Die Angst lähmt nicht nur, sondern enthält die unendliche Möglichkeit des Könnens, die den Motor menschlicher Entwicklung bildet", behauptet der dänische Philosoph Søren Kierkegaard. Angst kann die treibende Kraft sein, die uns zu schöpferischem Handeln anregt, liest man beim deutschen Angstforscher Borwin Bandelow.

Angstforschung. Der Versuch, ein Gefühl zu beschreiben, das im Grunde unbeschreiblich ist – in jeder Beziehung. Angst und die Wege, sie zu besiegen – das ist der Inhalt dieses Buchs. Der Autor weiß, wovon er schreibt. Die Angst ist ihm oft im Nacken gesessen. Er hat sie besiegt. Auch davon erzählt er.

Denn die Angst ist heilbar. „Ich will dem Schicksal in den Rachen greifen", schrieb Beethoven über seine Fünfte Symphonie, die mit dem bekannten Schicksalsmotiv beginnt. Drei kurze Schläge, ein langer. Sie wurden mehr als ein Jahrhundert später zu einem

Zeichen des Sieges nach einer Periode der Angst. Die BBC verwendete es als Signation ihrer Sendungen für das feindliche Deutschland. Drei kurze, ein langer Schlag: kurz – kurz – kurz – lang. Das Morsezeichen für V. Und das steht für „Victory". Trotz der deutschen Bombenangriffe, die man „Blitz" nannte und die London teilweise in Schutt und Asche legten. Winston Churchill, der Premier, machte seinen Landsleuten Mut. Er zeigte immer das V-Zeichen, wenn er in der Öffentlichkeit auftrat. V für Victory. Habt keine Angst, besiegt sie!

Dieses Buch ist ein sehr persönliches. Ich habe viele Fakten, aber auch manches an Erinnerungen beschrieben, vielleicht auch an Gefühlen. Das Buch ist kein Nachschlagewerk, keine Enzyklopädie. Es ist von einem geschrieben, der sich betroffen fühlt – von der Angst, die er oft gehabt hat. Aber er hat auch Wege gefunden, dieser Angst entweder auszuweichen oder ihr zu entkommen. Sie werden in diesem Buch manch Biografisches finden. Ich glaube, dass Beispiele aufmuntern.

Ich habe mich meiner Angst, so ich sie denn hatte, nie geschämt. Sie ist, wie ich meine, das innerste, vielleicht auch das am meisten vertraute Gefühl. Man darf sie zeigen, wie man auch die Tränen zeigen kann. Ich bin froh darüber.

Angst. Ein Wort, das es in dieser Bedeutung nur in der deutschen Sprache gibt. Angst. Im Amerikanischen nennt man sie „fear", und man weiß, dass es nicht dasselbe ist. Angst ist ein undefinierbares Gefühl, Furcht ist objektbezogen.

„A case of Angst" las ich vor nicht allzu langer Zeit in einem amerikanischen Magazin. A case of Angst: Die Wortwahl bewies, dass jedenfalls die Amerikaner für das, was den Begriff Angst auszeichnet, kein anderes, gleichbedeutendes, gleich schwer wiegendes Wort haben. Angst ist demnach ein Lehnwort in der englischen Sprache. Es lässt sich nicht umschreiben.

Ich muss mich verbessern. Mag sein, dass es dieses Wort nur auf Deutsch zu geben scheint. Aber der amerikanische Präsident Roosevelt schärfte es nach der damaligen Weltwirtschaftskrise seinen Landsleuten ein: „Fürchtet euch nicht“. „The only thing we have to fear is fear itself.“ Das Einzige, wovor wir Angst haben müssen, ist die Angst.

Angst ist vom Zeitgeist nicht zu trennen, sie ist ein Teil von ihm. Und dieser Zeitgeist gestattet es, Angst zu zeigen. Mehr noch. Der Zeitgeist befiehlt: Habt Angst! Sie ist nicht immer begründet, aber immer aktuell. Sie wird von den Medien geschürt, bisweilen auch geschaffen. Auch darüber möchte ich ausführlich erzählen. Zufrieden zu sein, ist fast unnatürlich geworden. Je besser es uns geht, desto mehr fürchten wir uns. Die Wohlstandsgesellschaft ist folgerichtig eine Angstgesellschaft. Wann kommt der nächste Weltuntergang? Wir haben Todesangst, Existenzangst, Zukunftsangst.

Die Spaß-Generation, die „Fun Generation“, ist von der Generation Angst abgelöst worden. Ist das zu pessimistisch? Fakten werden von den Meinungsforschern geliefert. Die Zahl der Menschen, die sich von der Zukunft Gutes erwarten und annehmen, dass sie besser sein werde als die Gegenwart und vor allem besser als die Vergangenheit, nimmt ab, gerade jetzt. Jeder zweite Österreicher ist laut einer IMAS-Umfrage überzeugt, dass wir unseren derzeitigen Lebensstandard ohne weiteres Wachstum der Wirtschaft nicht werden halten können. Und dieses Wachstum nimmt nicht zu, sondern ist zuletzt geschrumpft. Die größten Zweifler an der Verbesserung der Lebensumstände finden sich unter Maturanten und Akademikern, leitenden Angestellten und Beamten. Die Menschen fürchten sich vor Klimawechsel, Atomenergie, Ausländerzuwachs und Kriminalität. Und vor allem gibt es die Angst vor Arbeitslosigkeit im Zusammenhang mit der Finanzkrise.

Zukunftsangst ist ein Faktor der Gegenwart. Wir erleben diese wie eine Geisterbahn: Hinein ins finstere Loch, wo am Ende, wie wir hoffen, schon wieder die Tageshelle leuchtet. Aber uns scheint die Sonne, die wir irgendwann doch erwarten, dann heller als anderswo, könnte man meinen. Wir haben Angst und sind gleichzeitig Optimisten. Da unterscheiden sich die Österreicher von fast allen anderen EU-Ländern. Zwei Seelen wohnen offenbar in ihrer Brust. Ein Drittel der vom Institut Gallup Befragten glaubten, sich „kaum“ oder „gar nicht“ einschränken zu müssen. Vorläufig. Dies scheint uns von den Amerikanern zu unterscheiden. Zwar sind die Fernreisenden in Europa weniger geworden, aber die Wirtshäuser blieben voll.

Zukunftsangst – ein Problem der Missmutigen? Österreich behält offensichtlich seinen Ruf, eine Insel der Seligen zu sein, auch in Krisenzeiten. „Verkauft's mei G'wand, i fahr in Himmel!“ Unser Liedgut ist nicht immer der Situation adäquat.

Angst ist ein psychosoziales Problem, somit eines, das allen Menschen von alters her eigen ist. „Ich ängstige mich, daher bin ich“, schrieb der Kultur- und Literaturwissenschaftler Hartmut Böhme. Er wandelte Descartes ab, der gesagt hatte: „Cogito, ergo sum“. Ich denke, daher bin ich. Böhme verbessert: Angst sei so alt wie der Mensch: „Sie ist da, wenn wir geboren werden“.

Aber Angst kann, wie gesagt, geschürt werden. Wo sie unterschwellig vorhanden ist, braucht es nicht viel, sie an die Oberfläche zu zwingen. „Only bad news is good news“, heißt es in den Medien. Ich wage, es anders zu formulieren: Only bad news is news. Eine gute Nachricht ist keine Nachricht. Nur wer der Angst eine Schaufel zulegt, gewinnt an Reichweite. Der „Untergang des Monats“ wird publiziert. „Das Geschäft mit der Angst dürfte das in Wahrheit älteste Gewerbe der Welt sein“, sagt die Schriftstellerin Thea Dorn. Der Dichter Friedrich Hebbel, in Wien begraben, schrieb: „Es gibt Leute, die sich über den Weltuntergang trösten würden, wenn sie ihn nur vorhergesagt hätten“.

Dass er auch jener Dichter war, der behauptet hatte, Österreich sei „eine kleine Welt, in der die große ihre Probe hält“, verdrängen wir zumeist und schreiben das Zitat unserem Nationaldichter Franz Grillparzer zu. Dabei wäre es so dringend notwendig, Hebbel recht zu geben, und gerade mit der vermeintlichen Apokalypse das Versuchsgelände Österreich anzuführen. Der Tod, der muss ein Wiener sein …

Friedrich Sieburg notierte im 20. Jahrhundert Ähnliches: „Ein wesentlicher Reiz unserer Zivilisation besteht in der Reichhaltigkeit der Palette, mit der wir die Menschheit malen, wie sie dem Grabe zuwankt. Man muss auch eine Sache, von der man nichts weiß, zu Ende denken können“. Ein Buch über die Angst kommt um die älteste aller Ängste, die vor dem Tod, nicht herum. Sie umfasst uns unbewusst seit der Geburt, sagen die Seelenforscher.

Angst nimmt uns in Besitz, seit wir denken konnten. Sie beherrscht uns in vielerlei Gestalt und ohne, dass wir es zugeben wollen. Angst ist eine Volkskrankheit. Aber sie kann uns gleichzeitig umhüllen, wie ein Schutzmantel. Man kann sie bekämpfen, aber wir brauchen sie zum Überleben. In der Tat: Wir befinden uns im Dilemma. Im Angstdilemma. Es existiert, seit es Menschen gibt.

Aber die Angst ist eben nicht nur ein negatives Element. Ich ängstige mich, daher bin ich? Der Satz verdient eine Interpretation, und die führt keineswegs schnurstracks in das Gegenteil des Glücks.

Vielmehr kann Angst durchaus auch positiv gewertet werden, zumindest in einigen Aspekten. Ohne Angst gäbe es keinen Fortschritt, sagen manche Psychologen. Angst hänge auch mit Leistung zusammen, Leistung fuße nicht zuletzt auf der Angst, den Kürzeren ziehen zu müssen. Ein britischer Werbetexter, der den Menschen beizubringen hatte, welche Berufe sie ergreifen und welche Produkte sie kaufen sollten, nannte die Angst sogar ein Urprinzip der Menschheit. Er sprach von der Angst, wir könnten den Weg nach oben nicht wirklich schaffen, von der Angst, die anderen könnten dahinterkommen, dass wir in Wahrheit gar nicht so toll sind, wie wir der Mitwelt weismachen möchten. Und er listete auch die Angst davor auf, ein anderer könnte uns von dem Platz verdrängen, den wir uns so mühsam erkämpft haben. Ohne Angst sind wir unzufrieden, wir fürchten, dann nicht weiterzukommen.

Es gibt offenbar keinen Wettbewerb ohne Angst, zu verlieren, und demnach gäbe es ohne Angst auch keinen Erfolg. Ist das eine Umwertung der Werte? Es ist jedenfalls ein Beweis, wie sehr, wie oft und wie intensiv sich die Menschen mit diesem Urprinzip Angst von alters her auseinandergesetzt haben – und wie sehr dieses Phänomen heute aktuell ist, aktueller denn je. Weshalb auch das Angstdilemma – böse Angst, gute Angst? – aktuell ist und bleiben wird.

A case of Angst. A case of fear? Die Menschheit angstfrei zu machen, ist das wichtigste Ziel aller internationalen Organisationen und vor allem der UN. Aber kann es eine Freiheit von Angst geben? Wir leben in einem permanenten Alarmzustand, sagt Bandelow. Aber jeder Alarm findet seine Entwarnung. Wir können die Angst heilen, wir können sie besiegen. Wir müssen mit ihr leben, aber es gibt Mittel, der Angst Herr zu werden. Auch davon wird in diesem Buch ausführlich die Rede sein.

Vor allem aber von den Urängsten. Es gibt viele, jeder von uns hat an einer davon gelitten, jeden hat eine Urangst erfasst – vielleicht ohne dass er es weiß. Ich weiß, dass sie auf uns lauern. Die Urängste: die Angst vor dem Bösen und der Finsternis. Die Angst vor dem Tod. Die Angst vor der Krankheit. Die Angst vor dem Alter. Die Trennungsangst. Die Existenzangst. Und vor allem auch die Zukunftsangst.

Wir kennen jede von ihnen. Auch ich kannte und kenne sie. Aber ich habe diese Urängste überlebt. Sie haben mir, so sonderbar dies auch klingen mag, geholfen. Wir alle brauchen Ängste. Wir müssen mit ihnen leben, aber ohne sie könnten wir nicht existieren. Auch darüber werden Sie in diesem Buch lesen.

Eine der eindrucksvollsten Kurzpredigten, die ich hörte, war jene eines jungen Augustiners kurz vor Weihnachten. Er sprach von der Krippe und malte dann ein Bild, das mir immer in Erinnerung bleiben wird. Hinter der Krippe stehe schon das Kreuz, sagte er.

Und dann meinte er, wir sollten versuchen, die Zwischenzeit mit so wenig Angst wie möglich zu durchleben. Es sei schwer und doch auch leicht. Auch dies ist der Inhalt meines Buchs.

Seit es Menschen gibt

Eine Chronologie der Ängste

In der Naturgeschichte haben diejenigen die besten Überlebenschancen, die sich am meisten fürchten. Wer dies sagt, ist einer der berühmtesten Verhaltensforscher der Welt – und Nobelpreisträger noch dazu: der Österreicher Konrad Lorenz. Ich halte den Ausspruch für rätselhaft – und dann doch nicht. Wer sich fürchtet, geht der Gefahr aus dem Weg. Ob es ihm auf die Dauer nützt, bleibt unbewiesen. Denn Angst ist Affekt, und dieser wieder ist unbeherrschbar. Er ist, wie die einschlägigen Bücher verraten, ein „besonders intensiv erlebtes Gefühl mit auffallenden körperlichen Begleiterscheinungen".

Wenn wir beim Menschlich-Allzumenschlichen bleiben, können wir sogar genau sagen, was unter diesen Begleiterscheinungen bisweilen gemeint sein kann. Die Muskeln erschlaffen. Die Knie zittern. Es kommt zu einer Beschleunigung der Verdauungsprozesse. Der Mensch macht sich vor Angst in die Hose. Das ist absolut nicht medizinisch ausgedrückt, aber gelegentlich beschreibt die Umgangssprache manche Erscheinungen deutlicher und wirkungsvoller als die Wissenschaft.

In der Tat: Angst ist Affekt, führt so wie alle anderen Affekte (Angst ist nur einer davon) zu einer „Bewusstseinseinengung auf das Affekterlebnis und Einschränkung der Willenskontrolle und des Kritikvermögens". Aus der trockenen Sprache der Wissenschaft in unsere alltägliche übersetzt: Man kann vor Angst oder vor Furcht (die beiden Begriffe meinen nicht unbedingt dasselbe) zu unüberlegten Handlungen, den Affekthandlungen, genötigt sein. Die Schlange vergiftet mit einem Biss, der Hund beißt zu, die Ratte, die sich in die

Enge getrieben fühlt, springt den Gegner an. Angst aus Instinkt? Instinktive Abwehr? Auch der Mensch kann sich bisweilen instinktiver Angst nicht erwehren. Sie ist auch ein Schutzmechanismus.

Der Mensch und seine Angstgefühle und deren Konsequenzen sind der Inhalt dieses Buchs. Sie verfolgen ihn, ohne dass er es weiß, von der Geburt bis zum Tod.

„Es gibt so viele Ängste, wie es Menschen gibt", sagen die Psychologen. Aber woher kommen sie? Worin bestehen sie? Und was ist eigentlich Angst, was versteht man unter Angst? Ist normale Angst (es gibt krankhafte, jeder Mensch habe mindestens zwei Phobien, also Angststörungen) wirklich normal? Haben auch normale Menschen Angst?

Jawohl. Sie brauchen Angst. Sie können ohne Angst nicht existieren. Mehr noch: Wir nützen die Angst, unsere eigene und die des Nächsten. *„Wenn einer keine Angst hat, hat er keine Fantasie"*, sagte Erich Kästner. Und der Schweizer Schriftsteller Max Frisch schrieb: *„Es gibt kein Leben ohne Angst vor dem anderen, schon weil es ohne diese Angst, die unsere tiefe ist, kein Leben gibt; erst aus dem Nichtssein, das wir ahnen, begreifen wir für Augenblicke, dass wir leben. Man freut sich seiner Muskeln, man freut sich, dass man gehen kann, man freut sich des Lichtes, das sich in unserem dunklen Auge spiegelt, man freut sich seiner Haut und Nerven, die uns so vieles spüren lassen, und man freut sich und weiß mit jedem Atemzug, dass alles, was ist, eine Gnade ist. Ohne dieses spiegelnde Wachbewusstsein, das nur aus Angst möglich ist, wären wir verloren, wir wären nie gewesen."*

Angst – ein Thema für Philosophen? Der bereits erwähnte Däne Søren Kierkegaard hat einer seiner wichtigsten Schriften den Titel „Der Begriff Angst" gegeben. Diesen Begriff Angst, postuliert Kierkegaard in diesen sonst philosophischen Ausführungen nicht zuletzt zum Thema „Erbsünde", finde man kaum in der Psychologie behandelt. *„Ich muss deshalb darauf aufmerksam machen, dass er gänzlich verschieden ist von Furcht und ähnlichen Begriffen, die sich auf etwas Bestimmtes beziehen, während die*

Angst die Wirklichkeit der Freiheit als Möglichkeit für die Möglichkeit ist."

Zugegeben: Was der Philosoph da schreibt, ist schwer verständlich. Versuchen wir eine Erklärung. Die Unterscheidung von Angst und Furcht sei fundamental, erläutert Gernot Böhme in einem Sammelwerk über die Hauptwerke der Philosophie. Die Angst sei deshalb *„insbesondere kein Akt, kein Bewusstseinsakt und auch kein Seinsakt, sondern eher ein Zustand. Angst bezeichnet nicht das Wie des Daseins, sondern das Was"*.

Angst als Zustand also. Was Kierkegaard und andere Philosophen eher kompliziert beschreiben, lässt sich auf jenes Faktum reduzieren, das wir alle kennen. Denn wir alle haben Angst. Es gibt viele Wege, aus diesem Zustand zu fliehen, und viele Mittel, ihn loszuwerden. Denn Angst mag ein Lebensbegleiter sein, aber ein nützlicher. Sie ist Bestandteil des täglichen Lebens. Schon das Wort Angst zeigt, dass diese Gefühlsregung – und Angst ist eben ein Gefühl – eine ganz selbstverständliche ist. „Anxietas" heißt im Lateinischen „Ängstlichkeit", auch „Sorgfalt". Das Wort „angor" wieder bedeutet „Beklemmung", „Angst" oder „Unruhe". Wenzel Müller, der sich mit diesen Begriffen auseinandergesetzt hat, weist darauf hin, dass Angst demnach *„als die spannungsgeladene Erwartung eines bedrohlichen Ereignisses definiert werden kann"*. Sie gehöre wie Liebe, Hass, Zuversicht, Vertrauen oder Freude zu den ganz normalen Gefühlsregungen und Emotionen des Menschen.

Daher: Genieren wir uns nicht, wenn wir Angst haben, schämen wir uns nicht, wenn wir glauben, allzu ängstlich zu sein. Einem Bären auszuweichen ist noch allemal sicherer als ihm mutig entgegenzutreten. Allenfalls, sagen die Experten, soll man sich, um die Begegnung zu entschärfen, flach auf den Boden legen ...

Angst hat viele Gesichter, aber nicht alle sind Fratzen. Gerade im Deutschen sind die Ausdrücke, die wir für dieses Gefühl verwenden, so mannigfach wie kaum in einer anderen Sprache. Wir sprechen von Ängstlichkeit, Bangigkeit, Bedenken, Bestürzung,

Empfindlichkeit, Entmutigung, Entsetzen, Erschütterung, nervöser Gereiztheit, Nervosität, Sorge, Unruhe, Unbehagen. Sind wir, die wir die deutsche Sprache verwenden, so gefühlsbetont, was die Angst betrifft? Man kann es anders ausdrücken: Gerade weil es so viele Bedeutungen des Begriffes Angst gibt, darf man annehmen, dass er zur biologischen Ausstattung des Menschen gehört. Wir sind für Angst – für die negative und die positive – geradezu vorprogrammiert.

Das war so, seit es Menschen gibt. Die Hominiden schon haben sich wahrscheinlich gefürchtet – vor wem? Kommt da die Evolution ins Spiel? Die Angst jedenfalls existiert, seit Menschen sich mit dem konfrontiert sahen, was ihnen unbekannt schien. Mit anderen Worten: Ohne Angst gäbe es keinen Fortschritt.

Gewiss, die Relikte aus grauer Vorzeit, die „Angstspender" gewissermaßen, fürchten wir auch heute noch. Der Angstforscher Bandelow zählt sie auf: Spinnen, Insekten, Katzen, Vögel, Schlangen, enge Räume, Gewittersturm, tiefes Wasser, Dunkelheit. *„In der Urzeit, als unsere Vorfahren in einem Gebiet lebten, das heute Äthiopien entspricht, gab es noch Gründe, vor diesen Dingen Angst zu haben. Es existierten dort tödlich giftige Spinnen und Schlangen. Aggressive Raubkatzen, wie der Säbelzahntiger, konnten einem erhebliche Verletzungen zufügen – darauf beruht die heutige Furcht mancher Menschen vor kuscheligen Katzen. Auch die Insekten waren etwas größer als jetzt. Mäuse und Ratten übertrugen oftmals tödliche Infektionen. In Höhlen wiederum drohte Gefahr, verschüttet zu werden und zu ersticken, außerdem gab es dort gefährliches Kriechgetier. In der Dunkelheit oder auf weiten Feldern konnte man Raubtieren zum Opfer fallen, im Unwetter von Ästen oder vom Blitz erschlagen werden."*

Der erste Angstanfall des Menschen ist freilich das Trauma der Geburt. Ob Kain und Abel traumatisiert waren, entzieht sich unserer Kenntnis und auch jener der Bibel. Heute jedenfalls weiß man, dass schon das Ungeborene Angst fühlt, wenn der Adrenalinstoß der Mutter groß ist. Ist es der erste, der ursprünglichste Beweis der Intensität einer Mutter-Kind-Beziehung? Um allfällige Missbildungen des Embryos schon in der Frühphase zu entdecken, wird zur Untersuchung des Fruchtwassers die Bauchdecke der Mutter mit einer Nadel durchstochen. So unwahrscheinlich es auch klingen mag: Der Embryo, von der Nadel berührt, erstarrt, was im Ultraschall deutlich wird. Noch eindrucksvoller ist bei einer Zwillingsschwangerschaft die Konsequenz des Verlusts eines der beiden ungeborenen Kinder. Der zweite Embryo bleibt dann tagelang in einer Starre, die man eigentlich nur mit einer Art von Angstzustand erklären kann.

Der Freud-Schüler Otto Rank leitet sogar alle späteren Neurosen vom „Trauma der Geburt" ab. Seine These wird vom Psychoanalytiker Horst-Eberhard Richter zitiert, der auch den Großvater Charles Darwins, Erasmus Darwin, anführt. Dieser hat bereits vor 200 Jahren eindrucksvoll geschildert, was die Ursache der späteren Angstneurosen sein dürfte: *„Die ersten starken Empfindungen, die nach der Geburt auf das Junge eindringen, entstehen durch die Atemnot mit Beklemmung der Brust und durch den plötzlichen Übergang aus einer Temperatur von über 37 Grad in unser kaltes Klima. Das Junge zittert, das heißt, es setzt nacheinander alle Muskeln in Bewegung, um sich von dem Druck auf seine Brust zu befreien, und es beginnt, mit kurzen, schnellen Atemzügen Luft zu schöpfen.*

Gleichzeitig zieht die Kälte seine gerötete Haut zusammen, sodass sie langsam erblasst; der Blasen- und Darminhalt wird entleert, und aus dem Erleben dieser ersten unlustvollen Sensationen entsteht der Angsteffekt, der nichts anderes ist als die Erwartung unlustvoller Sensationen. Diese frühzeitige Kombination von Bewegungen und Empfindungen erhält sich durch das ganze spätere Leben; durch den Angsteffekt wird Kälte und Blässe der Haut, Zittern, Beschleunigung der Atemtätigkeit und Entleerung von Blase und Darm erwirkt; und diese Erscheinungen werden so zum natürlichen, universellen Ausdrucksmittel für diesen Affekt."

Angst ist eine Elementarfunktion des menschlichen Organismus, heißt es in der Fachsprache. Die Angst sitzt im ältesten Teil des Gehirns, ihr Ursprungsort ist das limbische System. Um bei der Fachsprache zu bleiben: Teile der Schläfenlappen sind bei Angst besonders stark durchblutet. Ein Teil des Frontallappens der Großhirnrinde muss aber nach der Geburt noch ausreifen und kann erst dann bei der Unterscheidung und Deutung von Sinneseindrücken, wie etwa Gefahren, mitwirken. Bei Menschen dauert das sieben bis zwölf Monate.

Wir haben also Angst, seit wir geboren wurden. Wir haben heute, heißt es, mehr Angst und größere, als sie unsere Eltern und Großeltern gehabt haben.

Wann ist der nächste Weltuntergang? Welches ist die Katastrophe vom Tag? Von den Medien zu sprechen, ist jetzt zu früh. Sie kommen später dran – und nicht zu knapp. Sie sind freilich nicht allein schuldig. Als die Welt vor dem Kometen zitterte, hat es noch kein Fernsehen und auch kein Radio gegeben. Als die Pest Europa heimsuchte, sind ganze Landstriche entvölkert worden. Die Angst hat sich verbreitet, ohne dass die Menschen Zeitung lesen konnten. Aber „Zeitung" war gleichbedeutend mit Nachricht, und die war hundert- und tausendfach vorhanden. Man zitterte, wenn man erfuhr, was im Nachbarort passiert.

Die Modeschwankungen der Angst sind mannigfach. Warum eigentlich fürchteten sich die Leute immer dann, wenn ein Jahrtausend zu Ende ging? Als man den ersten Tausender schrieb, sofern man schreiben konnte, war Europa voll banger Erwartung. Die Zeit, dachten viele Menschen, müsse jetzt zu Ende gehen. Tausend Jahre sind genug, glaubte man. Erst der Hybris des 20. Jahrhunderts blieb es überlassen, von einem „Tausendjährigen Reich" zu schwatzen.

Als das erste Jahrtausend zu Ende war, meinte man, mit der Zeitrechnung auch das Ende der Welt erreicht zu haben. Jene, die rechnen konnten und den Kalender studiert hatten, flüchteten in die Berge. Vorher hatten sie verkauft, was zu versilbern war. Auf den Bergen schien man Gott näher, und diese Nähe gab Sicherheit.

Als dann die Welt doch nicht unterging, machte man sich langsam wieder auf den Weg ins Tal.

Ängste, die erfreulicherweise vergebens waren, spielen in der Chronologie der Angst eine große Rolle. Das Jahr 2000 ist von vielen Menschen mit Angst erwartet worden. Wir leben zwar in einer Zeit, da die Zukunft von Computern vorhergesagt werden kann, aber wer wusste schon, ob diese Computer am 1. Jänner 2000 noch funktionieren würden, obwohl sie am 31. Dezember 1999 noch problemlos arbeiteten?

Wer hat damals weltweit, wirklich weltweit, den Menschen Angst eingeflößt? Sind mit der Angst Geschäfte gemacht worden? In einem anderen Kapitel soll davon die Rede sein. Wollte man die Menschen verprellen? Oder haben wirklich alle, auch die Wissenden, daran geglaubt? Die Wissenden – jene, von denen man annimmt, dass sie, die sich über Ängste erhaben glauben, den anderen, Niedrigeren diese Ängste einflößen wollen?

Denn dies verleiht gemeinhin Macht. Wenn man eine Sonnenfinsternis vorhersagen kann, verbreitet man Furcht. Priester sind bereits im alten Ägypten in der Lage gewesen, zu prophezeien. Das Unbekannte ist rätselhaft. Als die Spanier nach Mexiko kamen, haben Montezuma und sein Volk die Fremden für Götter gehalten und Angst gehabt. Wie es schließlich endete, wissen wir. Ob Azteken, ob Inkas – die Hellhäutigen, die da gelandet waren, müssen wohl Überirdische gewesen sein, glaubte man. Was überirdisch ist, macht Angst. Die Reihe setzt sich vom Alten Testament fort bis zu den Ufos. Nur E. T. war freundlich.

Es gibt Angstzyklen. Als Hannibal mit seinen Kriegselefanten über die Alpen kam, zitterte Rom – vorerst jedenfalls. „Hannibal ante portas!“ war ein Schreckensruf. Hannibal mit seinem punischen Heer lehrte die Römer das Fürchten. Hannibal ante portas! Kriegsgeschrei hat immer schon Angst ausgelöst. Kriegsangst ist eine Urangst.

Es gibt viele Urängste. Es gibt auch Ur-Urängste. Ängste, die angeboren sind, und Ängste, die wir erwerben. Die Angst vor dem

Bösen ist eine Ur-Urangst, eine der ältesten. Die Angst vor dem Tod ist ihr gleich. Beide lauern im Dunkeln. Es sind gewissermaßen archaische Ängste. Sie verfolgen uns, ohne dass wir es wissen. Sie sind der Menschheit eingepflanzt. Schon Adam und Eva, könnte man meinen, haben sie getragen, ohne es zu wissen.

Die Liste der Urängste ist lang. Und groß. Und sie einzuteilen und zu interpretieren, ist nicht leicht. Ich werde die Angst vor der Zukunft behandeln und versuchen, die Existenzangst zu erläutern – eine, die uns permanent erschreckt. Wir haben Angst vor der Krankheit und vor dem Alter. Urängste alle, von denen wir nicht sagen können, welche die schwerste ist.

Aber es gibt keine Urangst, aus der wir uns nicht befreien können. Allein das Wissen um sie ist hilfreich. Wir müssen den Feind kennen, um in der Lage zu sein, ihn zu bekämpfen. Nur wenn wir glauben, den Ängsten ausgeliefert zu sein, können sie uns besiegen.

Mephistopheles und andere

Die Urangst vor dem ewigen Bösen

Urängste. Es gibt viele von ihnen. Es sind Ängste, die schon den Homo erectus geplagt haben, erst recht den Homo sapiens. Es sind jene Ängste, die wir nicht abschütteln können. Wir haben Wege, sie zu verjagen. Aber die meisten kehren zurück.

Die Urangst aller Urängste ist die Angst vor dem Bösen. Es lässt sich nicht definieren. Es nimmt nicht Gestalt an. Man glaubt, es zu erkennen, aber man kann es nicht. Das Böse ist meist unkenntlich, aber man spürt es.

Es ist auch nicht zu beschreiben, weil es ein Phantom ist, sprich: ein Wesen, das nicht existiert, außer in unserer Vorstellung. Das Böse ist imaginär und doch vorhanden. Es ist unsichtbar und doch allenthalben zu fühlen.

Das Böse lebt im Dunkeln, und dies im doppelten Sinn des Wortes. Es existiert in unserer Fantasie, aber auch in unserer Realität. Die Sonnenfinsternis ist seit alters her etwas Unheimliches. Sie lässt alles Licht verlöschen, die Hunde verkriechen sich und sogar die Vögel verstummen. Wer eine Sonnenfinsternis vorhersagen konnte, dem wohnten überirdische Kräfte inne. Finstere Kräfte, wie die Menschen meinten. Zauberkräfte. Auch Priestern schrieb man solches zu.

Das Finstere ist böse. Wer ein finsteres Gesicht macht, ist böse. Wenn die Mutter finster dreinblickt, fürchtet sich das Kind. Wenn sie dauernd finster blickt, hat das Kind Angst.

Nicht dem Licht ausgesetzt zu sein, sondern im Finstern bleiben zu müssen, ist bis heute ein Teil der Folter. Im „Fidelio“ beklagt der Gefangenenchor die erzwungene Rückkehr in den finsteren Kerker:

„Leb wohl, du warmes Sonnenlicht!" „Welch Dunkel hier!", klagt Florestan.

Das Finstere. Das Dunkel. Der Schoß, könnte man sagen, der alles Böse gebiert. Wir alle fürchten uns vor der Dunkelheit. Wir geben es nur nicht zu. Im Grunde ist der Mut der Höhlenbewohner zu bewundern, jener Menschen, die vor Zehntausenden von Jahren in der Lage waren, sogar die Wände zu bemalen, und zwar dort, wo kein Tageslicht sie traf. Sie haben offenbar die Urangst überwinden können, um in der Finsternis, nur durch Feuer erhellt, Kunst zu produzieren.

Finsterer Wald, finstere Höhle, finstere Nacht. Dort entstehen die Phobien, die Angstanfälle. Seien wir ehrlich: Wir wissen, wovon die Rede ist. Ich habe mich als Kind immer gefürchtet, wenn ich irgendeiner Verrichtung wegen in den Keller geschickt worden bin. Ich habe mich gefürchtet, obwohl es damals noch nicht der Luftschutzkeller war und obwohl er eigentlich nichts anderes war als ein finsteres Souterrain. Keller heißt Ratten, Spinnen, gelegentlich Fledermäuse. Keller heißt Ungetier, das im Finstern lebt. Ich hatte Angst, wir alle haben Angst vor dem Dunkel.

Denn es ist böse, schafft Böses, wie wir glauben. Graf Dracula, diese Fantasiegestalt Bram Stokers, der Vampir in Menschengestalt, konnte nur im Finstern aus seinem Sarg steigen. Beim ersten Sonnenstrahl musste er sich wieder in der Totentruhe verstecken. In der Nacht aber flog er durch die Luft, drang in die Schlafzimmer schöner Frauen, die nach einem Biss des geflügelten Grafen-Vampirs selbst zu menschlichen Blutsaugern wurden, und kehrte pünktlich wieder in seine Gruft zurück. Schon im Stummfilm trieb er sein Unwesen. Die nächtlichen Abenteuer dieser Ausgeburt der Fantasie Stokers sind dann bis heute Gegenstand unzähliger Filme geworden.

Die Nacht gehört den Toten, schreibt der Franzose Claude Lecouteux. „Das Reich der Nachtdämonen" nennt er sein Buch, das sich vor allem mit der Angst vor dem Unheil befasst, das im Dunkeln lauert und gelegentlich hervorbricht. Diese Angst hat vor allem im Mittelalter geherrscht – so stark, dass die Kirche gezwungen war, ihr Einhalt zu gebieten. Berthold von Regensburg, im 13. Jahrhundert prominenter Vertreter des Katholizismus in Bayern, schärfte es in einer lateinischen Predigt den Gläubigen ein:

„Du sollst in keiner Weise an das Volk glauben, das in der Nacht umherzieht (nahtvaren) oder an ihresgleichen, auch nicht an die Gutwilligen (hulden) und die Böswilligen (unholden), nicht an die Kobolde (pilwiz) und die Schreckgespenster (maren, truten) beiderlei Geschlechts, nicht an die Frauen der Nacht (nahtvrouwen), an Nachtgespenster und nicht an solche, die auf Pferderücken mal hierhin, mal dorthin umherziehen: das sind alles Dämonen. Auch sollst du nicht den Tisch für die seligen Frauen (felices dominae) bereiten."

Es sind die Geisterheere, auch die Heere der Toten und der Dämonen, die unseren Vorfahren Angst eingejagt hatten. Die Wilde Jagd tobte in der Nacht über den Himmel. Die „holden Frauen", die in Wirklichkeit unhold waren – eine hieß Perchte, der Perchtenlauf ist ein Relikt – geisterten in der Nacht. Das „Alter Ego" entstieg dem Körper der Lebenden. Es war so etwas wie ein anderes Ich, das sich in der Nacht selbstständig machte und vor dem Morgen wieder in den Leib des Schlafenden zurückkehrte.

In diesem Zusammenhang ist wohl E. T. A. Hoffmann zu nennen, der in Deutschland und vor allem in Frankreich „Gespenster-Hoffmann" genannt wurde, weil etwa seine fantastischen Geschichten schon zu seinen Lebzeiten so etwas wie Bestseller waren. Die Nacht, die Angst, die Fantasie – alles das spielt hinein, wenn Hoffmann zu erzählen beginnt. „Eine Spukgeschichte" heißt eine Erzählung, die beispielhaft ist für Plot und Stil des romantischen Autors. Er schildert ein junges Mädchen, das von augenscheinlicher Melancholie befallen war, seit es als Kind einer Gruppe von Gleichaltrigen scherzhaft von einer „weißen Frau" erzählte, die es gesehen haben wollte. Als Halbwüchsige wird dieses Gespenst eine Idée fixe; sie glaubt, diese Fantasiegestalt jeden Abend um Punkt neun Uhr auszumachen – und der Geist strecke die Hand nach ihr aus.

Um die Tochter zu heilen, stellt die Familie an einem Abend die Uhr um eine Stunde zurück. Es nützt nichts. Die weiße Frau erscheint auch eine Stunde früher: „*,O Gott – o Gott', seufzt Adelgunde, ,will man mich denn wahnsinnig machen! – Seht, da streckt es den weißen Arm lang aus nach mir – es winkt.' – Und wie willenlos, unverwandten starren Blickes greift nun Adelgunde hinter sich, fasst einen kleinen Teller, der zufällig auf dem Tische steht, reicht ihn vor sich hin in die Luft, lässt ihn los – und der Teller, wie von unsichtbarer Hand getragen, schwebt langsam im Kreise der Anwesenden umher und lässt sich dann leise auf dem Tisch nieder!*'"

E. T. A. Hoffmann hat in dieser Erzählung vorweggenommen, was man heute als Produkt einer Seance bezeichnen könnte. Hat er selbst, der im Alter von 42 Jahren starb, nicht nur Gespenstisches geschrieben, sondern etwas Dunkles an sich gehabt? Ausgerechnet während der Vorstellung einer Oper, die sich mit seinen Erzählungen befasst, ist es in Wien zu einer Panik gekommen, die fast 500 Tote forderte. Ich werde später davon erzählen.

Da ist immer wieder das Böse, das Unbehagliche, das Gefährliche, das uns als Urangst befällt. Etwas, das wir nicht beschreiben können, das wir zumeist zu unterdrücken in der Lage sind, und das doch bisweilen aufquillt und uns zu beherrschen sucht. Wir versuchen es niederzuhalten, weil wir wissen, dass jeder Mensch gleichsam zweigeteilt ist. Das Gute und das Böse sind je zur Hälfte in unserer Seele vorhanden. Meist hat das Gute die Überhand. Gelegentlich siegt das Böse.

„Aber wir müssen den Kampf führen, ich nenne ihn den Kampf gegen das Dunkle. Wir müssen gegen die Geister kämpfen, die Geister, die in die Atmosphäre eindringen", sagte Papst Paul VI. Man hat ihm vorgeworfen, dass er zu viel über *das* Böse rede, und entgegen dieser seiner Äußerung sogar *den* Bösen meine, den Teufel, den Satan, den Belzebub, den Gottseibeiuns.

Es ist interessant, die Umschreibungen zu untersuchen, die von alters her *dem* Bösen gegeben wurden, sofern es sich nicht um das

Böse handelt. Belzebub: Das war einer der Teufel. Satan: Das ist der Böse schlechthin, der Verführer. Gottseibeiuns: Das ist der, vor dem uns Gott schützen möge. Allesamt sind es Geister, sagte Paul VI. Aber es sind seiner Meinung nach reale Geister. Es sind keine Gespenster, sondern Wesen wie die Engel. Sie sind gleichsam Anti-Engel.

Aber der Teufel heißt ja auch Luzifer. Er war der Lichtträger. Er hat Gott übertrumpfen wollen, daher der Höllensturz. War es ein „eifersüchtiger Gott", wie er im Alten Testament genannt wird?

Mephistopheles darf da als Beispiel dienen. Im größten Schauspiel der deutschen Sprache deklariert er sich dem Faust gegenüber als „ein Teil von jener Kraft, die stets das Böse will und stets das Gute schafft". Und im weiteren Verlauf der Demaskierung erläutert der Teufel auch noch sein Wesen:

„Ich bin der Geist, der stets verneint!
Und das mit Recht; denn alles, was entsteht,
Ist wert, dass es zugrunde geht;
Drum besser wär's, dass nichts entstünde.
So ist denn alles, was ihr Sünde,
Zerstörung, kurz das Böse nennt,
mein eigentliches Element".

Der frühere Erzbischof von Mailand, der damals Montini hieß, wusste offenbar, wovon er sprach. Er war der Oberhirte einer Gemeinde, in der der Materialismus – sprich: der Kommunismus – seiner Meinung nach zu triumphieren schien. Auch jetzt noch wird der Materialismus ebenso wie der heute viel zitierte Turbokapitalismus nicht nur negativ bewertet, er scheint vielen direkt vom Bösen zu sein. Wieder wird der Artikel verwechselt. Ist *der* Böse oder *das* Böse der Ursprung schrankenloser Raffgier? Nicht zuletzt in der Finanzkrise haben wir die Auswüchse solcher Gier erfahren. Dass Spitzenmanager, die ihre Unternehmen an den Rand der Pleite führen, dass Banker, die vom Staat Subventionen fordern, zu allem Überdruss noch mit einem lukrativen Bonus belohnt werden, ist –

ja, vom Bösen. Den Artikel, das Geschlechtswort darf man sich aussuchen.

In der Tat: *Das* Böse und *der* Böse sind permanentes Thema bereits des Religionsunterrichts in der Volksschule. Ob den Kindern schon zu dieser Zeit und bei dieser Gelegenheit Urangst eingepflanzt wird, oder ob diese nicht schon vorhanden ist, scheint nicht relevant. Als ich im Volksschulalter den Seelsorgeunterricht besuchte (er fand am Nachmittag in der Pfarrkirche statt, weil in der NS-Zeit die Religion in der Schule nicht gern gesehen wurde), versuchte der Kaplan, uns das Wesen des Bösen zu erläutern; ob er uns damit Angst machen wollte, weiß ich nicht. Jedenfalls hat er uns auch die Hölle und das Ewige Feuer, das in ihr brenne, eindrucksvoll vor Augen geführt.

Von keinem Menschen wisse man, ob er wirklich, wie man so sagt, in die Hölle gekommen sei, erzählte Hochwürden. Denn von keinem wisse man, ob er nicht in der letzten Sekunde seines Lebens seine Sünden bereut habe. Nur von Zweien, also sprach der alte Geistliche, wisse man (woher, sagte er nicht), dass sie in der Hölle schmoren.

Judas brate ganz gewiss im Ewigen Feuer. Denn er hat Jesus verraten. Und der Zweite, den der Teufel geholt habe, sei Napoleon gewesen. Ich habe später immer wieder darüber nachgedacht, warum unser Kaplan ausgerechnet den Kaiser der Franzosen verdammt haben wollte. War es, weil Napoleon so wie später Hitler in Russland eingefallen und besiegt worden war? Ist das Höllenfeuer für Napoleon demnach nur ein Vergleich gewesen mit dem „Führer“? Hat der Kaplan gewusst, was er sagen wollte, hat aber aus guten Gründen Angst gehabt, es auszudrücken? Man schrieb immerhin das Jahr 1943. Und für Hitler eine Strafe Gottes zu fordern, wäre einem Todesurteil gleichgekommen.

Auch der Montini-Papst hat, so scheint es, seine Auffassung von der Hölle und dem Bösen, die er als Kind hatte, später weder aufgegeben noch verleugnet. Im Gegenteil. In einer Ansprache während der Generalaudienz am 15. November 1972, die nachher viel zitiert worden ist, hat er seine Gedanken sehr eindrucksvoll wiedergegeben: *„Wir müssen gegen den Teufel kämpfen. Daran denkt man nicht mehr. Mindestens dieses Mal will ich mich auf den Gedanken über dieses schreckliche und unvermeidliche Thema berufen. Wir haben gegen diesen mächtigen Feind zu kämpfen, der unserem Leben nachstellt und gegen den wir uns verteidigen müssen.“* Paul VI. sprach damals aus, was zur ursprünglichen, ewigen, unüberwindbaren Angst gehört: Das Böse, manifestiert im Tod. Über Todesangst, die intensivste aller Ängste, wird noch ausführlich zu referieren sein. Bleiben wir vorerst beim personifizierten Bösen. Bleiben wir beim bösen Feind. Und lassen wir den seinerzeitigen Papst reden:

„Warum spricht man nicht mehr davon? Man spricht nicht mehr davon, weil es da keine sichtbare Erfahrung gibt. Von Dingen, die man nicht sieht, glaubt man, dass sie nicht existieren. Mit dem Übel hingegen kämpfen wir. Aber was ist das für ein Übel? Das Übel ist das Fehlen von etwas, ein Mangel. Es fehlt ihm die Gesundheit, es fehlt ihm dann das Geld – usw. Aber wir haben vor uns nicht mehr einen Mangel, etwas Fehlendes. Wir haben vor uns ein wirksames Übel, ein existierendes Übel, ein Übel, das Person ist, ein Übel, das wir nicht nur als Verminderung des Guten bezeichnen können. Es ist eine Bejahung des Bösen. Und das macht uns Angst. Wir müssen Angst haben.“

Genau deswegen ist Paul VI. kritisiert worden: Weil er Angst machen wollte. Weil er das Leben so zeichnete, dass es von vielen als negative Karikatur betrachtet wurde, als ein Bild ohne Hoffnung.

In der Tat: Der Papst meinte, den Menschen ins Gewissen zu reden, wenn er sie warnte, sich zu weigern, *„diese schreckliche Wirklichkeit als bestehend anzuerkennen. Sie ist geheimnisvoll und furchterregend“*. Wenn jemand sage: „Ich denke nicht daran“, dann handle er nicht im Sinne des Evangeliums. *„Warum? Weil das Evangelium voll, ich würde sagen: übervoll ist von der Gegenwart des Teufels“*. Er wolle, sagte der Papst, *„keine Fan-*

tasien erzeugen und die Menschen auch nicht zum Aberglauben treiben." Aber er wolle an die drei Versuchungen Christi erinnern, die ihm der Satan auferlegt habe. *„Und indem er sich auf den Teufel als seinen Gegner bezieht, bezeichnet er ihn: Fürst dieser Welt"*.

Wir alle seien unter einer dunklen Herrschaft, *„die uns beunruhigt, uns versucht, uns krank, unsicher, böse macht"*. In jedem Augenblick finde man in der Liturgie die Erwähnung des Teufels. Vor allem auch in der Taufe. Die Geborenen stünden zunächst wohl eher unter der Herrschaft des Teufels als unter der Herrschaft Gottes. *„Die Taufe kauft uns aus dieser Sklaverei los und macht uns frei und zu Gotteskindern. Somit ist der Teufel der Feind Nummer eins"*.

Paul VI. sieht demnach den Satan als Person, als personifiziertes Böses. Er will uns Angst machen. Besser: Er will uns die Angst nehmen. Die Urangst. Eine, die es als personifizierte Schreckensgestalten auch heute noch gibt. Was ist der Krampus, der mit Hörnern, roter Zunge und rasselnder Kette den Kindern Angst einflößen will, wenngleich er als Begleiter eines Geschenke verteilenden Heiligen auftritt – was ist er anderes als eine Ausgeburt der Hölle? Zu Recht erscheint er nicht mehr, ist zum Anachronismus geworden, hat Eintrittsverbot in Kindergarten und Schulen. Die Kleinen sollen nicht geängstigt werden. Jedenfalls nicht vom Krampus.

Urangst. Angst vor der Hölle. Religion und Angst – darüber später. Aber der Philosophie, genauer dem Existenzialismus sind hier kaum Grenzen gesetzt. „Die Hölle – das sind die anderen", sagte Jean-Paul Sartre. Aber ohne die anderen gäbe es keine Welt. Somit wäre laut Sartre die Welt voll von Angst. Merke: Wer sich mit dem Phänomen der Angst befasst, kommt, wie es scheint, um Jean-Paul Sartre nicht herum.

Freitag der Dreizehnte

Die Angst und der Aberglaube

Ist auch Aberglaube eine Angst? Eine Urangst sogar? Man könnte es bejahen. Aberglaube ist Angst vor Signalen des künftigen Bösen. Aberglaube ist das Zittern vor Ankündigungen eines in der Zukunft schlummernden Unheils. Er ist nicht mit Prophezeiungen zu verwechseln – darüber später. Aberglaube ist der Glaube, dass etwas geschehen werde, was eigentlich nicht passieren dürfte. Die Kirche wehrt sich aus guten Gründen gegen jede Art von Aberglauben. Wohl auch deshalb, weil sie von jenen, die jetzt immer häufiger „Gott ist tot" rufen, selbst als Instrument des Aberglaubens disqualifiziert wird.

Angst ist auch Zaudern vor dem Unerklärlichen. Wir kommen nicht umhin, über den Aberglauben zu sprechen, wenn von Angst die Rede ist. Aberglaube: Der Glaube an Kräfte, die man nicht versteht, nicht verstehen kann oder nicht verstehen will. Aberglaube hat nichts mit Glauben zu tun, aber sehr wohl mit glauben. Es wird geglaubt, dass jemand stirbt, wenn vor dem Fenster ein Käuzchen schreit.

Warum? Was hat der Waldkauz, der nächtens ruft, mit dem Sterben zu tun? Der Aberglaube ist eine Abwandlung des alten Spruches, der da behauptet, glauben heiße nichts zu wissen. Wir wissen nicht, warum der schreiende Waldkauz angeblich den Tod herbeiruft. Aber wir können es erklären. Die Szene: Ein Bauernhaus. Ein Fenster ist beleuchtet. Im Zimmer liegt ein Schwerkranker. Die Angst der Angehörigen wird verstärkt, wenn sie den Ruf des Käuzchens vernehmen. Dieses aber ist nichts weniger als ein düsteres Orakel. Der Kauz fühlt sich durch das Licht im Fenster angezogen. Angst und Aberglaube? Nicht immer gibt es solche einfache Erklärungen. Aber oft gibt es vernünftige Gedanken über unvernünftige Folgerungen.

Dass es in vielen Hotels in allen Erdteilen und sogar in Luxusherbergen kein dreizehntes Stockwerk gibt, ist eine Binsenweisheit. Im dreizehnten Stock zu logieren, bringt Unglück. In einem Moskauer Großhotel hat mir der Portier auf die Frage, warum im Lift des Hochhauses zwar ein Top 13 vermerkt sei, der Aufzug aber dort nicht halte, verschmitzt erklärt: „Technisches Stockwerk!“ Die Hotelleitung hatte die Angst der Gäste vor dem Dreizehner dazu benützt, in diesem Stockwerk die Technik des Abhörens unterzubringen.

Warum haben wir vor dem Dreizehner Angst? Warum ist besonders Freitag der Dreizehnte das negativste aller Daten? Warum fürchtet man sich davor, an diesem Tag eine Reise anzutreten, ein Geschäft abzuschließen, allenfalls Gäste einzuladen? Die Zahl Dreizehn ist immer schon von Geheimnissen umwittert gewesen und hat Angst erzeugt. Der Aberglaube reicht Tausende von Jahren zurück. Beim Letzten Abendmahl waren dreizehn Personen anwesend – Jesus und die zwölf Jünger. Einer von ihnen, Judas Ischariot, war der Verräter. Jesus ist an einem Freitag gekreuzigt worden. Dreizehn sei das „Dutzend des Teufels“, heißt es. Dornröschen wurde im Volksmärchen von der dreizehnten Fee zum hundertjährigen Schlaf verflucht.

Volksglaube, Volksmärchen: Angst spielt immer eine Rolle, wenn es darum geht, künftiges Unglück verhüten zu wollen. Aber was hat es mit dem Volksglauben zu tun, dass der große Bankenkrach des Jahres 1929 an einem Freitag den Dreizehnten seinen Anfang nahm? Zwölf gilt als ganzheitlich und harmonisch, dreizehn erregt Angst. „Paraskavedekatriaphobie“: die Angst vor Freitag dem Dreizehnten. Ein Wortungetüm, aber mit großer Bedeutung. Mit doppelter Unheilsaussicht. Die Zahl Dreizehn sei, behaupten Ethnologen, schon in den Zeiten früher Kulturen von negativer Bedeutung gewesen, denn diese waren als Matriarchate organisiert. Frauen bestimmten Rituale und Bräuche, und die Zeiteinteilung in Mondmonate war üblich. Diese aber waren, verraten einschlägige Unterlagen, dem weiblichen Menstruationszyklus von 28 Tagen angepasst, wodurch ein Jahr dreizehn Monate hatte.

Weiter in der Angst vor dem Dreizehnten? Die Apollo-13-Mission der NASA, die um 19.13 Uhr am 11. April 1970 startete, musste knapp 56 Stunden nach dem Start abgebrochen werden, weil ein Sauerstofftank explodierte. „Houston, we have had a problem", waren die indessen fast ebenso legendären Worte wie jene, die John Glenn beim Betreten des Mondes der Erde übermittelte.

Dass in der Verkehrsstatistik erwiesen ist, es gäbe an einem Freitag den Dreizehnten ganz gewiss nicht mehr Unfälle als an einem anderen Tag, beruhigt die Ängstlichen kaum. Sie wissen wahrscheinlich nicht, dass der Dreizehner in Italien eine Glückszahl ist, wohingegen Freitag der Siebzehnte Unglück bringt. Und vergessen wir nicht jene vielen Abergläubischen, die vor dem Siebener zittern. Er hat nicht zuletzt einen schlechten Ruf, weil er schon in der Bibel übel beleumundet war. Als der Pharao die Israeliten gefangen hielt, schlug Moses, wie ihm der Herr geboten hatte, mit seinem Stab auf das Wasser des Nil – und siehe, sieben Tage lang wurde der Strom in Blut verwandelt. Sieben Arme hat der jüdische Leuchter. Sieben Raben, sieben Schwaben, sieben Zwerge – die Sieben als heilige Zahl des Aberglaubens.

Sieben Hauptsünden gibt es, wenngleich auch sieben Kardinaltugenden. Ein zerbrochener Spiegel bedeutet sieben Jahre Unglück („Sieben Jahre Pech" war eine der besten Filmkomödien in den Vierzigerjahren). Das verflixte siebente Jahr stellt Ehen auf die Probe. Es sei, hieß es früher, eine entscheidende Zeitspanne. Nach dem verflixten siebenten Jahr seien Scheidungen seltener. Warum es ausgerechnet das siebente Jahr sein soll, das eine Ehe zum Scheitern bringen kann, weiß ich nicht. Es ist eben – ja, eben die verflixte Sieben. Es ist der Aberglaube.

Immer wieder: Aberglaube ist das Glauben an das unvorhergesehen Negative. Bei den Naturvölkern ist dies besonders ausgeprägt. Priester und Medizinmänner verstehen es, Angst zu verbreiten und die Menschen dadurch zu gläubigem Gehorsam zu zwingen. Aber auch in unseren Breiten grenzt der Aberglaube gelegentlich ans Lächerliche. Da ist etwa die berühmt-berüchtigte schwarze Katze, die um Gottes Willen nicht über den Weg laufen darf. Quert sie die Straße von links nach rechts, ist das Unglück, das sie bringt, noch viel gefährlicher. Einem Menschen zu dessen Geburtstag zu gratulieren, der erst begangen werden soll, bringt Unglück. Unsere Großeltern hatten Angst, wenn das Fest des Namenspatrons vor dem Geburtstag lag. „Nur nicht vortaufen", hieß es. Oder sollte es richtig „nachtaufen" heißen?

Mannigfach sind die Manifestationen des Aberglaubens in der Schauspielerzunft. Wenn dem Partner oder der Partnerin vor der Vorstellung nicht über die richtige Schulter gespuckt wird, bringt dies Unglück. Mannigfach sind auch die zahlreichen Handlungen, die im Haus vor Unglück schützen sollen. Hier kommt vor allem dem Brot eine besondere Bedeutung zu. Das erste Brot, das in den Ofen geschoben wird, muss mit einem Kreuz bezeichnet werden. Wenn der Laib angeschnitten wird, ist es geboten, ihn zuerst mit drei Kreuzen zu versehen, weil man sonst nicht satt wird. Und einen Brotwecken verkehrt auf den Tisch zu legen, ist nicht klug: Dann geht irgendwann einmal das Brot aus. Und davor hat die Hausfrau Angst. Brot soll man weder verleihen noch verschenken, weil man sonst den Segen aus dem Haus gibt. Es sind dies alles Manifestationen des Aberglaubens, die aus einer Zeit stammen, wo das Brot Hauptnahrungsmittel der Menschen gewesen war.

Unter einer Leiter durchzuschlüpfen, bringt Unglück. Salz zu verstreuen, hat Pech zur Folge. Und wenn jemand die frisch gewaschene Wäsche über Silvester hängen lässt, müsste er eigentlich das ganze neue Jahr hindurch Angst haben.

Bleibt noch zu überlegen, welche Bewandtnis es mit links und rechts hat. Fernab von der Politik wird nicht nur bei den erwähnten Naturvölkern, sondern auch in unseren Breiten die rechte Hand als die richtige, die linke als die falsche gesehen. Die rechte Hand ist die reine, mit der linken verrichtet man unreine, unsaubere Tätigkeiten – von archaischen Zeiten her hat sich dieser Aberglaube bis heute erhalten. Ein Aberglaube indes, der zumindest in diesem Fall nichts mit Angst zu tun hat. Zumindest, wenn man ihn völlig unpolitisch sieht.

Wenn sich alles ändert

Die Urangst der Trennung

Jeder Mensch, der geht, braucht jemanden, der bleibt. Jeder Mensch, der bleibt, braucht jemanden, der geht. Aber was heißt bleiben, was heißt gehen? Sophia Lackner weiß es, sie kennt sich aus, verdient sogar Geld damit. Sie hat eine „Abschiedsagentur" gegründet. Sie nimmt den Menschen das Abschiednehmen ab. In Graz hat sie es vorgeführt. Frau Lackner will, dass die Menschen einen „Abschied mit Stil" feiern. Sowohl die Abreisenden als auch die Zurückbleibenden. Sophia Lackner und ihre Freunde weinen sogar, wenn es notwendig ist. Sie wissen, wie man ein Taschentuch – weiß muss es sein – entfaltet, um damit am Bahnhof zu winken: „Man entfaltet es mit drei ruckartigen Bewegungen".

Und dann wird drei Mal gewinkt: Einmal, um die Angst abzuschütteln. Das zweite Mal, um den Neid abzuschütteln, dass jemand geht und man selbst bleibt. Und schließlich das dritte Mal, um Sehnsucht und Trauer abzuschütteln. Eine skurrile Idee? Frau Lackner meint es ernst. Vielleicht deswegen, weil das Thema Trennungsangst in der Tat ein überaus ernstes ist.

Urangst der Trennung. Wirklich Urangst? Warum hängen Kinder am Rockzipfel der Mutter? Für das Kleine ist die Trennung fast so etwas wie ein kleiner Tod. Von allen Urängsten, von allen elementaren, möglicherweise unerklärbaren, fast wie die Erbsünde fixierten Ängsten, die uns unbewusst unser ganzes Leben hindurch begleiten, ist die Trennungsangst eine der ursprünglichsten und wichtigsten, zu vergleichen nur mit der Todesangst.

Trennungsangst befällt Menschen unwillkürlich, auch im Erwachsenenalter. Beim Kleinkind wird sie oft „Deprivation" genannt. Es gibt sie nicht nur real, sondern auch in der Fantasie, im Vorstellungsvermögen. Jeder Abschied, auch der vor einer näheren Reise, die nach menschlichem Ermessen mit der Rückkehr endet, ist mit einer unwillkürlichen Trennungsangst verbunden. Möglicherweise mit einer nicht minder unwillkürlichen Todesangst. „Partir, c'est mourir un peu", sagen die Franzosen. „Abschied ist ein kleines Sterben." Jede Reise wäre demnach ein kleiner Tod.

Es bleibt der Soziologie überlassen, auch hier den Bezug zur Trennungsangst herzustellen. Mag sein, dass sie tatsächlich vorhanden ist. Nur – Angst wovor? Tiefenpsychologen könnten möglicherweise die Antwort geben. Vielleicht spielt da nur die Angst mit, dass eine Wiederkehr unmöglich sein könnte. Trennungsangst also, die man in Kauf nimmt, weil man dem Gewohnten entrinnen will, jenem Ambiente, in das man sich ja doch unwillkürlich zurücksehnt. Abschied – eine Art Trennungsangst. Und Trennungsangst, eine Urform aller Ängste.

Wieder einmal ist hier ein wenig etymologische Philosophie gefragt. Oder auch: Sinnieren über Wörter. Im Deutschen hat das Wort „scheiden" zwei Bedeutungen: die des Weggehens und der Ehetrennung. Einleuchtend, nicht wahr? Im EU-Durchschnitt und auch in Österreich liegt heute die Ehescheidungsrate bei 50 Prozent, in Wien bei 65. „Partir, c'est mourir un peu"? Vielleicht hängt die Zahl der Selbstmorde in Österreich, einer der höchsten Suizidraten in Europa, damit zusammen. Vielleicht auch hängt die zunehmende Zahl der Single-Haushalte, aber auch der „Lebensabschnittsbindungen" damit zusammen. Angst vor Bindung?

Trennungsangst offenbar. Sie hat, wie wir gesehen haben, viele Aspekte. Im Krieg haben Soldaten schwer verwundet und nur halb bei Sinnen nach der Mutter gerufen. Es ist dies eines der ergreifendsten Phänomene der Mutter-Kind-Bindung, auch wenn die Mutter längst gestorben war. Diese Angst, diese Urangst, nicht mehr von der Hand der Mutter geführt zu werden, ist immer da, offenbar auch, wenn sie nur im Unterbewusstsein vorhanden zu sein scheint. „Du bist ja die Mutter, dein Kind will ich sein", heißt es in einem der schönsten deutschen Marienlieder. Die Gottesmutter als Beschützerin ist ein Quell des Vertrauens und der Sicherheit aller gläubigen Christen. Mehr als das: Nach der zweiten Wiener Türkenbelagerung ist sie als „Magna Mater Austriae“ gleichsam zur Schutzmantel-Madonna Österreichs geworden. Das Land wurde ihr gleichsam anvertraut. Die Mutter-Kind-Beziehung ist demnach nicht nur eine unmittelbare, sondern auch eine metaphysische. Was in diesem Fall auch für die Trennungsangst gilt.

Trennungsangst. Vielleicht ist dies auch Ursache jenes Verhaltens, das fast allen Eltern, den Müttern zumal, bei Kleinkindern aufgefallen ist: sie „fremdeln“. Sie mögen älter als ein Jahr sein, und gehen trotzdem „nicht zu“, wie es im Volksmund heißt. Sie hängen, und das ist nicht nur bildlich gesprochen, am Rockzipfel der Mutter.

Urangst des Kindes. Angst vor der Trennung, Angst davor, dass die Mutter die Hand des Kindes loslässt? Ist es der Vertrauensverlust, der da mitspielt? Als meine Mutter zu einer schweren Operation ins Krankenhaus musste, kam ich zu Onkel und Tante, innigst geliebt und vertraut, und mein kleiner Bruder in einen Kleinkinderhort. Wir besuchten ihn. Beim Abschied stand er im Gitterbett und blickte uns mit großen Augen nach. Er weinte nicht, aber der Schmerz war ihm ins Gesicht geschrieben. Den Besuchern und den Schwestern kamen fast die Tränen. Das war Trennungsangst, wie sie im Buche steht, in dem der Kinderpsychologie.

Diese Trennungsangst ist nicht auf Menschen beschränkt. Jeder Zoologe weiß davon, jeder, der einen Welpen aufnimmt. Angst bei Trennung von der Mutter ist im Tierreich selbstverständlich. Sie ist in der Tat ein psychologisches Phänomen, das allen Lebewesen eigen zu sein scheint. Menschenkinder unterscheiden sich da kaum von Tierbabys. Die Urangst leitet zum Urkoma über. Selbst wenn dem Kind das Paradies versprochen wird, werden die erwarteten Freuden durch Tränen getrübt. Fotos zeigen dies, die in der ersten Nachkriegszeit von Kindern vor der Fahrt in ein gelobtes Land, nämlich die Schweiz, aufgenommen wurden. Die Buben und Mädchen trugen Schilder mit Namen und Adresse um den Hals. Die

Augen zeigten, was eigentlich unmöglich schien. Sie strahlten vor Glück und vergossen Tränen.

Kinder, Kleinkinder zumal, spüren Ängste, die sich die Erwachsenen nicht vorstellen können. Sie haben dann das Bedürfnis nach „Übergangsobjekten“. Ein Tuch, ein Stück Stoff, der Teil einer Decke können dieses Bedürfnis befriedigen. Es hilft dem Kind, „das Alleinsein ohne den ständigen symbiotischen Halt an der Mutter zu ertragen“. Solche Gegenstände, später dann auch die Stofftiere, „werden als Beschützer erlebt. Und es ist wichtig, dass sie insbesondere beim Einschlafen dabei sind, wenn man den Körper der Mutter nicht fühlen kann“.

Ich weiß, wovon ich rede. Noch als Dreijähriger hatte ich, wie meine Mutter immer erzählte, ein Stück einer Windel in der Hand, um einschlafen zu können. Während eines Ausflugs wurde der Gute-Nacht-Stoff in der Donau versenkt. Seither war ich geheilt.

Viele Jahre später habe ich dann aufs Neue gespürt, was Trennungsangst ist. Etwa, als mich anno 1944 meine Eltern bei Bekannten in einer niederösterreichischen Kleinstadt unterbrachten, um den immer heftiger werdenden Bombenangriffen auf Wien zu entgehen. Mein Heimweh war unsagbar. Im Herbst dieses Jahres holten mich Vater und Mutter zurück, auch meinen Bruder, den man ins Burgenland „verschickt“ hatte. Wenn es denn sein müsse, sagten die Erwachsenen, sollten wir gemeinsam zugrunde gehen.

Trennungsangst hat sehr viele Aspekte, in der Tat. Kehren wir zurück zum Abschied am Bahnhof. Kehren wir zurück zur „Performance“, den die Akteure als „Abschied mit Stil“ exekutieren. In der Tat: „Partir, c’est mourir un peu“. Abschied nehmen ist ein kleiner Tod. Es fällt uns immer schwer, wegzugehen, und Heimweh ist eine der schmerzhaftesten Seelenzustände, die man kennt. Heimweh: eine Folge der Trennungsangst. Eine Folge des Scheidens von lieb gewordenen Gegenständen, der Wohnung, der Straße, Heimweh sogar nach Gerüchen. Trennungsangst ist nicht zuletzt Angst vor dem, was da kommt. Selbst die Aufgeklärtesten unterliegen ihr. So betrachtet, erhält auch der Begriff „Reisefieber“ eine andere, fast fatale Bedeutung. Fieber ist eine Abwehrreaktion des Körpers.

Abwehrreaktion wogegen? Die Menschen werden immer älter – zum Glück, muss man sagen. Gleichzeitig öffnet sich die Schere – ebenfalls zum Glück – zwischen Alten und Kranken nicht so, wie man annehmen könnte. Die Alten sind gesünder, treiben mehr Sport, reisen mehr. Dass jedes Kreuzfahrtschiff, wie man hört, zumindest einen Sarg an Bord hat, wissen die Passagiere nicht. Während einer Kreuzfahrt durch die Karibik hat einer der Tischgenossen, mit dem wir uns besonders gut unterhalten hatten, plötzlich gefehlt. In Deutschland habe ihm sein Arzt geraten, alles zu tun, wozu er Lust habe und sich fähig fühle, sagte er. Und daher habe er eine Kreuzfahrt unternommen. Er hatte keine Angst gehabt, obgleich der Rat des Arztes ihn eigentlich hätte veranlassen müssen, nachdenklich zu werden.

Unser deutscher Tischgenosse war mitten in der Karibik, zwischen Puerto Rico und Grenada, plötzlich gestorben. Er hatte, wie wir meinten, keine Angst gehabt. Er hatte auch keine Angst vor der weiten Reise, keine vor dem Ortswechsel, auch keine Flugangst.

Er ist noch verhältnismäßig jung gewesen. Ich aber habe mich immer darüber gewundert, dass alte Leute sich bereits lange vor Abfahrt oder vor Abflug auf dem Bahnhof oder dem Flugplatz einfinden. Warum eigentlich? Hat dies auch etwas mit Veränderungsangst zu tun? Will man die Trennung schnell verwinden und durch neue Eindrücke ersetzen?

Noch eines ist mir immer wieder aufgefallen. Sehr oft kramen alte Reisende im Bus oder im Zug mitgebrachten Proviant hervor, kaum dass sich das Gefährt in Bewegung gesetzt hatte. Was ist das? Der Wunsch, etwas von daheim mitzuhaben, etwas Heimatliches zu spüren, und sei es nur eine Wurstsemmel?

Reiselust, die auch bei der Generation 60 plus immer intensiver wird, sofern es sich die Menschen leisten können – Reiselust ist Lust an Ortsveränderung. Diese aber ist psychische Belastung, ohne dass sie wahrgenommen wird. Mag sein, dass jeder Psychologe, jeder Psychiater über solch laienhafte Diagnose lächelt. Ich glaube dennoch, dass sie richtig ist.

„Auch der Umzug in eine andere Stadt kann mehr verunsichern, als rational zu erklären ist", schreibt der Psychoanalytiker Horst-Eberhard Richter. Die Psychiatrie kenne eine sogenannte „Umzugsdepression". Sie befalle Menschen, die einen Umzug wie eine gefährliche Entwurzelung erleben und sich am fremden Ort wie vereinsamte, hilflose Kinder fühlen. Ein alter Baum kann sich nicht neu verwurzeln, wird gesagt. Das vertraute Umfeld ist nicht mehr da.

Vertrautes Umfeld. Fürchten wir am Ende alles das, was Barack Obama in seinem Wahlkampf als „change" versprochen hat? Ist wirklich alles Neue für uns von Angst besetzt? Gewiss, die gesellschaftlichen Veränderungen spielen da eine ganz große Rolle. Sie machen nervös, verursachen bei den Alten Angst. Den Jungen wieder macht eine andere Art von „change" Sorgen.

Sie ist gerade in Zeiten wie diesen sehr aktuell: Die Angst vor Jobverlust. Die Angst, arbeitslos zu werden. Die Angst, sich nicht mehr leisten zu können, was man sich bisher leisten konnte. Die Verarmungsangst. Sie ist eine relativ häufige. Man fürchtet die Einschränkung. Man hat Angst vor dem Zwang, den Gürtel enger schnallen zu müssen.

Das dritte Jahrtausend hat in der Tat zahlreiche neue Ängste geboren. Die Scheidungsangst freilich ist, wie gesagt, eine alte, wenngleich in ihrer Häufigkeit eine der modernsten Ängste. Auch eine Art von „change"! Die Single-Haushalte nehmen immer mehr zu, die Zahl der sogenannten Patchwork-Familien (*meine* Kinder und *deine* Kinder raufen mit *unseren* Kindern) wächst.

Und da sind dann auch noch die sogenannten Sandwich-Kinder. Jene, die zwischen Ältesten und Nesthäkchen ihr psychologisches Auslangen finden müssen. Auch sie haben im Unterbewusstsein Angst – dass sie nicht so geliebt werden wie die anderen, dass sie den Kürzeren ziehen, dass ihnen, brutal gesagt, die anderen das Brot wegessen, oder den Kuchen.

Wer aber glaubt, dass solche Ängste zwar in der Kindheit entstehen, aber nach dem fünften Lebensjahr langsam verschwinden, dann also, wenn das Volksschulalter beginnt – wer solches meint, irrt sich, sagen die Psychologen. Nein, die ersten fünf Lebensjahre sind nicht wichtiger als die folgenden. Angstzustände, Angsterkrankungen und Phobien zeigen sich im buchstäblichen Sinn von der Wiege bis zur Bahre.

Und sie grassieren, wie man weiß, auch noch, besser: umso mehr im fortgeschrittenen Alter. Da ist es die Angst vor der Pensionierung, die sich gelegentlich zu einer Phobie auswachsen kann. Einerseits ist die „Hacklerregelung" nach wie vor ein Hauptthema der heimischen Sozialpolitik. Wer die entsprechende Zahl der Versicherungsjahre nachweisen kann, darf früher ohne finanzielle Abschläge in Pension gehen. Das Wort „Hacklerregelung" kommt von „hackeln", und dies wieder ist eine Dialektform von „arbeiten", wobei Schwerarbeit gemeint ist. Dass von der Hacklerregelung auch „Schreibtischtäter" profitieren wollen – das ist eine andere Geschichte. Eine aktuelle aber ist, dass die Angst, man könnte in absehbarer Zeit eine Pensionsverminderung in Kauf nehmen müssen, durchaus vorhanden ist.

Angst vor der Pensionierung, Angst aber auch vor der oktroyierten Muße, vor dem Zwang, nicht mehr arbeiten zu dürfen: sonderbarer Gleichklang mit der Angst vor einem höheren Pensionsalter! Es sind nicht nur die „Workaholics", die ängstlich den Tag erwarten, an dem sie, und sei es mit „Golden Handshake", ihren Arbeitsplatz verlassen müssen, weil sie das Pensionsalter erreicht haben. Es gibt Menschen, die solches nicht verwinden, die eine etwaige „Company Policy" nicht ertragen, der zufolge sie mit 65 oder 60 ihren Platz räumen müssen. Sie werden mit Pomp verabschiedet, werden geherzt und geküsst und gelobt und gepriesen – und dann ist Schluss, wenngleich Schluss mit Jubel. Ich kenne Menschen, die ihre Pensionierung nicht lange überlebt haben. Zwei von ihnen haben Selbstmord begangen.

Es ist nicht nur der Verlust der Infrastruktur, der ihnen schon lange vor der Pensionierung Angst gemacht hat. Es ist nicht nur die Angst vor dem Verlust des Büros, der Sekretärin, des Dienstwagens, der Hilfsmittel. Es ist nicht zuletzt der Verlust der Macht, der ihnen das Herz umklammert. Es gibt Arbeitsstätten, in denen die Größe und Weite des Zimmers, der allfällige Teppich und die Vorhänge zeigen, wie hoch der oder die Betreffende auf der Leiter nicht des Einkommens, sondern vor allem des Ansehens gestiegen ist. Wenn die Sprossen brechen, ist der Fall tiefer, als es den Anschein hat. Nicht alle ertragen es.

Sie glauben zu wissen, dass sie nicht mehr gebraucht werden, und das ist ihnen unerträglich. Auf die Idee, Betätigungsfelder zu suchen, auf denen sie noch gebraucht würden, und zwar dringend – auf diese Idee kommen sie nicht.

Und doch ist dieses ein Gebiet, das ihnen alle Möglichkeiten offen ließe. In Amerika wären nicht nur karitative Institutionen, sondern sogar Museen, Ausstellungen und ähnliche Einrichtungen nicht zu betreiben, gäbe es nicht jene Vielzahl von Pensionisten beiderlei Geschlechts, denen es gelungen ist, die Angst vor der permanenten erzwungenen Arbeitsruhe durch ehrenamtliche Tätigkeit zu dämpfen. Sie wollen – siehe oben – gebraucht werden. Und sie wissen, dass man sie braucht. Ehrenamtliche Tätigkeit nach dem Ruhestand ist so etwas wie ein Hobby.

Selbstmord aus Angst vor dem Ruhestand? Jawohl, das gibt es. Freilich nur bei jenen, die es verabsäumt haben, sich rechtzeitig auf ihr drittes Lebensdrittel, das immer länger wird, vorzubereiten. Nicht von Hobbys, Reisen und ähnlichen Ruhestandsaktivitäten soll hier die Rede sein. Vielmehr von der Tatsache, dass es immer mehr Firmen gibt, die gleichsam eine „Ruhestandsschulung“ für ihre angehenden Pensionisten vorgesehen haben, die es erlauben, einen gleitenden Übergang zum Ruhestand zu ermöglichen.

Es gibt Kurse, die solches zum Inhalt haben. Es gibt „Weisenräte“, denen aus guten Gründen Gehör geschenkt wird: Das Wissen der Altvordern kann den Jungen nur nützen.

Es gibt sehr viele Menschen, denen eine Erhöhung des Pensionsalters als Schreckgespenst erscheint. Sie können nicht früh genug in den Ruhestand treten. Sie meinen, keine Angst vor ihm zu haben. Aber die Angst vor der Pension ist vom Unterbewusstsein nicht auszuscheiden. Noch wetteifern die Sozialökonomen, die das frühere Pensionsalter bevorzugen, mit jenen, die aus vielen Gründen (müssen wirklich die Jungen für die Pensionen der Alten zahlen?) eine Verschiebung nach hinten prophezeien. Ihr Argument: Wer sonst soll das bezahlen?

In einem amerikanischen Film wird ein Manager von der Meute seiner Mitarbeiter und seiner Vorgesetzten mit Pauken und Trompeten gefeiert und in Pension geschickt. Als er dann seinen Nachfolger, der sein Büro übernommen hat, besucht und ihm Ratschläge erteilen will, blickt dieser immer wieder auf seine Uhr. Soll heißen: Wann geht er denn wieder? Man denkt an Heinrich Heine: „Es ist eine alte Geschichte, doch bleibt sie immer neu, und wem sie just passieret, dem bricht das Herz entzwei."

„... und wird hiefür zum Tode ...“

Urangst vor dem Sterben

Todesangst. Angst vor dem wirklichen, echten, unabänderlichen Tod. Es ist, glaube ich, die eigentliche Urangst. Es ist die Angst aller Ängste – die Mutter aller Ängste. Wir fürchten uns vor dem Sterben. Es soll, denken wir, hoffen wir, ein „schöner Tod“ sein. Was das ist, wissen wir nicht. Tote kehren nur in Gespenstergeschichten und solchen des Aberglaubens zurück, ich habe in einem vorigen Kapitel davon erzählt.

Todesangst. Sie befällt den Menschen, und sei es nur im Unterbewusstsein. Todesangst ist die Angst, dass das Leben zu Ende ist. Nicht die Existenzangst ist hier gemeint – davon wird später die Rede sein. Aber Existenz kommt von existieren und existieren heißt leben. Man könnte folgern, dass Existenzangst wörtlich verstanden nicht die Angst vor dem wirtschaftlichen Tod ist. Es heißt doch „die Hoffnung stirbt zuletzt“. Die Lateiner sagen: „Dum spiro, spero“. Wirtschaftliche Existenz kann gleichsam wiederbelebt werden. Der Tod kann es nicht. Deswegen sind die medizinischen Methoden, den Tod festzustellen, so kompliziert geworden. Ausschlaggebend ist der Hirntod.

Um der wirklichen, der echten Todesangst zu entgehen, kann man sich neuerdings notariell den Willen bestätigen lassen, im Fall der Fälle auf lebensverlängernde Mittel zu verzichten. Lieber ein Ende mit Schrecken als ein Schrecken ohne Ende, sagen diese Leute und meinen natürlich nicht einen schrecklichen Tod, sondern genau das Gegenteil. Sie wollen das Sterben nicht verlängert haben.

Denn noch einmal: Die Todesangst ist eigentlich die größte aller Urängste. Ein jeder fühlt sie insgeheim, und sei es nur im Unterbewusstsein. Wer gläubig ist, tut sich da leichter. Als im Zweiten

Weltkrieg auch über Österreich, der damaligen Ostmark, die Bomben hagelten, waren die Kirchen voll. Jene, die überlebten, haben auch die Todesangst überlebt. Sie haben an ihr gelitten – ob sie es zugegeben haben oder nicht. Todesangst ist jene Urangst, vor der man sich am wenigsten schützen kann.

Als ich, damals ein Kind, im Luftschutzkeller saß, habe ich nicht gewusst, dass ich an Todesangst litt. Irgendein guter Geist, der Schutzengel oder wie immer man ihn nennen will, nahm mich an der Hand und flüsterte mir zu: „Fürchte dich nicht! Hab keine Angst." – Er hatte leicht reden, darf ich heute sagen. Aber er hat recht gehabt. Irgendwie ist das Erlebnis von damals mir heute eben doch als Erlebnis in Erinnerung und nicht als Lebensgefahr.

Todesangst? Als ich das erste Mal eine Leiche sah, war Neugier und nicht Angst vorhanden. Es war in der Kapelle unserer Pfarrkirche, und der Volksschüler sah auf dem Weg durch die Kapelle einen offenen Sarg und darin aufgebahrt einen alten Mann. Er trug Feuerwehruniform, war gelblich bleich, hatte die Augen geschlossen und, was mich am meisten erstaunte, überaus lange Fingernägel. Die Erinnerung bringt keine Angst zutage, sondern nur Überraschung: Warum hat man dem alten Herrn nicht die Nägel geschnitten?

Todesangst. Wann tritt sie wirklich aus dem Unbewussten, diese Urangst, die wir in uns tragen, ohne es zu wissen oder zugeben zu wollen? Nicht einmal, als ich mit einer schweren Gehirnblutung ins nächste Krankenhaus transportiert worden war, hatte ich sie gefühlt. Ich habe nachher oft daran gedacht und etliche Male darüber geschrieben. Wieso eigentlich hatte ich damals keine Todesangst gehabt? Als mir meine Tochter einen Rosenkranz in die Hand drücken wollte, lehnte ich ab. Ich konnte nicht reden, sondern nur den Kopf schütteln. Aber ich konnte verhältnismäßig klar denken. Und da war keine Angst, sondern nur Überraschung: Wieso gerade mir? Und: Was ist das eigentlich, was mir passiert ist?

Todesangst. Sie kann unterdrückt werden. Häufig bricht sie offen aus. Nicht von palliativen Abteilungen in Spitälern soll hier die Rede sein, auch nicht von Häusern der Barmherzigkeit, von Sterbebegleitung und Ähnlichem. Vielmehr von Todesangst, die den Menschen befällt, wenn er fürchtet, aus dem Leben unmittelbar in den Tod gerissen zu werden.

Es gibt freilich Ausnahmen. Es gibt Menschen, die ihren Tod gleichsam zelebrieren. Die ihn mediengerecht aufbereiten. Die Welt soll ihnen beim Sterben zusehen. Sie heben sich ihren letzten Atemzug auf, bis die Kamera richtig fokussiert ist.

Oft sind es Schauspieler und Schauspielerinnen, die ihren Beruf bis zum Ende ausüben. Farrah Fawcett ließ das Publikum zusehen, als sie mit ihrem Darmkrebs im Endstadium kämpfte. Das „profil" zitierte Melanie Griffith, die Kollegin der Todkranken: Sie wünsche, „dass die ganze Welt sich an Farrah ein Beispiel nehmen soll. Sie ist eine so tapfere und mutige Frau". Am Tag nach der Ausstrahlung des Beitrags „Farrah's Story" meldete NBC, dass der Sender einen Quotenrekord von nahezu neun Millionen Zusehern verzeichnen konnte.

Oder die 27-jährige britische Zahnarzthelferin Jade Goody, die seit ihrer Teilnahme an einem TV-Hit „Big Brother" ins Fernseh-Rampenlicht gekommen war. Sie litt an einem unheilbaren Gebärmutterhalskrebs und publizierte mediengerecht ihren Entschluss, „nach einem Leben vor den Kameras auch vor den Kameras zu sterben". Ihr Medienberater Max Clifford kommentierte: „Sie hatte nicht nur ein erfülltes Leben, sondern auch einen erfüllten Tod".

Berühmt-berüchtigt war auch der Fall des LSD-Philosophen Timothy Leary, der sich vor den Kameras umbrachte. „Ich freue mich auf den Tod, weil ich unsterblich bin. Mein interaktiver Selbstmord ist die letzte Szene im Epos meines Lebens", sagte er vorher.

Menschen, die ihr Sterben öffentlich inszenieren, haben einen Defekt, könnte man meinen. Es sind zumeist solche, die ihr Leben lang in der Öffentlichkeit gestanden haben und es nicht ertragen können, dieses Leben ohne Show zu beenden. „There is no business like show business". Für sie gilt dies auch im Sterben, wobei die Frage zu stellen ist, um welche Show es sich da handelt.

Sterben kann auch Theater sein. Sterben auf der Bühne ist beliebt, Mimi und Violetta, Romeo und Julia, Cyrano und viele andere sind auch im Sterben attraktiv. Viele von jenen, die ihr Leben im Scheinwerferlicht zugebracht haben, können einsames Sterben nicht ertragen. Sie wollen Menschen um sich haben, von denen sie annehmen, dass sie nachher (nachher!) trauern werden. Bei gekrönten Häuptern war nicht nur das „levee" von Zuschauern umlagert, die das kaiserliche oder königliche Aufstehen und Ankleiden beobachten mussten. Die Öffentlichkeit des Hofs war auch beim Sterben anwesend; Kaiserin Maria Theresia ist da ein Beispiel, und Mozart ein anderes. Ein alter Film zeigt ihn im Tod, umringt von Familie und Freunden.

Die Frage, wo denn da die Todesangst bleibe, ist berechtigt. Wirkt sie sich in der Einsamkeit stärker aus als im Kreis von lieben Menschen? Die Angst ist etwas höchst Persönliches, die Todesangst umso mehr, diese, wie ich sie genannt habe, Mutter aller Ängste. Dass viele bis zuletzt einen Exhibitionismus pflegen, den sie ihr Leben lang nicht ablegen konnten, ist der Defekt, von dem oben die Rede war. Sie wollen ihre Todesangst nicht zugeben. Aber auch jene, die als Helden oder als Märtyrer oder als beides zugleich sterben, hatten Todesangst, insgeheim und nicht gezeigt. Alles andere ist, glaube ich, unwahr.

Besonders eindrucksvoll hat dies 1998 der amerikanische Film „Der Soldat James Ryan" gezeigt, der den Originaltitel „Saving Private Ryan" trug und den „D-Day" schilderte. Den 6. Juni 1944, als amerikanische Soldaten jenen Küstenabschnitt in der Normandie erstürmten, der Omaha Beach genannt wurde. Der Tag der Invasion ist immer wieder Thema des amerikanischen Kinos gewesen – öffentliches Heldentum und öffentlicher Heldentod waren in Hollywood wohlfeil. Und zum Unterschied von den deutschen Kriegsfilmen der NS-Zeit, die ihre Soldaten nur siegen und ganz selten (und dann als dramatischer Höhepunkt einer unglücklichen Lovestory) sterben ließen, haben die US-Regisseure mit dem Soldatentod keine Probleme gehabt.

Gewiss, amerikanisches Heldentum (und oft auch amerikanisches Antikriegs-Epos) ist nicht immer realitätsgetreu gezeigt worden. „Der längste Tag“ hieß ein Streifen, der diesen 6. Juni 1944 von morgens bis abends abrollen ließ und die gemeinsame angloamerikanische Invasion am Beispiel eines langen, fast überlangen Tages zeigen sollte. Am Ende war die Landung der Briten und Amerikaner geglückt, das Heroentum der Angreifer war jenem der Verteidiger überlegen. „Der längste Tag“ war gleichsam ein Manifest des angloamerikanischen Heroismus.

Ganz anders der mit dem Oscar gekrönte Film „Der Soldat James Ryan“. Selten noch habe ich im Kino die Angst vor dem Soldatensterben so eindrucksvoll, ja minutiös gesehen, gespürt und fast miterlebt wie in diesem Fall in dem von Steven Spielberg inszenierten Streifen. Die Kamera fing ein einzelnes Landungsboot ein und „hielt drauf“, wie es in der Filmsprache heißt. Die Strecke vom Mutterschiff bis zum Strand war nicht sehr lang, der Atlantik ruhig, das Landungsboot breit und mit einem Zug von Soldaten besetzt. Helme, Waffen, Marschgepäck – und die sichere Erwartung, die letzten Meter im Meer watend zurücklegen zu müssen und dezimiert zu werden, weil die deutschen Maschinengewehrnester fast unüberwindbar waren.

Die Inszenierung des Kriegsgrauens in diesem Film gilt nach wie vor als stilbildend und beeinflusste nachhaltig die filmische Darstellung von Kriegen. „Die lange Eingangssequenz von der Landung der ersten amerikanischen Soldaten an den Ufern Frankreichs gehört zu den am meisten beeindruckenden Kriegsszenarien der Filmgeschichte“, hieß es in einer Kritik. In der „Zeit“ schrieb Andreas Kilb damals: War es so, das Sterben am Omaha Beach? So war es nicht? Aber viel näher als Spielberg wird man dem Geschehen am D-Day wohl nicht mehr kommen.“ Und im Lexikon des „Internationalen Films“ heißt es: „Steven Spielbergs Film entwirft ein gnadenloses Bild des Kampfgeschehens und beeindruckt durch seine strikte Weigerung, Krieg als Stätte menschlicher Bewährung darzustellen“. Es sei dem Regisseur gelungen, „ein realistisches Umfeld zu schaffen, das fast dokumentarischen Charakter annimmt. Das Drehbuch vermag zwar nicht die geistige Dimension beizusteuern, die der Film verdient hätte, aber die konsequente und erschütternde Rekonstruktion des Krieges als Schreckensbild des kollektiven Todes verleiht dem Film einen hohen humanitären Rang", liest man.

In der Tat: Spielbergs „Saving Private Ryan" bietet eine der eindrucksvollsten filmischen Umsetzungen des ersten Tages der Invasion. Fast eine halbe Stunde lang wird die Todesangst gezeigt, die im Landungsboot herrscht und sich dann am nackten Strand im Kugelhagel der Deutschen fortsetzt. Da ist Zittern, Beten, Rosenkranz und immer wieder das Entsetzen vor dem, was kommen wird.

Was kam, sieht man dann: Blutiges Wasser spült an den Strand. Die Verluste der US-Truppen an diesem einen Tag waren die schwersten der ganzen Invasion, sie wurden fast zu einer Katastrophe für die Alliierten. Die landenden Amerikaner waren am Strand dem Beschuss schutzlos ausgeliefert, Hunderte sind schon im Wasser oder dann während der ersten Schritte auf dem Küstenstreifen getötet worden.

Der eigentliche Plot, die Befreiung eines gefangenen US-Soldaten, wird in dem Streifen nervenaufreibend dramatisch geschildert, die stärksten Eindrücke hinterlassen aber die Eröffnungsszenen. Die Angst der GIs wirkt hautnah und ist spürbar. Der Film ist zu Recht vielfach preisgekrönt worden: mit fünf Academy Awards, sechs weiteren Oscar-Nominierungen und zwei Golden Globes.

Immer wieder: Todesangst. Haben die Selbstmordpiloten der japanischen Kamikaze-Geschwader Todesangst gehabt, die sich mit ihren Bombenflugzeugen auf die amerikanischen Schlachtschiffe stürzten? Wie steht es mit der geistigen Verfassung der Attentäter, die sich in Autobussen in die Luft sprengen, um möglichst viele Menschen mit sich in den Tod zu reißen? Sie glauben offenbar, was man ihnen einredet, dass sie nämlich unverzüglich in den Himmel kommen, um dort von bildhübschen Mädchen bedient zu werden. Das lohnt anscheinend die Angst vor dem abrupten Ende.

Das Ende, wenngleich nicht freiwillig, doch nicht minder gewaltsam, steht jenen Männern und Frauen vor Augen, die in China zu öffentlichen Hinrichtungen geführt werden. Alljährlich werden im „Reich der Mitte“, wie es immer noch gelegentlich bezeichnet wird, Tausende von Delinquenten erschossen. Aber auch in Ländern der westlichen Hemisphäre, des „aufgeklärten Westens“, ist die Todesstrafe längst nicht ausgestorben. In etlichen Staaten der USA wird sie noch heute vollzogen – und was der Delinquent, wie schwer auch immer sein Verbrechen gewesen sein mag, bis zum Tag der Hinrichtung durchmacht, lässt sich kaum schildern.

Auch in Österreich hat es im ordentlichen Verfahren bis 1950 den Galgen gegeben, im außerordentlichen, also etwa im Standrecht, bis 1968. Nach dem Krieg ist in Wien eine Reihe von Kriegsverbrechern gehenkt worden. „… und wird hiefür zum Tode …“, lautete die Formel, die mit dem Leben des Verbrechers Schluss machte. Mord und Raubmord hatten Todesurteile zur Folge, sogar schwere Brandstiftung war eines der Verbrechen, die allenfalls mit der Hinrichtung endeten.

Der Wiener Staatsanwalt Alois Wotawa hat 1949 in dem im Verlag Erwin Metten erschienenen Buch seine Erlebnisse als Augenzeuge etlicher „Justifikationen“ geschildert. Das Protokoll eines Vollzugs, aufgezeichnet von einem hundertprozentigen Gegner der Todesstrafe, ist so erschütternd, dass ich es im Wortlaut wiedergebe. Es genügt, wie Wotawa die Todesangst beschreibt. Das Protokoll der eigentlichen Hinrichtung will ich dem Leser ersparen:

„Hat der nach dem Spruche des Gerichtes doch nur zum einmaligen Tode Verurteilte sein Sterben am Schandpfahl durch Monate hindurch tagtäglich und allnächtlich hundert- und tausendmal mit allen Visionen eines Höllenbreughel vorempfunden und vorausgelitten und ist er nach solcher Passion zum seelischen und körperlichen Zerr- und Schattenbild eines Menschen abgesunken, an dem zu vergreifen sich kaum mehr die Mühe lohnt, und ist das im Gewoge düsterster Stimmungen und in den Orkanen aufwühlendster Verzweiflung nur mehr armselig zuckende Lichtlein letzter Gnadenhoffnung durch die offizielle Eröffnung: ‚dem Gnadengesuche sei keine Folge gegeben worden, das Urteil würde am frühen Morgen vollzogen wer-

den', ausgetreten worden, wird der Todgeweihte in die Armesünderzelle geschafft, die wie zum Hohn geräumiger, heller und komfortabler als der bisherige Käfig ist und in der eine mit Zigaretten und schwarzem Kaffee aufwartende Amtlichkeit den ungewohnt freundlichen Wirt spielt, um anschließend den Gast zu erwürgen.

Zwei Gefängnisaufseher, denen die undankbare Funktion von ‚Tröstern' zukommt, und der Gefängnisgeistliche quälen sich mit einer Unterhaltung ab, die äußerst schleppend verläuft und ganz versanden müsste, fragte der zusehends verfallende Todeskandidat nicht immer wieder, ‚wie spät es schon sei'. Immer nur die Frage nach der Zeit und immer häufiger und ängstlicher gestellt, je mehr diese vorrückt, als ob sich ihr Ablauf aufhalten ließe, wenn solche Fragen verzweifelt an ihr krallten.

Mit den Blicken eines Halbirren, zu dem er ja schon geworden, tastet der Mensch, der haargenau weiß, dass er noch neun, nein, nur mehr achteinhalb und nun nur noch acht Minuten zu leben hat, die Menschen und Gegenstände seiner Umgebung ab, als ob von ihnen, wenn schon nicht Rettung, so doch Aufschub, Zeitgewinn zu erhoffen wäre, und greift zitternd zur Zigarette, die man ihm reicht und von der er weiß, dass es seine letzte sein wird.

Was die ihm da sagen von Mut und Fassung, er hört es wie durch einen dicken Nebel und vermag den Sinn der Worte nicht mehr aufzunehmen. Jetzt stiert er, die krampfhaft schluckende Kehle mit der Hand fassend, die Erinnerungsbilder an, die ihn eben anfallen: Er sieht sich als Kind, die Geschwister, den Vater, die Mutter, o Gott, die Mutter … Da dringt es wieder durch die Nebelwand: ‚Mut, Fassung!' Er spürt auch eine Hand auf seiner Schulter: er hebt ruckartig den bis zu den Knien herabgesunkenen Kopf, nein, es ist nicht die Hand der Mutter. Es ist der ‚Tröster', der das Bild der Mutter verscheucht hat, ein Mensch, der gleich den anderen in einer Viertelstunde noch atmen wird, atmen darf, während er … wieder fährt seine Hand instinktiv zur Kehle, wieder fragt er, wie spät es sei: ‚Gleich wird es so weit sein', hört er wie von fern her. ‚Nun, seien Sie ein Mann, Mut, Fassung!'

Und jetzt weicht alles Blut aus seinem Kopf, springt sein Herz zu wildestem Pochen an: die Tür hat sich geöffnet und zwei, drei Männer eingelassen, die in ihren schwarzen Eintänzersakkos Kellnern mehr als Henkern gleichen und die, ehe dem von einem furchtbaren Kälteschauer Angefallenen klar wird, was da geschieht, ihm mit ein paar kundigen Griffen die Hände nach rückwärts gezogen und hinter dem Rücken zusammengebunden haben. Schon haben sie auch den Gefesselten zur Zelle hinaus und über einen kurzen Gang zu einer Tür mehr getragen als geschleppt, von der ein paar Stufen in den Galgenhof führen."

Urangst. Todesangst. Angst vor dem Sterben. Ich bitte sich wieder vor Augen zu halten, dass in den Vereinigten Staaten Hinrichtungen oft erst viele Jahre nach dem Todesurteil erfolgen – weil ja sämtliche Eingaben, Revisionen, Einsprüche, schließlich auch die Bitten um Begnadigung abgewartet und erledigt werden müssen. Todesangst, die nicht zuletzt Urangst bleibt, weil sie urlang dauert. Aber Todesangst nicht nur für Menschen, die nach dem uralten Prinzip „Auge um Auge, Zahn um Zahn" verurteilt wurden.

Todesangst – die Urangst auch vor dem Sterben nach langer Krankheit? Aber da ist nichts von „Auge um Auge, Zahn um Zahn". Da ist zwar Angst, auch wenn man sie nicht eingesteht. Aber es ist nicht die Angst des Wissens, wann und wie der Tod eintreten wird. Es ist eine andere Qualität der Angst. Eine bessere?

Angst vor dem Sterben ist auch den Kleinsten, den Unschuldigsten nicht fremd – den Kindern. Horst-Eberhard Richter erzählt von Gesprächen mit Eltern, die beweisen, dass sogar im Kindergarten die Todesangst nicht selten ist: Die zwangsweise Konfrontation mit dem Tod, oft verbunden mit Kriegsangst, lasse sich häufig feststellen, „und zwar mit einem Tod als gewaltsame, planvolle Zerstörung des Lebens. Viele Kinder im Kindergartenalter fantasieren den Tod noch als irgendwie zum Leben gehörig." So wie ein Mädchen, das sicher war, ihren gestorbenen Hund wieder zu treffen, meint Richter.

Fühlen also die Kinder auch schon jene insgeheime Urangst vor dem Tod, die den Erwachsenen eigen ist? Im „Wiener ZOOM Kindermuseum“ hat eine Ausstellung sich monatelang unter dem Titel „Erzähl mir was vom Tod“ mit dem „Davor und Danach für Menschen von 6 bis 99 Jahren“ befasst. Es war dies eine Koproduktion mit ähnlichen Ausstellungsereignissen in Berlin und Halle an der Saale und wollte dadurch, dass sie Kindern das unausweichliche Sterben und das, was man die menschliche „Endlichkeit“ nennt, vor Augen führte, die Angst vor dem Sterben nehmen.

„Kinder werden häufig schon früh mit dem Tod konfrontiert und stellen Fragen, die oft nicht ganz einfach sind. Warum wird man alt? Wo ist die Großmutter jetzt? Was bleibt von einem Menschen, wenn er nicht mehr da ist? Wie sieht der Tod aus? Was passiert mit meinem Haustier, wenn es begraben ist?“ Fragen wie diese wurden in der Ausstellung aufgezeigt, wenngleich auch nicht beantwortet. Der Begrüßungsraum war einem Reisebüro nachempfunden: Unterwegs in ein unbekanntes Land. Dann: Eine Sanduhr, ein Labyrinth aus Straßen, Kammern und Zimmern, wo die Kinder sogar in weißen Kitteln einen „Unsterblichkeitstrank“ mixen konnten. Es gab eine „Galerie der Lebensalter“, ein Bestattungsinstitut mit einem „Sarg zum Anfassen und Urnen in konventionellen, aber auch ungewöhnlichen Formen.“

Die Art des Trauerns in anderen Kulturen war ebenso zu erleben wie der Totenkult der alten Ägypter. „Am Ende der Ausstellung lockt schließlich der Paradiesgarten. Die Kinder sind eingeladen, ihre eigenen Vorstellungen, Wünsche und Gedanken zum Leben danach aufzuschreiben und damit die Paradiesbäume zu schmücken“, stand in der Beschreibung der Schau, die auch in Deutschland zu sehen war.

Hat sie den Kindern die Todesangst genommen? Und abermals: Haben auch schon Kinder diese Urangst vor dem Sterben? Es erübrigt sich, dem Wiener St. Anna Kinderspital einen Besuch abzustatten und die Gesichter unter den von der Chemotherapie kahl gewordenen kleinen Köpfen zu sehen. Die Hoffnung, lernt man dort, stirbt zuletzt. Aber irgendwann stirbt auch sie.

Tod und Teufel

Angst und Religion

Was kommt nachher? Ich kann mich an das Begräbnis eines lieben Kollegen erinnern. Nachher sprach ich mit Freunden. Und einer sagte, der eben zur letzten Ruhe Gebettete habe, als er noch gesund war, immer wieder gefragt, was denn nach dem Tod komme. „Jetzt weiß er's", sagte einer. Weiß er es? Hat er, der ungläubig war, in seinen letzten Momenten Angst gehabt?

Man sagt nicht mehr „Jüngstes Gericht". Jung ist positiv. Der Jüngste Tag kann auch gestern gewesen sein. Das Gericht, das kommen wird, ist das letzte. In allen Religionen folgt es nach dem Tod. Das letzte Gericht entscheidet, ob du in den Himmel kommst oder in die Hölle. So einfach ist das.

Vor dem, was uns erwartet, sollten wir eigentlich Angst haben, sagt die Religion dem Gläubigen. Die Mohammedaner fürchten, in die Dschehenna verdammt zu werden. Die fernöstlichen Religionen haben Sorge, allenfalls als niedrigeres Lebewesen wiedergeboren zu werden, als Hund etwa, vielleicht sogar als Spinne oder als Fliege.

Die Grenze zwischen Glauben und Aberglauben ist ja fließend. Glück und Unglück, Angst und Hoffnung finden sich jeweils auf einem Ast, und zwar in allen Bekenntnissen. In allen findet man freilich als bestimmendes Element die Angst. Man hat den Eindruck, dass es kein Religionsbekenntnis gibt, das nicht das Versprechen des Paradieses enthält und gleichzeitig die Aussicht auf die Hölle, wenn man sich nicht den Geboten fügt.

Es gibt viele Menschen, die deshalb der Meinung sind, die Religionen seien nicht zuletzt auf Angst gebaut. „Lieber Gott, mach mich fromm, dass ich in den Himmel komm", hat mir meine Großmutter am Abend vorgebetet. Dann schlief ich ein, in der Hoffnung, fromm genug zu sein.

Religion und Angst. Angst wovor? Über die Todesangst erzählte ich an anderer Stelle. Aber die Zahl der Urängste ist, wie wir wissen, recht groß. Auch die Höllenangst gehört dazu, an vorderer Stelle sogar. Johann Nepomuk Nestroy hat eine seiner Komödien so genannt: „Höllenangst". Ein Stück der Verwechslungen. Ansonsten ist Höllenangst ja nicht unbedingt ein Spaß.

Denn Hölle ist Strafe für Sünde. Keine Angst: Ich will nicht aus dem Katechismus zitieren. Dies ist kein Buch der Theologie, sondern eines über die verschiedenen Aspekte der Angst, wie wir sie erleben.

Und da ist freilich die Angst vor der Sünde immerhin noch in vielen, wenngleich keineswegs in allen Menschen vorhanden, und sei es nur in Spurenelementen. Angst vor Sünde? Besser: Angst vor Sündenstrafen.

Nun kann man natürlich darüber richten und rechten, was wir heute unter Sünde verstehen. Ich will es nicht, weil ich es nicht kann – das Sündenregister ändert sich nicht mit den Jahrzehnten oder Jahrhunderten, sondern offenbar selbst mit den Jahren, ja mit den Wochen und Tagen. Wer hat vor 50 Jahren noch geahnt, dass die Ökologie Anlass für eine ganze Tabelle von Verstößen gegen das Gewissen geben könnte – sofern man nicht gewissenlos ist? Das Wort „Sünder" ist allgegenwärtig geworden, vom Temposünder bis zum Klimasünder.

Die meisten Sünden des dritten Jahrtausends können bestraft werden. Hier auf Erden jedenfalls. Was dann kommt, ahnen nur die Gläubigen. Der Himmel? Die Hölle? Das Fegefeuer? Angst und Religion, Religion und Angst: Der Laie könnte vermuten, dass diese beiden Begriffe ineinander verwoben sind, dass sie zueinander gehören, untrennbar. Dass dies nicht so ist, weil es nicht so sein darf, sagte mir ein alter Priester: „Gott straft nicht". Der Pater hatte ein weiches Herz und einen hellen Verstand. Deswegen fügte er eine Aufforderung hinzu, die im Evangelium steht: „Fürchtet euch nicht!"

Das ist leicht gesagt. Es gibt keine Religion, kein Bekenntnis ohne Angst, Angst vor dem Tod – siehe in einem anderen Kapitel – und Angst vor dem, was nachher kommt. Und da sind wir wieder beim Jüngsten Tag, der richtigerweise der letzte heißt. Das Gericht, das nach der Lehre der Kirche unausweichlich kommt, folgt freilich – ebenfalls nach Lehre der Kirche – unverzüglich nach dem Ableben. Seien wir ehrlich, davor haben wir Angst – auch jene fürchten es, die der Meinung sind, nach dem Tod folgt das Nichts. „Ein Nierenstein treibt den Atheisten in die Kirche", sagte mein Freund Otto Schulmeister, mein Vorgänger als langjähriger Chefredakteur der „Presse". Der Nierenstein macht Angst.

Diese Angst wird von der Vorstellung geschürt, dass es in der Tat so etwas wie das Fegefeuer, theologisch richtig als Purgatorium bezeichnet, und die Hölle gibt. Lieber Gott, mach mich fromm, dass ich in den Himmel komm! Denn wie es in der Hölle aussieht, haben seit vielen Hunderten von Jahren die bildenden Künstler dargestellt. Und nicht nur die bildenden. Der größte Dichter Italiens, Dante Alighieri, hat im 14. Jahrhundert das wohl eindrucksvollste wie bestürzendste Wortgemälde der Hölle entworfen.

Er hat erreicht, was er wollte. Noch immer ist seine Beschreibung der Hölle, enthalten in seiner „Göttlichen Komödie", dazu angetan, den Menschen Angst und Schrecken einzujagen. Was der Existenzialist Jean-Paul Sartre als „die anderen" bezeichnete, die Hölle, besteht im Werk Dantes aus „zehn Kreisen". Die Höllensequenz ist wert, sich näher mit ihr zu befassen. Nicht zuletzt deswegen, weil sie die Hauptsünden aufzählt; sie sind bis heute gleich geblieben.

L'inferno: Der Dichter Vergil führt Dante durch diese Orte der Vergeltung. Die obersten Kreise sind den Sündern der Maßlosigkeit vorbehalten, in den mittleren büßen die Sünder aus Bosheit und in den untersten jene des Verrats; Dante selbst rächt sich in diesen Beschreibungen an seinen politischen Gegnern. Denn die Höllensequenz ist gleichzeitig „Geschichtsbuch, Warnung und literarische Vergeltung, mit manch kritischer Einsicht auch gegenüber der Politik der eigenen Partei. Sowohl die offene Darlegung der eigenen miserablen Lage als auch ein später Triumph Dantes über seine Gegner sind die bestimmenden Aspekte".

Auch Dante schreibt von einem „Läuterungsberg", der dem Fegefeuer entspricht. Ein Ort, wo die armen Seelen auf den Eintritt ins Himmelreich warten. Hinter dem Höllentor liegt die Vorhölle, wo die „lauen Seelen" in Scharen herumlaufen. Lau sind sie, weil sie weder gut noch böse waren. Dennoch werden sie von Ungeziefer gepeinigt. Der Fluss Acheron begrenzt dann die Höllenkreise. Sie liegen in einem riesigen Trichter, der durch den Sturz Luzifers entstanden ist.

Und dann folgen, nach Kreisen geordnet, die Hauptsünder, die Wollüstigen und die Gefräßigen, die Verschwender und die Geizigen, die Boshaften und die Mörder und Räuber – diese kochen in einem Blutstrom, in den sie immer wieder von Kentauren zurückgetrieben werden. Jene, die sich der Blasphemie schuldig gemacht haben, sind ebenso in der Hölle wie Gotteslästerer, Wucherer, Sodomiten. Ein Inferno in der Tat. Auf dem Höllentor steht daher folgerichtig:

„Durch mich geht man hinein zur Stadt der Trauer,
Durch mich geht man hinein zum ewigen Schmerze,
Durch mich geht man zu dem verlornen Volke.
Gerechtigkeit trieb meinen hohen Schöpfer,
Geschaffen haben mich die Allmacht Gottes,
die höchste Weisheit und die erste Liebe.
Vor mir ist kein geschaffen Ding gewesen,
Nur Ewiges, und ich muss ewig dauern.
Lasst jede Hoffnung, wenn ihr eingetreten."

Angst und Religion: In der Tat, Dantes „Inferno" in der „Göttlichen Komödie" macht Angst. Große Angst. Ist es wirklich das, was uns erwartet? Die Künstler des Mittelalters wissen noch ganz anderes zu erzählen. Auch sie verbinden Angst mit Religion, aber auf ganz andere Weise und in anderer Form: Sie schufen den „Totentanz“. Dr. Josef Till, Professor an der Pädagogischen Akademie in Klagenfurt, hat sich in seinem Buch „Der Tod als Panikmacher“ mit diesen skurrilen Motiven der bildenden Kunst befasst: Sie waren im Grunde einer „Biblia Pauperum“ ähnlich und zeigten „die meist von Versen begleitete Darstellung von mit Skelettgestalten gepaarten Ständepersonen, die in Reigen oder Tanzhaltung vom Tod zu Tode gebracht werden“.

Die Totentänze gaben Gelegenheit zur Gesellschaftskritik: Bischöfe und Äbte sahen sich an Pflichten und Gelübde erinnert, die Mächtigen daran, dass sie keinen Anlass zu Arroganz und Machtmissbrauch hätten. „Alle sind gleich, die Gerechtigkeit gilt für alle Menschen“ – das ist eine der Hauptaussagen der Totentänze. Auch ihre Idee ist es gewesen, den Menschen, vor allem aber den Mächtigen, Angst einzujagen: „Gleichheit war nicht mehr Verheißung für die Armen, sondern Drohung für die Mächtigen – eine Drohung mit dem Jenseits“. Die inhumane Häme und die schadenfrohe Bosheit des Knochenmannes habe aber auch dem Bettler, den Behinderten, den Soldaten, der Prostituierten, dem Kaufmann, der jungen Frau und der Mutter gegolten, alles Figuren in den Totentanzbildern.

Ihre Botschaft war eher profan, ihre Funktion aber eher religiös. Die Betrachter, meist Analphabeten, sollten das, was sie auf Erden für bedeutsam hielten, „aufgrund der menschlichen Endlichkeit und Todesverfallenheit“ gering schätzen. Der Totentanz sollte zu Buße und Umkehr anregen: Ein plötzlicher Tod, den alle Menschen fürchten, sollte fähig machen, sich vor dem Jüngsten Gericht zu rechtfertigen.

Dieses freilich, das letzte Gericht, wird auf keinem der Totentänze bildlich gezeigt. Dafür steht der Knochenmann, das Skelett: Er soll ambivalente Gefühle erzeugen, „einerseits Empfindungen des Schauderns und des Entsetzens, andererseits den Flair des Lustvollen und Voyeuristischen“.

Aber wieso Tanz? Wieso tanzt der Knochenmann mit den Menschen? Es entsprang „dem Empfinden der Menschen nach einem Thrill, nach einer Angstlust“ – einer Lust, die als Paradoxon menschlicher Gefühle immer häufiger wird; sie ist eines eigenen Kapitels wert. In den Krisenzeiten des Mittelalters aber zitterten die Leute vor dem Tod, der als unberechenbar, grausam und mächtig bezeichnet und als plötzlich daherzischender Pfeil gedeutet wurde. Und doch galt er als Gleichmacher. Er tanzte im Reigen mit Fürst und Bettler.

Angst und Schock sollten die Bilder von den Totentänzen, gemeinhin an Kapellen und Karnern angebracht, in den Betrachtern auslösen. Angst vor dem universellen Tod und der Vernichtung des Lebens.

Johann Wolfgang von Goethe freilich, der Dichterfürst, hat in seiner Ballade „Der Totentanz“ Akzente gesetzt, die fast eine Spur von Komik zeigen. Wir haben sie im Gymnasium auswendig lernen müssen (und haben es auch mit Vergnügen getan, dieses Gedicht, das Grauen mit – ja, mit Humor zu verbinden scheint):

„Der Türmer, der schaut zu Mitten der Nacht
Hinab auf die Gräber in Lage;
Der Mond, der hat alles ins Helle gebracht;
Der Kirchhof, er liegt wie am Tage.
Da regt sich ein Grab und ein anderes dann:
Sie kommen hervor, ein Weib da, ein Mann,
In weißen und schleppenden Hemden.

Das reckt nun, es will sich ergetzen sogleich,
Die Knöchel zur Runde, zum Kranze,
So arm und so jung und so alt und so reich;
Doch hindern die Schleppen am Tanze.
Und weil hier die Scham nun nicht weiter gebeut,
Sie schütteln sich alle, da liegen zerstreut
Die Hemdelein über den Hügeln.

Nun hebt sich der Schenkel, nun wackelt das Bein,
Gebärden da gibt es vertrackte;
Dann klippert's und klappert's mitunter hinein,
Als schlüg' man die Hölzlein zum Takte.
Das kommt nun dem Türmer so lächerlich vor;
Da raunt ihm der Schalk, der Versucher, ins Ohr:
‚Geh! Hole dir einen der Laken.'"

Getan, wie gedacht! Der Mond scheint hell, *„zum Tanz, den sie schauderlich führen."* Langsam aber wird eines nach dem anderen der Gerippe müde – *„und, husch, ist es unter dem Rasen."* Nur der Tote, dem der Türmer das Hemd gestohlen hatte, bleibt über – *„er wittert das Tuch in den Lüften."*

Der lebende Leichnam versucht, die Türmerstube zu erreichen, klettert den Turm hinauf, *„der Türmer erbleichet, der Türmer erbebt"*. Er sieht sich schon selbst im Grabe. Und da: *„Schon trübet der Mond sich verschwindenden Scheins, die Glocke, sie donnert ein mächtiges Eins, und unten zerschellt das Gerippe."*

Goethes „Totentanz" – in der Deutschstunde war er Pflichtlektüre. Er schrieb die Ballade vor rund 200 Jahren. Aber selbst im 21. Jahrhundert ist der Totentanz ein erregendes Sujet unzähliger Bilder geblieben. Es regt Künstler nach wie vor dazu an, die Endlichkeit darzustellen, die Endlichkeit aber auch der Natur, sofern diese nicht bewahrt wird.

So ist auch das Fresko der bekannten Kärntner Malerin Kiki Kogelnik in Stein im Jauntal zu verstehen, das ihr künstlerisches Testament geworden ist. Sie hat es im Jahr 1996 vollendet, 1997 ist sie 62-jährig gestorben. Als junges Mädchen habe ich sie gekannt. Sie war lustig, unbeschwert, hatte gerade zu malen begonnen. Von düsteren Bildideen war nichts an und in ihr.

An den Totentanz hat sie sicher damals noch nicht gedacht. An den Wänden des fünfeckigen Karners zeigt er in seinem ikonografischen Programm alle Aspekte des „Memento mori". An den Wandflächen befinden sich die Endlichkeitsmotive, an den Gewölben die Hoffnungssinnbilder und an den Verbindungselementen unter den Bogenlaibungen die Überlebensbilder: Eine Symphonie (oder soll man sagen: ein Requiem?) einer Gegenwartskünstlerin, die damals schon selbst vom Tod gezeichnet war.

Triumphierend und tanzend, höhnisch und arrogant grinsend und dann doch wieder lächelnd über das Unwissen des Menschen, der die Unausweichlichkeit dieser seiner Endlichkeit nicht zur Kenntnis nehmen will – das ist die Botschaft, die Kiki Kogelnik den Betrachtern mitgeben will. Sogar die Gentechnologie-Diskussion, das Klonen, selbst die Punks werden an den Wänden des Karners von Stein im Jauntal symbolisiert.

In der Tat: Angst und Religion sind auch heute voneinander nicht zu trennen. Denn wie sagte Otto Schulmeister: „Ein Nierenstein treibt den Atheisten in die Kirche“. Und daran kann auch die allerneueste medizinische Forschung nichts ändern.

Krampus und Struwwelpeter

Angst als pädagogisches Instrument

Wieder eine Kindheitserinnerung. Eine der frühesten, wie mir scheint. Eine Erinnerung aus dem Kindergarten. Ich muss irgendwie schlimm gewesen sein. Die „Tante" war aufgebracht. Vielleicht habe ich in der Nase gebohrt – Grund genug, mir zu drohen: Ich werde dir noch einmal den Finger abschneiden.

Ich erzählte es daheim, und meine Mutter, die Warnung als völlig unpädagogisch einstufend, machte der Kindergärtnerin einen Riesenskandal: „Wie können Sie dem Kind in einer solchen Weise drohen?"

Angst als Erziehungsmittel. Altbewährt, alt verworfen. Indes gar nicht so alt. Zwar ist jenes Gerät, das als „Rohrstaberl" Gott sei Dank nicht mehr gebraucht wird, noch in allgemeiner Erinnerung, aber körperliche Züchtigung ist längst mit Strafe bedroht und daher auch die Angst davor unnötig. Aber in der Ecke stehen müssen, auf Erbsen knien, allenfalls noch die „gsunde Watschn" – diese Erziehungsmittel, die Angst erregen sollen, sind da und dort noch immer im Gebrauch.

Angst im Kindesalter. Nichts leichter, als sie zu verursachen, sie zu erregen. Auch hier spielt die Trennungsangst sehr oft eine Rolle. Sehen wir uns doch die Märchen der Brüder Grimm an! Immer wieder kommt da eine böse Stiefmutter vor. Die Stiefmutter ist falscher Muttterersatz und gleichsam Fleisch gewordene Trennungsangst. Sie ist keine Mutter, o nein. Sie wird nur „Mutter" genannt. Nennen Sie mir ein Märchen, in dem die Stiefmutter nicht so negativ besetzt ist, dass man sich nicht vor ihr fürchten muss. Die Stiefmutter war und ist in der kindlichen Fantasie das Gegenteil einer Mutter.

Und die Hexe, die durch so viele Kindergeschichten geistert, ist – fast könnte man Sigmund Freud als Zeugen anrufen – die im Unterbewusstsein verankerte Angst vor einer Gestalt, die wie eine Mutter aussieht und das Gegenteil von ihr ist. Hexen werden in Kinderbüchern sehr oft als alte Frauen mit Kopftüchern gezeichnet. Ein Kopftuch hat früher auch die Großmutter getragen. Trennungsangst kann sich auch im Verhältnis Enkel–Großeltern abspielen.

Das ist laienhafte Psychologie, gewiss. Aber Erziehung durch Angst ist nach wie vor en vogue. Wenn du nicht brav bist, kommst du in eine Erziehungsanstalt. Dass es solche gibt, die sehr viel Geld kosten und trotzdem gesucht sind, weiß das Kind nicht. Es hat Angst. Immer wieder die Trennungsangst. Sich im finsteren Wald zu verlaufen – Angst, große Angst!

1844 schrieb der Arzt Heinrich Hoffmann für seinen damals dreijährigen Sohn Carl selbst ein Kinderbuch, weil er kein anderes geeignetes finden konnte. Dass der „Struwwelpeter" heute als für Kinder höchst ungeeignet gilt, ahnte Dr. Hoffmann ebenso wenig, wie er voraussehen konnte, dass der „Struwwelpeter" und die Geschichten dieses Buches nach wie vor zu den am häufigsten zitierten Versen gehören, obwohl sie alles andere als politisch korrekt sind. Oder doch? Immerhin werden die Kinder aufmerksam gemacht, dass ein Schwarzafrikaner, ein „Mohr", nicht Gegenstand des Spottes sein sollte: „Was kann denn dieser Mohr dafür, dass er so weiß nicht ist wie ihr?"

Die Geschichten, die Heinrich Hoffmann schrieb, dienten, wie gesagt, als Erziehungsmittel – der Daumenlutscher, der Suppenkaspar, der böse Friedrich, das Paulinchen, der Zappelphilipp. Sie sollten allesamt Angst machen: Gebt acht, dass es euch nicht so geht wie diesen Kindern! Dass Paulinchen, die mit Zündhölzern spielte, schließlich verbrennt, hat Generationen in Angst versetzt. Der Zappelphilipp wird vom Arzt Hoffmann geradezu klinisch getreu als Kind mit Hyperaktivitäts-Störung geschildert. Und der Suppenkaspar könnte als Mensch mit Anorexia nervosa beschrieben werden. Angeblich befand sich auf dem seinerzeitigen Friedhof von Leoben das Grab eines 1834 verstorbenen neunjährigen Knaben, auf dessen Stein „Suppenkaspar“ stand. In den Kirchenbüchern heißt es: „Verweigerte Nahrungsaufnahme“.

Auch „Hatschi Bratschis Luftballon“, das berühmte Kinderbuch von Franz Karl Ginzkey, war als Erziehungsmittel gebräuchlich. Genauso wie im „Struwwelpeter“ sollen auch hier im Gedicht, das man fast eine Ballade nennen könnte, den Kindern die Folgen von Ungehorsam eindrucksvoll geschildert werden:

„Wie sprach die Mutter? Liebes Kind,
Sei brav, wie andere Kinder sind
Und bleibe schön bei mir zu Haus.
Er aber lief zur Tür hinaus.“

Fritzchen muss mit dem Zauberer davonfliegen, weil er ungehorsam war:

„Der böse Hatschi Bratschi heißt er
Und kleine Kinder fängt und beißt er.“

Nach etlichen Abenteuern kehrt Fritzchen aber nach Hause zurück und wird künftig brav sein, zum Unterschied vom „Struwwelpeter“: Dort folgt die Strafe der Untat auf dem Fuß und endet sogar mitunter mit einer Katastrophe.

Legendäre Angstmacher finden sich überall, sie sind gleichsam international. Und sie alle sollen den Kindern das Fürchten beibringen. Bisweilen treten sie sogar in Kinderliedern und Kinderspielen auf, haben dann gleichsam eine Maske vor dem Gesicht. In den deutschsprachigen Ländern geistert der „Butzemann“ herum. Später ein Kinderschreck, vorher ein gespensterhafter Kobold, der auch Erwachsenen Angst machte. Fröhlich wird heute das Lied vom „Bi-Ba-Butzemann“ gesungen, der „in unserem Kreis herumgeht“. Er ist nicht mit der Gestalt zu verwechseln, die im Spiel „Wer fürchtet sich vorm schwarzen Mann?“ auftritt. Ein unbefangenes Kinderspiel, sollte man meinen. Es ist indes eine unbeabsichtigte Erweckung von Ängsten, die sogleich verschwinden, wenn sie gleichsam vom Tageslicht erreicht werden.

Wer fürchtet sich vorm schwarzen Mann? Immer ist es die Dunkelheit, in der die Angst herrscht. Finsternis ist gleich Angst. Siehe auch Dracula: Wenn ihn der erste Sonnenstrahl trifft, muss dieser Geist den Sargdeckel schließen. In England und Amerika macht den Kindern der „Bogeyman“ Angst, der sich in finsteren Räumen aufhält, gelegentlich aber auch aus dem Spiegel tritt oder sich schemenhaft vor dem Fenster zeigt.

Vom Krampus wollen wir hier gar nicht reden. Er ist zum Glück längst abgeschafft worden. Er tritt nicht mehr auf, rasselt nicht mehr mit der Kette, zeigt nicht mehr seine Hörner und die lange rote Zunge. Er war in der Tat furchterregend. Oder hat er am Ende, ohne dass wir alle es gewusst haben, doch eine Spur jener Urangst vor dem Bösen gezeigt, die wir alle fühlen? Der Böse, das Böse, eine andere Urangst.

Zurück zu den Kinderbüchern. Viele, vor allem die „modernsten“, lassen allfällige Furcht zur Angst werden. Verstärkt wird sie vor dem TV-Gerät. Dann etwa, wenn das Fernsehen Länder aus Afrika zeigt, wenn wir im Wohnzimmer mit den Folgen ethnischer Säuberungen konfrontiert werden, mit weinenden Müttern. Haben dann ihre Kinder Angst, wo sie doch vor der Kamera winken und lachen? Ist der Affekt des Kindes nicht spürbar, ist die Gefühlsregung noch unterentwickelt? Das Beispiel des Embryos würde auf das Gegenteil weisen.

Bisweilen freilich drängen sich auch Monster der Urzeit angsterregend in die Fantasie. Feuerspeiende Drachen werden dann gelegentlich zu Spielgefährten. Dino darf mit dem Kleinen im Bett liegen. Er ist ausgestopft und dient als Spielzeug.

Ein Drachen, aus dessen Maul Flammen züngeln – da ist dann die Atomangst nicht weit. Sie findet ihren Platz selbstverständlich auch in der Kinderliteratur. Die sogenannte fächerübergreifende politische Bildung kann den Kids nicht früh genug beigebracht werden. Und das ist gut so. Angst vor Atomkraftwerken, Sorge auch über wieder aufflammenden Rechtsradikalismus sind kindergerecht erzählt.

Die Seele ist, wie schon Arthur Schnitzler sagte, ein weites Land. Ein sehr weites. Einer der schönsten und berührendsten Filme, die ich kenne, handelt von einem Vater, der als subversiver italienischer Komiker mit seinem kleinen Sohn ins Konzentrationslager gebracht wird. Um dem Kind die Angst zu nehmen, gaukelt er ihm vor, das Ganze sei ein Spiel. „Das Leben ist schön" hieß der Streifen. Er ging im wahrsten Sinn des Wortes zu Herzen.

Das Leben ist schön. Wenn man Grimms Märchen und die anderen Produkte schriftstellerischer Fantasie ähnlicher Art uminterpretieren will, kommt man in der Tat zu diesem Schluss. Kein Märchen endet negativ, stets gibt es ein Happy End. Auch das Buch von „Hatschi Bratschis Luftballon", dessen Anfang Angst erregen könnte, freilich nicht Flugangst, endet glücklich. Zwar gibt es den bösen Zauberer, der kleine Kinder beißt, aber Fritzchen gerät am Ende doch wieder in die Obhut der Mutter. Ende gut, alles gut?

Gar nicht gut, wenn sich kleine Kinder mit dem konfrontiert fühlen, was sie als echten „Schwarzen Mann" sehen müssen. Oder als „Bogeyman" kennen. Beide treten sie heute auch in der Realität auf. Sie sind echt. Sie sind Einbrecher. Hautnah kommen auch Kinder auf diese Weise mit der Kriminalität in Berührung – und haben künftig Angst. Rudolf Morawetz, Psychologe, Vorsitzender beim Notfallpsychologischen Dienst Österreichs (NDÖ) und Vater von zwei kleinen Kindern, ist selbst Opfer eines Einbruchsdiebstahls geworden. „Es gab keine Verwüstung, die Kinder mussten keine Bilder von Chaos und Zerstörung aufarbeiten. Dennoch hat es sie intensiver getroffen, als ich erwartet hatte", erzählte er in einem Interview mit der „Presse".

Für Kinder sei es schwierig, die statistische Wahrscheinlichkeit weiterer Einbrüche einzuschätzen. Deshalb könne die Angst vor einer Wiederholung des Vorfalls oft sehr lange präsent bleiben. Die Konsequenz: Ängste und der Verlust des Sicherheitsgefühls können bei Kindern Schlafstörungen und psychosomatische Beschwerden hervorrufen.

Ab dem vierten Lebensjahr beginnen die Kinder ja zwischen Gut und Böse zu unterscheiden. Räuber, Piraten, aber auch Polizisten spielen in ihren Welten nun eine Rolle. Wie die Kleinen dann eine reale Konfrontation mit dem „Bösen" in Form eines Einbruchs verarbeiten, sei eine höchst individuelle Angelegenheit, schrieb „Die Presse" und zitierte einen zweiten Experten, Matthias Herzog, Psychologe und Lektor an der Universität Wien. „Für Kinder sind Eltern, die sich im Ausnahmezustand befinden, weit schlimmer als eine leer geräumte Wohnung. Das kindliche Sicherheitsgefühl ist stärker an die Eltern gekoppelt als an Objekte."

Tragisch, dass der schwarze Mann im „Reih-um-Spiel" in Zeiten wie diesen (wie oft muss man sie zitieren?) durch Kriminelle ersetzt wird. Sie nehmen den Platz ein, den früher die kindlichen Fantasiegestalten besetzt hielten. Der Struwwelpeter ist, denke ich, am Ende doch der wachsenden Kriminalität vorzuziehen. Die Kinder wissen, dass es ihn nicht gibt. Der Eindruck aber ist real. Die kindlichen Ängste, die ihm folgen, sind lange nicht heilbar.

Aber sind kindliche Ängste überhaupt heilbar? Ich meine jetzt nicht jene, die bei der Trennung entstehen. Ich meine die sich auch schon bei Kindern entwickelnden Zukunftsängste.

Nostradamus und Konsorten

Die Angst vor den Propheten

„Brave New World“ nannte Aldous Huxley seinen berühmten Zukunftsroman – „Schöne neue Welt“. Anno 1932 ist er erschienen. Gleich der Anfang zeigt, was diese neue Welt birgt: Gemeinschaftlichkeit, Einheitlichkeit, Beständigkeit. Man liest von einer Führung durch die „Befruchtungsanstalt“, die deren Direktor für eine Gruppe von Studenten veranstaltet:

„An die Brutöfen gelehnt, gab er den unleserlich über die Seiten flitzenden Bleistiften eine kurze Beschreibung des modernen Befruchtungsvorgangs, sprach selbstverständlich zuerst von dessen chirurgischer Einleitung mittels ‚einer freiwillig zum Gemeinwohl auf sich genommenen Operation, die überdies noch mit einer Prämie in der Höhe von sechs Monatsgehältern verbunden ist‘, beschrieb hierauf das Verfahren, um das exstirpierte Ovar am Leben zu erhalten und weiterzuentwickeln, ging dann auf die Frage der Optimaltemperatur, des Salzgehalts und der Viskosität über.“

Schöne neue Welt. Schön? 30 Jahre später hat Huxley in dem Essayband „Brave New World Revisited“ so etwas wie eine Bestandsaufnahme seiner Utopien aufgezeichnet. Sein Resümee: Infolge des sozialen und technischen Fortschritts und jenem psychologischer Manipulation werden die von ihm geschilderten Zustände weitaus früher eintreten, als er dachte.

Seine neue Prognose stammt aus den frühen Sechzigerjahren. 50 Jahre später ist das, wovor Huxley Angst hatte, teilweise längst verwirklicht: vom Klonen bis zur totalen Kontrolle. Und auch die Atomangst ist weitaus intensiver geworden, als es sich der Autor hat träumen lassen. 1961 schrieb er: *„Ein Prokrustes in moder-*

nem Gewand, wird der Atomphysiker das Bett vorbereiten, auf dem die Menschheit liegen müssen wird; und wenn die Menschheit nicht hineinpasst – nun, desto schlimmer für die Menschheit. Da wird eben ein wenig ausgereckt und abgehackt werden müssen, auf dieselbe Weise wie schon immer, seit die angewandte Wissenschaft so recht eigentlich in Gang kam; nur dass diesmal das Ausrecken und Abhacken ein gut Teil drastischer sein wird als in der Vergangenheit. Diese alles eher als schmerzlosen Operationen werden von hoch zentralisierten totalitären Regierungen überwacht werden".

Huxley resignierte, wie man sieht, schon damals. Er hat bereits im zu Ende gehenden 20. Jahrhundert an jener Angst gelitten, die zu Beginn des 21. immer virulenter wird. Die Zukunftsangst. Eine der Urängste. Es gibt, wie wir gesehen haben und noch sehen werden, eine ganze Reihe. Sie ist eine besonders intensive Angst.

Warum leiden so viele Menschen, warum leiden wir alle eigentlich darunter, wie Umfragen ergeben? Mit Umfragen freilich ist es so eine Sache. Dass die Meinungsforscher irren, ist nichts Neues. Dass sie sich in letzter Zeit häufiger geirrt haben, dürfte mit dieser Zeit im Zusammenhang stehen. Es ist eben schwieriger geworden, nach Meinungen zu forschen.

Leichter ist es, zu erfragen, warum so viele Menschen das Morgen fürchten. Noch einmal: Warum sie vor der Zukunft Angst haben. Angst, nicht Furcht. Dass die beiden Begriffe nicht dasselbe meinen, habe ich zu erläutern versucht.

Allein, die Zukunftsangst ist eine der Urängste des Menschen. Sie ist es immer schon gewesen. Merksatz Nummer eins: Je reicher eine Gesellschaft ist, desto mehr Angst hat sie, diesen Reichtum zu verlieren. Gerade jetzt haben wir dies wieder einmal und besonders eindrucksvoll gesehen und erlebt.

Aber von der Finanzkrise soll in diesem Kapitel nicht die Rede sein. Vielmehr von der Binsenweisheit, dass Wohlstand Hand in Hand geht mit der erwähnten Zukunftsangst. Wenn es uns gut geht, sorgen wir uns darüber, wie lange dies weitergehen wird. Die

Armen (die armen Länder mit eingeschlossen) haben wenig oder nichts zu verlieren. Es kann ihnen eigentlich auch in Zukunft nach menschlichem Ermessen nur besser gehen. In den reichen Staaten aber hat sich die Angst breitgemacht.

Deswegen hat es Propheten gegeben, seit es Menschen gibt, und Prophetien, seit der Homo sapiens existiert, der wissende Mensch, der wissen will, ob er morgen noch leben wird. Propheten und Prophetinnen haben Hochkonjunktur, seit der erwähnte Homo sapiens erforschen möchte, was ihm bevorsteht. Sehr oft stellt sich dann heraus, dass es besser gewesen wäre, nicht heute zu erfahren, was uns morgen passiert. Aber das ist eine andere Geschichte.

Bisweilen sind wir in dieser Hinsicht freilich zu Scherzen aufgelegt. „Die Zukunft ist auch nicht mehr, was sie einmal war", heißt es gelegentlich. „Vorhersagen sind immer schwierig, vor allem über die Zukunft", wird Niels Bohr zitiert. Der berühmte Physiker wusste, wovon er sprach. Er hat sich zuletzt auch mit der Kernspaltung des Urans beschäftigt und war demgemäß in Los Alamos an der Entwicklung der Atombombe beteiligt.

Dass sie 1945 eingesetzt werde, hat er gewusst. Welche Menschenopfer sie fordern und welche Verheerungen sie anrichten werde, hat er geahnt. Die Entwicklung von Nuklearwaffen mit noch weit furchtbarerer Wirkung hat er, wie man annehmen kann, in ihrer ganzen Realität nicht vorhergesehen. Also hat er, wie ich glaube, nicht an Zukunftsangst gelitten, und als Wissenschaftler hatte er sich demgemäß leisten können, von dieser Zukunft lächelnd zu sagen, sie vorherzusagen sei schwierig wie alle Prophetien.

Warum aber sind diese durchwegs geeignet, uns Angst einzujagen? Warum sind Propheten fast immer nur solche des Unheils? Oder, anders und unverblümter gesagt: Warum glauben wir, dass die Zukunft schlechter sein wird als die Gegenwart? Dabei haben uns doch viele utopische Romane und Science-Fiction-Fantasien einzureden versucht, dass die Welt besser werden wird, schöner und wohnlicher – was immer man darunter verstehen mag.

Ist Orwell mit seinem „1984“, ist Huxley Prophet gewesen oder Prognostiker? Merksatz zwei: Die beiden Begriffe sind verwandt, aber nicht identisch. Prophetien haben nichts mit Wissenschaft zu tun, Prognostik behauptet, von ihr gesteuert zu werden. Wer die Prognostik zu seinem Beruf gewählt hat, würde sich mit Händen und Füßen wehren, als Prophet bezeichnet zu werden, auch wenn er oder sie im Endeffekt gleichfalls Unheil prophezeien mag. Denn die Zukunft (Merksatz drei wie Merksatz eins) ist wirklich nicht, was sie einmal war, nämlich besser als die Gegenwart.

Schluss mit solchen primitiven philosophischen Gedanken. Zurück zu den Voraussagen. „In göttlichem Auftrag“ haben sich jene Propheten mit ihnen befasst, von denen wir im Alten Testament lesen. Und die meisten haben nichts Gutes vorausgesehen. Ihre Namen sind zumeist solche, die mit Angst verbunden sind oder jedenfalls Zukunftsskepsis erzeugen: Amos, Jesaja, Ezechiel, Jeremias und so weiter. Vor allem Jeremias ist da hervorzuheben. Was er klagend erwartete, ist sogar in den modernen Sprachschatz übernommen worden: Es sind „Jeremiaden“.

Immer wieder haben die alten Propheten das Gottesgericht beschworen. Anders ihre Vorläufer, die Propheten aus Mesopotamien. Oder vom Nil. Diese sind Priester gewesen, die in der Lage waren, mit ihrem Wissen um Astronomie und Jahreszeitenwandel Regen und Trockenheit, Überschwemmungen und Dürre vorauszusehen und danach den Umfang der Ernten zu prognostizieren. Das Volk bestaunte die Kenntnisse der offenbar von den Göttern Auserwählten und fürchtete sich.

Sie waren indes nicht alle mehr oder minder Unglückspropheten, die Visionäre der Vergangenheit, die sich mit der Zukunft befassten – oder mit dem, was sie von der Zukunft zu wissen glaubten. Hildegard von Bingen etwa hat im 11. Jahrhundert nicht nur Kräuter angebaut, deren Wirksamkeit noch heute gepriesen wird. Sie hat auch als Weissagerin gewirkt; heute wird sie als Heilige verehrt, obwohl ihre Prophezeiungen keinesfalls durchwegs positiv waren.

Oft genannt wird gerade heute der heilige Malachias, ein Kirchenreformer des 12. Jahrhunderts, dem Prophezeiungen zugeschrieben werden, die viele auch heute noch ernst nehmen, weil sie sich mit dem Papsttum befassten und die Reihe der Bischöfe von Rom aufzählten. Etlichen hat Malachias einen Beinamen zugeschrieben, der, wenn man so will, erstaunliche Treffsicherheit aufweist. So hat er Johannes XXIII., der als Kardinal Roncalli Erzbischof von Venedig war, als „Pastor et nauta“ bezeichnet. Man hat hineininterpretiert, dass Malachias sagen wollte, dieser Papst komme aus einer Hafenstadt. Pius XII. hieß bei ihm „Pastor Angelicus“.

Laut Malachias sollte diese Papstreihe demnächst zu Ende gehen, das letzte Oberhaupt der katholischen Kirche werde dann wieder Petrus heißen. Malachias ist nicht mit Maleachi zu verwechseln, diesem Propheten aus dem Alten Testament und seinen Vorhersagen, unter anderem des Jüngsten Gerichts.

Es ist erstaunlich, dass die Menschheit immer wieder an Prophetien geglaubt hat, die mit der Endzeit zu tun hatten, mit den schreckenerregenden Perioden davor, kurz: mit einer Zukunft, die das anregt, was gelegentlich als „Vernichtungsfantasie“ bezeichnet wird. Einer der berühmtesten Propheten dieser Art ist der sattsam bekannte Nostradamus gewesen, dessen Hauptbeschäftigung, wie viele heute glauben, darin bestanden hat, seinen Zeitgenossen, und nicht nur diesen, nichts als Angst einzujagen. Dabei war Michel de Nostredame Apotheker, Arzt und eine Zeit lang am Hofe des französischen Königs Heinrich II. und Katharina von Medici tätig. Schon vorher hatte sich Nostredame, dessen Name später zu Nostradamus latinisiert wurde, durch seine Prophezeiungen bekannt gemacht.

Sie betrafen vorerst vor allem Ernteaussichten, bis ihn die Königin, die mehr an den Wahrheitsgehalt seiner Prophetien glaubte als ihr Mann, um Horoskope für ihre Kinder ersuchte. Diese dürften zumindest teilweise zutreffend gewesen sein, denn Katharinas und Heinrichs Sohn Karl IX. erwählte den Propheten zu seinem Leibarzt.

Sein eigenes Schicksal hat Nostradamus leider nicht vorhergesehen. Er starb an Wassersucht, seine Gebeine wurden 1791 während der Französischen Revolution von Nationalgardisten geschändet. Angeblich hat einer der Soldaten den Schädel des Nostradamus als Trinkschale missbraucht. Die sterblichen Überreste wurden später in der Pariser Dominikanerkirche Saint-Laurent-de-Salon bestattet.

Was er geschrieben hatte, wird auch heute noch von vielen als Vorhersage der Weltgeschichte betrachtet. Zwar fehlt den Prophezeiungen eine Zeitangabe und selbst die Epochen sind kaum erkennbar. Ein Teil seiner Aufzeichnungen ist erst nach seinem Tod veröffentlicht worden. Was er schrieb, hat Nostradamus als „Zenturien" bezeichnet. Als eine der berühmtesten gilt jene, die den Tod Heinrichs II. vorhersagte:

„Der junge Löwe wird den alten besiegen,
auf dem Schlachtfeld in einem einzigen Duell.
Im goldenen Käfig wird er ihm die Augen ausstechen."

Anno 1559 kämpfte Heinrich II. in Paris mit dem Grafen Montgomery in einem Duell. Die Lanze des Gegners brach und ein Splitter drang durch das Auge des Königs in den Schädel. Zehn Tage später ist Heinrich II. gestorben. Mag sein, dass dies eine der Prophezeiungen war, die relativ einfach erklärbar gewesen sind. Alle anderen sind nicht leicht zu interpretieren, weil sie Ereignisse und Entwicklungen darstellen, deren Übereinstimmung mit tatsächlichen Gegebenheiten nur dann feststellbar ist, wenn man sie mit dem Wissen über das bereits eingetretene Faktum übersetzt.

So betrachtet, können die Prophezeiungen des Nostradamus in der Tat als „Offenbarung" zukünftiger Situationen verstanden werden. Man glaubte, manche Einzelheiten aus dem späteren Verlauf der Geschichte erkennen zu können. Auch die Weltkriege hat, dieser Meinung zufolge, Nostradamus bereits im 16. Jahrhundert vorhergesehen. Weil er vor allem politische und wirtschaftliche

Krisen der Zukunft geschildert hat, gilt Nostradamus heute vielfach als Prophet der Angst.

Aber er wollte, wie er selbst sagte, mit seinen Visionen den Menschen helfen und sie nicht erschrecken. Das Gegenteil ist freilich der Fall. Die Prophezeiungen des Nostradamus sind selbst im 21. Jahrhundert noch wiederholt herausgegeben worden, zuletzt in Deutschland im Jahre 2003. Er gehört heute zusammen mit Malachias zu den bekanntesten und meist genannten Propheten der neueren Zeit.

Die Menschen nicht erschrecken wollen – das war freilich nur ein frommer Wunsch, vor allem, was die Prophetien der Neuzeit betraf. Immer wieder scheint es eine ihrer Aufgaben gewesen zu sein, den Menschen Angst vor der Zukunft einzujagen. Dass sich alle, die den viel zitierten Doomsday, den Weltuntergang, vorhersagten, bis jetzt geirrt haben, wissen wir. Aber es geht nicht nur um das Weltende. Vielmehr sind auch jene Katastrophen gemeint, die zwar vorhergesagt waren, aber nicht eingetreten sind.

Bleiben wir vorerst bei jenen Prophetien, denen man zumindest zu ihrer Zeit Glauben schenkte. Da ist etwa Thomas Robert Malthus, der voraussagte, dass die Menschheit an Hunger zugrunde gehen werde, weil sich die Bevölkerung in geometrischer, die Nahrungsmittelproduktion aber nur in arithmetischer Reihe vermehren werde. Es gebe, schrieb Malthus in seinem 1798 publizierten Werk „An Essay on the Principle of Population", nur Krieg oder Krankheit als Mittel zur Eindämmung des übermäßigen Bevölkerungswachstums – und das, was er „moralische Zurückhaltung" nannte, also Enthaltsamkeit. Geburtenkontrolle hat er nicht vorhergesehen.

Aber auch nicht die demografischen Erkenntnisse, die wir heute besitzen. Auch sie verursachen bei vielen Angst vor der Zukunft: Seit Malthus hat sich die Weltbevölkerung um sechs Milliarden Menschen vermehrt. Mehr noch: Zwischen 1950 und heute gab es den größten Bevölkerungszuwachs der Geschichte. Und die Malthus-Formel wird neuerdings auch von der Welternährungsorganisation zitiert – und überraschenderweise wieder unterstrichen.

Die Menschheit vermehrt sich viel stärker, als die Nahrungsmittelproduktion es imstande wäre. Das Gespenst, das Malthus vor Augen schwebte, hat im 21. Jahrhundert deutlichere Gestalt angenommen. Was man nicht für möglich gehalten hatte, ist wieder beinharte Realität geworden: Ein Teil der Menschheit hungert. Sind auch hier Kriege vorprogrammiert?

Angst vor der Zukunft? Was man einst Prognosen nannte, die sich oft als Prophetien entpuppten, wird heute gerne als Szenario bezeichnet. Angst macht es allemal – ob es nun eines des möglichen künftigen Atomkriegs ist oder nur eine Anhäufung von Rechenmodellen. Der Computer als Angstmacher: Auch diese seine Funktion, wenngleich nur eine von vielen, wäre eine Untersuchung wert. Eine „demütige Form der Prognose" ist das Szenario genannt worden. Wetterprognosen gehören dazu. Zwar können auch sie Angst machen, wenn sie etwa die Prolongation einer Dürreperiode vorhersagen, mit allen Konsequenzen für Ackerbau und Viehzucht.

Aber am erschreckendsten waren doch die Prophetien, die zu Ende des 20. Jahrhunderts der Menschheit vorhersagten, dass sie im Begriffe sei, aus eigenem Willen und mit eigenen Mitteln ihr eigenes Grab zu schaufeln. Als „Hiobstrio" bezeichnete die Schweizer „Weltwoche" die Autoren Paul Ehrlich, Norman Myers und Dennis Meadows. „Mehr als dreieinhalb Milliarden Menschen bevölkern bereits unseren sterbenden Planeten – und etwa die Hälfte von ihnen wird verhungern", prophezeite Ehrlich, „und die Weltöffentlichkeit nahm es für bare Münze", kommentierte die Schweizer Zeitung. „Es wird dann in den zuerst betroffenen Regionen wie etwa Indien zu Milliarden Toten kommen", behauptete Meadows. Myers prognostizierte, dass bis zur Jahrtausendwende viele Tausend Tierarten aussterben würden. Ob nun „Club of Rome" oder „Global 2000" – die Doomsday-Ängste waren geeignet, einander zu übertreffen.

„Darin war die Rede vom ‚Verlust von annähernd einem Fünftel aller biologischen Arten unseres Planeten (das sind grob ge-

schätzt mindestens 500.000 Pflanzen und Tierarten)'. Stattdessen verschwanden einige Dutzend der bekannten Spezies. Und um die Frage, wie hoch der Verlust an unbekannten Kleinlebewesen anzusetzen sei – also solche, die verschwinden, bevor man sie entdeckt –, streiten sich bis heute die Experten", liest man. Wie man sieht, ist die „Weltwoche" aus der Schweiz äußerst skeptisch, was die Prognosen betrifft. Dass sie die weltweite Finanzkrise und besonders auch die Diskussion um das Bankgeheimnis, die vor allem die Schweiz betraf, nicht vorhersehen konnte (oder wollte), ist freilich verständlich.

Es genügt, sich an der Öko-Apokalyptik zu reiben und noch einmal Friedrich Sieburg zu zitieren: „Der Alltag der Demokratie mit seinen tristen Problemen ist langweilig, aber die bevorstehenden Katastrophen sind hoch interessant ... Wenn wir schon mit unserem Dasein nichts Rechtes mehr anzufangen wissen, dann wollen wir wenigstens am Ende einer weltgeschichtlichen Periode stehen. Richtig zu leben ist schwer, aber zum Untergang reicht es allemal".

Prognosen, die nicht stimmen, und Propheten, die irren (ohne dass sie mit den „falschen Propheten" der Heiligen Schrift verwechselt werden dürfen), gab und gibt es zuhauf. Andererseits haben wir Entwicklungen erlebt, von denen wir uns wenige Jahre vorher nicht haben träumen lassen. Wer wagte schon in den Achtzigerjahren des vorigen Jahrhunderts zu behaupten, dass 1989 die Berliner Mauer fallen und wenig später die Wiedervereinigung Deutschlands Realität sein werde? Wer hat vorhergesehen, dass in den folgenden Jahren der Ostblock zusammenbrechen und die Sowjetunion auseinanderfallen werde? Wer hat das damals unwirklich erscheinende Szenario geahnt, das frühere Satellitenstaaten Moskaus in die NATO führen werde?

Dem freilich steht die Prophezeiung des Igor Panarin, einst Dekan an der sowjetischen Diplomatischen Akademie, gegenüber. Vor zehn Jahren sagte er in einem Vortrag in Linz das Auseinanderbrechen der USA voraus. Hawaii werde sich Japan oder China anschließen, Alaska werde zu Russland zurückkehren und 2011 werde es anstelle der USA nur mehr sechs Rumpfstaaten geben, eine Entwicklung, die bereits 2010 beginnen werde.

Zumindest diese Prognose (soll ich sie Szenario nennen oder lieber als Prophetie abqualifizieren?) hat sich als falsch, ja lächerlich erwiesen. Für sie galt nicht, was andererseits, seien wir ehrlich, doch für das weite Gebiet der Prophezeiungen gelten mag: Es ist nichts unmöglich, es gibt nur verschiedene Grade der Wahrscheinlichkeit.

Knieriems Prognosen

Die Angst vor dem Armageddon

Die Zukunftsangst. Angst vor dem, was geschehen wird, ohne es zu wissen. Vielleicht wird es geahnt. Dann ist sie mit einer anderen Urangst verwandt, mit der Kriegsangst, die ich in einem anderen Kapitel schildere.

Zukunftsangst. Vielleicht wirklich nicht nur eine Ur-, sondern eine Ur-Ur-Angst. Man sagt oft, die Zukunft sei von gnädigem Dunkel umhüllt – und ist der Meinung, dass das Dunkel auch gnädig sein kann. Dass dies nicht stimmt, habe ich bereits erzählt. „Ich fahre, ich weiß nicht, wohin? Mich wundert, dass ich so fröhlich bin“, schrieb Heinrich von Kleist in Anlehnung eines Vierzeilers von Johannes Scheffler, der sich Angelus Silesius nannte. Kleist wusste in der Tat nicht, wohin er fuhr. 1811 hat er sich erschossen.

Wohin wir gehen, und zwar im übertragenen Sinn, wollen wir wissen. Möglicherweise ist es Galgenhumor, fröhlich zu sein. Gerade jetzt, da so viele Prognosen düster sind – siehe später. Hier soll nicht von Zukunftsdeuterei die Rede sein, aber von Zukunftsangst.

Ein Schuster, ein Schneider, ein Tischler. Ich erinnere mich genau an den Film, der 1937 nach Nestroys „Lumpazivagabundus“ gedreht wurde, mit einer Bombenbesetzung: Paul Hörbiger, Heinz Rühmann, Hans Holt. Und wenn Knieriem, der Schuster, immer wieder davon spricht, dass im nächsten Jahr die Welt ohnehin zugrunde gehen werde, weil „der Komet“ kommt, weiß das Publikum, dass der Schuster jedenfalls in dieser Hinsicht ein Spinner ist.

Sogar an ein Glückslos glaubt er nicht:

„Knieriem: Ein schlechter Zeitpunkt war's halt doch, jetzt was z' gwinnen.

Fassl: Warum?

Knieriem: Weil man's nicht mehr anbringen kann. Aufs Jahr kommt der neue Komet, der die Welt z'grund richt't, nachher ist der Herr pfutsch mitsamt sein' Treffer.

Leim: ‚Red nit so dumm, gar nichts g'schieht, mir hat's a Professor g'sagt.

Knieriem: ‚Ich werd's doch besser verstehn als a Professor? Ich hab' die Astronomie aus 'n Büchel g'lernt und mach' alleweil meine Beobachtungen, wenn ich hamgeh' in der Nacht.

Leim: Ja, wenn du bsoffn bist."

Aber Knieriem beharrt darauf. In einer der folgenden Szenen bekennt er: „*Und ich hab' keine Leidenschaft als die Astronomie, drum g'wöhn ich mir 's Biersaufen ab und verleg' mich von heut' an bloß auf 'n Wein. Aufs Jahr geht so die Welt zugrund, da zieh' ich halt heuer noch von einem Weinkeller in den andern herum und führ' so ein zufriedenes häusliches Leben.*"

Der Schuster Knieriem, der im „Lumpazivagabundus" immer wieder vom Kometen und den durch diesen verursachten Weltuntergang fantasiert, war in der Tat die meiste Zeit bsoffn. Die anderen, die zu dieser Zeit ebenfalls Angst davor hatten, dass der von den Astronomen angekündigte geschweifte Stern die Erde treffen werde, waren nicht betrunken. Viele glaubten daran. Sie meinten, das Weltende sei nahe. Denn Angst vor Himmelserscheinungen hat es immer gegeben, und sie wird weiter existieren, allen modernen Beobachtungen und deren Methoden und Instrumenten zum Trotz.

Es ist möglich, dass Nestroy seinen Knieriem die Sorge aussprechen ließ, die zu seiner Zeit viele Menschen bewegte: Dass der Halleysche Komet die Welt bedrohe. Der Physiker Edmond Halley hat von der Sternwarte Greenwich aus anno 1705 entdeckt, dass dieser Himmelskörper regelmäßig wiederkehren werde und mit freiem Auge sichtbar sei: Alle 75 bis 77 Jahre zeigt er sich, und wie alle ungewöhnlichen Erscheinungen am Firmament macht er Angst, weil er Katastrophen anzukündigen droht. Noch im Jahre 1910 versetzte der Halleysche Komet viele Menschen in Angst. Und wie es daraufhin auf der Erde zuging, konnte man damals aus „Sirius, Zeitschrift für populäre Astronomie“ erfahren: „Während die wissenschaftlichen Beobachtungen, soweit heute bekannt wurde, meist nur negative Ergebnisse lieferten, hat das Volk besonders in den großen Städten den Durchgang in seiner Weise gefeiert, wobei Trinken und Skandal die Hauptsache waren.“

Die Hauptsache war damals offenbar, die Angst zu unterdrücken. Vom Unheil, das der Komet anzukündigen schien, war vorerst nichts zu spüren. Wer ahnte damals, dass 1914 nur drei Jahre entfernt war? Dass die europäische, ja die Weltordnung in Trümmer gehen werde?

Der Aberglaube, der mit dem Erscheinen eines Kometen, nicht nur des Halleyschen, verbunden ist, lässt sich nicht vermeiden. Der Komet kommt. Bald wird alles zu Ende sein. Der Weltuntergang ist nahe. Abseits von religiösen Momenten und Motiven, die nahe liegen, ist es diese immer wieder zitierte Urangst vor dem unausweichlichen finalen „Aus“, das uns verfolgt, auch wenn wir jede Art von Aberglauben ablehnen. Heute noch erinnern sich alte Leute an das erwähnte Nordlicht, diesen Unheilsboten, der im Jahre 1938 auch über Österreich zu sehen war. Was folgte, ist bekannt: Zuerst „Anschluss“, dann Krieg. Wenngleich anno 1938 die Kriegsangst noch nicht ausgeprägt war, obgleich erste Anzeichen bereits fühlbar gewesen wären.

Angst vor dem Ende der Welt ist Existenzangst im buchstäblichen Sinn, ohne als solche verstanden zu werden. Sie ist Todesangst, und man will sie nicht als solche werten. Aber immerhin – ich habe bereits davon erzählt – sind schon bei der ersten Jahrtausendwende viele Menschen auf die Berge geklettert, nachdem sie Hab und Gut verkauft hatten. Je näher sie dem Himmel seien, desto größer sei ihre Sicherheit, dachten sie. Als damals das Weltende nicht kam – was haben sie gemacht? Wovon haben sie gelebt? Immer wieder hat mich diese Frage beschäftigt – zusammen mit jener, warum denn die Menschen meinen, gerade zu markanten Zeitwenden müsse Unvorhergesehenes, Überraschendes für die Menschheit geschehen.

Als wir die Wende vom zweiten ins dritte Jahrtausend begingen, hatten wir fast dieselbe Angst wie unsere Vorfahren im Jahr 999. Die Angst war allerdings gemildert, nicht zuletzt durch die heutigen Zeitzonen und Datumsgrenzen. Was ist uns da vorher nicht an Angst eingejagt worden: Alle Computer würden streiken, erfuhren wir, alle elektronisch gesteuerten Geräte würden zeitweilig ihren Betrieb einstellen, die gesamte technisierte Welt werde gezwungen, eine Pause einzulegen.

Und was ist passiert? Nichts, absolut nichts. In Europa hatte man gespannt auf die Ergebnisse gewartet, die etwa das um 7 Stunden voraus liegende hoch industrialisierte Japan verzeichnen würde. Dort gingen auch in der ersten Minute des dritten Jahrtausends die Uhren nicht anders. Das Aufatmen war ein weltweites.

Drittes Jahrtausend. In der Tat: Wären alle Computer abgestürzt, so wäre eine Art von Weltende (oder was wir unter unserer Welt, der technisierten, verstehen) gekommen. Unser wirkliches Armageddon ist aber möglicherweise der Atomkrieg, der freilich heute aus guten Gründen unwahrscheinlich geworden ist, aber dennoch die grausige Fantasie von Autoren und Filmemachern beflügelt hat, ob es nun „Der Tag danach" hieß oder „Das letzte Ufer" – oder gar „Armageddon". Hier scheute man sich nicht, die biblische Bezeichnung des Endkampfes zwischen Gut und Böse, der sich auf dem Schlachtfeld Armageddon abspielen soll, zum Titel eines Science-Fiction-Streifens zu wählen.

Oder „Apokalypse Now", dieses Meisterwerk von Francis Ford Coppola, der das Weltende in übertragenem Sinn auf den Vietnamkrieg transponierte? Es ist interessant, dass beide Bezeichnungen so etwas wie Angst vor dem endgültigen Aus hervorrufen – auch bei jenen, die solche Angst nur in dem viel zitierten Unterbewusstsein hegen. Armageddon, Apokalypse. Das Ende, jedenfalls der irdischen Menschheit. In jeder Kultur ist es vorgezeichnet worden, in jeder Kultur gab und gibt es einen Platz, und sei es ein ganz kleiner, unmerklicher, für die Angst vor dem Weltende. „Götterdämmerung“ nannten es die Germanen. Die Götter sterben. Wenn die Computer unbrauchbar werden, diese Götter der auf Elektronik fußenden Gegenwart, ist auch für uns, für die schöne, neue Welt, das Ende gekommen. Aus, punktum.

Es kann natürlich auch anders kommen. *„Es ist wahrscheinlich unausweichlich, dass irgendwann ein Meteorit die Erde trifft. Der bislang letzte ist vor rund 100 Jahren in Sibirien runtergekommen, ein eher kleines Exemplar. Aber wäre er auf Deutschland gestürzt, hätte dieses schöne Land auf einen Schlag mehrere Millionen Bürger weniger gehabt“*, sagt Walter Krämer, der Statistiker an der Technischen Universität Dortmund und Co-Autor des Buches „Die Panik-Macher“. Er schrieb auch das „Lexikon der populären Irrtümer“ – ein Bestseller, und zwar aus guten Gründen.

Denn auch die Elementarereignisse (wobei die politischen nicht ausgeschlossen bleiben sollen), die das Weltende hervorrufen und vor denen wir unbewusst Angst haben, sind bisweilen Irrtümer, weil sie sich so, wie wir uns das vorstellen, nicht ereignen werden. Nehmen wir zum Beispiel den „sibirischen“ Meteoriten. Nehmen wir das Erdbeben von Santorin, das eine halbe Insel verschwinden ließ und auf deren fruchtbaren Resten heute die Menschen siedeln. Nehmen wir als besonders eindrucksvolles Beispiel das Ende der Dinosaurier, das einer der vielen Theorien zufolge gleichfalls nach einem Meteoritensturz erfolgte.

„Ab einer gewissen Größe überlebt die Gattung Mensch einen Meteoriteneinschlag nicht. Dann würde die Atmosphäre verdunkelt, es gäbe Flutwellen, die alle küstennahen Gebiete überschwemmten. Wir haben vor einigen Jahren einen relativ milden Tsunami erlebt, er hat mehrere Hunderttausend Menschen getötet. Die Schäden wären sehr viel größer, wenn ein wuchtiger Meteorit im Atlantik oder im Pazifik einschlüge, dann wären halb Indien, Japan und halb China unter Wasser“. Professor Walter Krämer ergeht sich in Zukunftsvisionen. Er ist ein wissenschaftlicher Dooms-

day-Prophet. Auch Nostradamus war einer. Er war ein eigenes Kapitel in diesem Buch wert.

Aber bleiben wir bei der Angst vor dem Ende. Johannes, der Seher von Patmos (er wird häufig mit dem Apostel gleichen Namens verwechselt, hat aber viel später gelebt), lieferte in seiner „Geheimen Offenbarung" das bis jetzt nach Meinung vieler eindrucksvollste, freilich religiöse Bild des Weltendes. Nicht von ungefähr ist es Gegenstand zahlreicher Darstellungen der bildenden Kunst geworden. Er schreibt über die kommende Schreckenszeit, die Herrschaft des Antichrist und dessen Überwindung. Die „Geheime Offenbarung" des Johannes macht Angst. Sollte sie Angst machen?

„Schreib auf, was du gesehen hast, was ist und was danach geschehen wird", ist Johannes befohlen worden, von einem Wesen, das *„wie ein Mensch aussah; er war bekleidet mit einem Gewand, das bis auf die Füße reichte, und um die Brust trug er einen Gürtel aus Gold. Sein Haupt und seine Haare waren weiß wie weiße Wolle, leuchtend weiß wie Schnee, und seine Augen wie Feuerflammen; seine Beine glänzten wie Golderz, das im Schmelzofen geglüht, und seine Stimme war wie das Rauschen von Wassermassen. In seiner Rechten hielt er sieben Sterne, und aus seinem Mund kam ein scharfes, zweischneidiges Schwert, und sein Gesicht leuchtete wie die machtvoll strahlende Sonne. Als ich ihn sah, fiel ich wie tot vor seinen Füßen nieder. Er aber legte seine rechte Hand auf mich und sagte: Fürchte dich nicht! Ich bin der Erste und der Letzte und der Lebendige. Ich war tot, nun lebe ich in alle Ewigkeit und ich habe die Schlüssel zum Tod und zur Unterwelt"*.

Geheim war die Offenbarung des Johannes in der Tat – und geheimnisvoll. Da kamen die sieben Siegel vor, die von dem „Lamm" geöffnet werden, und die Posaunen. Jeder Posaunenstoß brachte neues Unheil über die Welt und die Menschheit, die Erde wird verbrannt, die Sterne fallen vom Himmel. Angsterregend in der Tat! Die „Hure Babylon" geht im Feuer zugrunde, *„Kaufleute, die durch den Handel mit dieser Stadt reich geworden sind, werden aus*

Angst vor ihrer Qual in der Ferne stehen, und sie werden weinen und klagen. Wehe! Wehe, du große Stadt!"

Angst zieht sich durch die ganze Vision des Johannes, der seither aus gutem Grund „der Seher" heißt. Er beschreibt die Endzeit und die Schalen des Zornes, die über die Menschen ausgegossen werden. Dämonen werden geschildert und Katastrophen; das Ende der Welt soll, wie der Seher Johannes meint, die Menschen vor Angst erstarren lassen. Die Könige des gesamten Erdkreises aber werden versammelt „zu dem Krieg des großen Tages Gottes, des Allmächtigen". Der Ort dieses Krieges ist jener, „der auf hebräisch Harmagedon heißt". Also Armageddon. Die letzte Schlacht.

Johannes hat eine Vision des Weltuntergangs geschildert. Sein Bericht ist Teil einer Literaturgattung, die wir auch heute noch kennen. Sie befasst sich mit der Apokalypse und reicht bis zur Science Fiction. Apokalypse: Der Weltuntergang. Schon im Gilgamesch-Epos ist er vorhanden. Die Apokalyptik erwartet das Kommen Gottes zum Abbruch der Weltgeschichte, die als Unheilsgeschichte gesehen wird und einem schrecklichen Ende zutreibt. Das endgültige, von Gott allein gesetzte Ende wird eben jener Endkampf sein, der Gut und Böse, Licht und Finsternis trennt – ein apokalyptischer Dualismus.

Die apokalyptischen Reiter sind Manifestationen des Unheils geworden. Auf einem fahlen Pferd reitet der Tod, auf einem feuerroten der Unfrieden, auf einem schwarzen hält der Reiter eine Waage in der Hand. Es sind alles gleichsam Metaphern des Weltuntergangs.

Noch einmal: Angst vor dem Weltende? Immer wieder ist versucht worden, die Visionen des Sehers von Patmos mit dem Ablauf der Weltgeschichte, wie wir sie kennen, in Beziehung zu setzen. Die zeitgeschichtliche Deutung der Apokalypse ist schon etliche Male filmisch umgesetzt worden. „Das letzte Ufer" etwa hieß da ein Film, der das Ende des Nuklearkriegs beschreibt. Auf der südlichen Halbkugel herrscht noch Leben, freilich überaus hektisches. Die

Menschen vergnügen sich bis zuletzt – die letzten Benzinvorräte werden bei Autorennen verbraucht …

Apokalypse now? Die Angst vor dem Ende trieb in dem Hollywood-Streifen die Leute auf die Rennpiste. Das Ende kann aber durchaus auch aus dem Weltall kommen, nach der Fantasie der Autoren und Filmleute jedenfalls. Dann sind es Bakterien oder Marsmenschen, die mit allem Leben auf der Erde Schluss machen. So betrachtet, sind auch die Berichte von angeblich beobachteten Fliegenden Untertassen Auswüchse einer Angst, die den Planeten aus dem All bedroht sieht.

Als Johann Nepomuk Nestroy seinen „Lumpazivagabundus" schrieb, war davon noch keine Rede. Da fürchtete sich der Schuster Knieriem nur (nur?) vor dem Kometen. Aber auch das war Zukunftsangst, wie sie offen oder geheim, bewusst oder unbewusst immer schon in den Menschen gewohnt hatte. Propheten leben davon, diese Angst zu schüren oder zu besänftigen.

Wir sind noch einmal davongekommen

Die Angst vor kalten und heißen Kriegen

Erinnerungen an einen Krieg, so man ihn denn mitgemacht hat und am Leben geblieben ist, sind solche, die man nicht vergisst. Angst vor dem Krieg, vor *einem* Krieg, ist eine Urangst, war sie immer schon. Sie peinigt, sie verstört, sie verursacht Albträume. Auch bei Kindern. Vor allem bei Kindern.

Spätherbst 1944, Wien-Margareten. Als ich in den Endtagen des Zweiten Weltkrieges als Kind im Luftschutzkeller saß und die Einschläge der Bomben hörte – was habe ich da gefühlt? War es Furcht vor dem, was passieren könnte, war es Furcht vor Staub, Splittern, einstürzenden Mauern – oder war es Todesangst?

Ich meine, dass ich mich damals ganz gewiss gefürchtet habe, ohne von Angst gepeinigt zu sein. Es ist ja Todesfurcht auch etwas ganz anderes als Todesangst. Angst vor dem Tod umfasst uns seit der Geburt. Wir wissen es nicht, aber wir ahnen und spüren es.

Ist eine solche Angst auch bei Heranwachsenden da? Ist Angst (nicht Furcht, diese ist, wie gesagt, objekt- und anlassbezogen) nicht zuletzt eine Altersfrage? Mag sein, dass die Erinnerung trügt. Die Frage, ob ich Angst gehabt hatte, damals, als ich in den Endwochen des Zweiten Weltkrieges im Luftschutzkeller saß, als Elf- und Zwölfjähriger – ich habe sie mir oft gestellt, auch im Prolog habe ich sie erwähnt. Habe ich Angst gehabt vor dem Tod oder Furcht vor dem nächsten Bombeneinschlag, oder war es fast ein Abenteuer, das es durchzustehen galt?

Ich saß neben meinem kleinen Bruder – und neben meiner Mutter. Für die Zivilbevölkerung gab es keine Stahlhelme, die Mutter hatte uns große Metallschüsseln, sogenannte Weidlinge, auf den

Kopf gesetzt und Tücher um den Hals gebunden, falls es Staub geben sollte.

Es gab ihn in unserem Häuserblock nicht, ich hörte nur das Rauschen der Bomben. Das Rauschen, nicht ein Pfeifen. Wenn eine Bombe über das Haus fliegt, es aber nicht trifft, ist das Geräusch ein ganz anderes. Wir hörten freilich das Feuern der nahen Fliegerabwehrkanonen, sahen das Flackern des Lichts, spürten im Boden die Einschläge.

Einer freilich traf das elterliche Geschäftslokal in einem anderen Stadtbezirk. Im Hof lagen zwei alte Frauen. Sie waren tot, ihre Leichen sind von Nachbarn geborgen worden, man hatte ihnen gnädig Packpapier über die Gesichter gelegt. Es hob sich immer wieder im Wind, zeigte das Antlitz mit den gebrochenen Augen. Alte Frauen, von Bomben erschlagen? Ich glaube, dass ich damals bei ihrem Anblick kaum Angst hatte. Es war vielmehr so etwas wie ein Gefühl der Gleichgültigkeit. Bisweilen war da auch etwas anderes zu spüren: Etwas, das Neues zeigte. An die Bombenangriffe hatten wir Kinder uns schon gewöhnt.

Zum ersten Mal erlebte ich einen, wenngleich aus sicherer Entfernung, im August 1943, in einem burgenländischen Grenzort. Zum ersten Mal sah ich Unmengen von Kondensstreifen, die über den tiefblauen Sommerhimmel zogen. Zum ersten Mal griffen die Amerikaner eine Stadt an, die in der „Ostmark" lag: Wiener Neustadt. Von Angstgefühl war da noch keine Rede, nur von Neugier. Ich hörte dumpfes Grollen und sah am Horizont schwarze Rauchwolken. Was war das? Wirklich keine Angst. Nur Neugier.

Später, viel später wich die Neugier einem makabren „Déjàvu". Als der Kuckucksruf die Sendungen des „Reichssenders Wien" akustisch unterbrach, um zu melden, dass sich ein amerikanischer Kampfverband näherte, wurde der Schulunterricht unterbrochen, und die Schüler wurden nach Hause geschickt – lauft, aber schnell! Ich kam rechtzeitig in einen Keller in der Postgasse, als bereits die Flak zu schießen begonnen hatte. Es war der 12. März 1945. Als ich wieder ans Tageslicht kam, brannte die Staatsoper, und das Burgtheater lag in Trümmern. Es war eines jener Bombardements, die wir als „Terrorangriffe“ bezeichneten, weil sie nicht militärische Einrichtungen oder Bahnhöfe zum Ziel hatten, sondern ganz bewusst Stadtkerne mit allen ihren Kulturtempeln.

War es Todesangst knapp vor Kriegsende? Ich weiß es nicht mehr. Ich weiß nur, dass mich viele Jahre lang ein – ja, ein Schauer, ein Angstgefühl überkam, wenn ich eine Sirene heulen hörte. Und dabei war es nur das zeitgemäß gewordene „Zwölferläuten“, das der Erprobung dieser Alarmgeräte diente.

Und dann, als Flüchtlinge in den Endtagen? Amerikanische Tiefflieger griffen den Zug an, der auf freier Strecke hielt. Wir rannten in den nahen Wald, um Deckung zu suchen. Wir hatten Glück, die Amis erkannten, dass es kein militärisches Ziel gab, und drehten ab. War es Angst, Furcht – oder das befriedigende Gefühl, ein Abenteuer überstanden zu haben?

Mit dem Erwachsensein freilich dämmert auch die Kriegsangst dahin. Sie schlummert die meiste Zeit, aber die Ereignisse wecken sie mitunter auf. Ein Kreuzfahrtschiff in der Ägäis. In der Ferne ein griechisches Torpedoboot. Die Kanonen sind abgedeckt. Es war die Zeit der Hochspannung zwischen Griechenland und der Türkei, originellerweise beide NATO-Partner. „Die Geschütze sind freigelegt – was heißt das?“, fragte ein Mitreisender. Ein anderer sagte: „Am Ende wird ein Gefecht erwartet!“ Die Passagiere werden nervös, zeigen Spuren von Angst. Dann stellt sich heraus, es war nichts.

Anders im Oktober 1962. Kubakrise. Die Welt stand vor dem Atomkrieg – on the brink of war. Kriegsangst war überall. Angst vor dem Atomkrieg. Angst vor dem Ende. Und dann plötzlich: Das sowjetische Schiff, das Raketen für Fidel Castro an Bord hatte, erhielt von Chruschtschow den Auftrag, umzukehren. Man kann sich heute nicht mehr vorstellen, welche Angst, wirkliche Angst, echte Angst wir alle damals hatten. Als die erleichternde Nachricht aus dem Radio kam, fielen meine Frau und ich einander in die Arme. Wie hieß das Stück von Thornton Wilder? „Wir sind noch einmal davongekommen“. Es entstand kurz nach dem Zweiten

Weltkrieg – und aus amerikanischer Sicht waren wir auch 1962 noch einmal davongekommen.

Noch einmal davongekommen? Die Menschheit konnte es glücklicherweise immer wieder sagen. Nicht von ungefähr heißt die Hauptperson in Thornton Wilders Schauspiel Anthropus. Die Verwandtschaft mit dem griechischen „Anthropos“, der Mensch, ist unverkennbar. Bezeichnenderweise ist das Stück, das damals im von Bombenschäden verschonten Theater in der Josefstadt gespielt wurde, auch in einer geschlossenen Vorstellung für junge Menschen gespielt worden – im Rahmen des „Theaters der Jugend“. Wir Gymnasiasten mussten nicht Griechisch gepaukt haben, um zu wissen, was gemeint war.

Anthropus alias Anthropos hat immer schon sogenannte Angstzyklen zu überwinden gehabt, und viele hatten Kriegsangst zum Inhalt. Einige wenige sind fast zu Schlagworten der Weltgeschichte geworden. „Hannibal ante portas“ etwa ist, wie gesagt, prominenter Teil eines solchen Angstzyklus gewesen, der Angst der Römer vor den Puniern. Hannibal ante portas: Der Feldherr der Karthager hatte mit seinen Kriegselefanten die Alpen überschritten und kam fast vor die Tore Roms. Es war in der Tat ein Angstschrei, der da durch die Straßen gellte. Als die Söldner Karls V. dieselbe Stadt tausend Jahre später brandschatzten, lastete wieder das Gespenst der Angst über ihr. „Sacco di Roma“ heißt noch heute in den Geschichtsbüchern diese nur einige Tage dauernde Katastrophe, die freilich noch immer einen Fleck auf dem historischen Schild des Kaisers bildet.

Angst im Krieg, Angst vor dem Krieg, Kriegsangst. Als Erstklassler habe ich sie gespürt, ohne sie zu verstehen. Die Eltern, Verwandten, Bekannten sprachen ständig davon und ich wusste nicht, was „Krieg“ bedeutete. Ich wusste nur, dass es etwas Böses sei. Die Menschen saßen gebannt vor den Radioapparaten, auch meine Eltern. Ich erinnere mich, dass sie auf eine angekündigte Rede des französischen Ministerpräsidenten Daladier warteten, damals, in den letzten Augusttagen 1939.

Angst vor dem großen Krieg. 1914 hat man noch von Begeisterung reden können. 1939 war davon keine Rede mehr. Dabei wusste niemand, was Hermann Göring zu Hitler sagte, als es begann: „Gnade uns Gott, wenn wir diesen Krieg verlieren!"

War das auch Kriegsangst? Wieder eine der menschlichen Urängste: Krieg ist gefährlich, ist böse, tötet viele Menschen, ahnte, wie gesagt, der Volksschüler.

Und selbst im Kindergarten grassiert sie bisweilen, diese Kriegsangst. Man hat dies deutlich beim Golfkrieg gespürt und gesehen. Horst-Eberhard Richter, der Psychoanalytiker, wendet sich gegen die Meinung vieler Eltern, sie könnten das, was sie beunruhigt, vom Kinderzimmer fernhalten: „Es ist geradezu erstaunlich, wie hartnäckig sich diese Unterschätzung der kindlichen Einfühlungsfähigkeit trotz aller gegenteiligen Aufklärung durch Kinder- und Familientherapeuten erhalten hat. So entwickeln Kinder mitunter besonders bedrückende Fantasien, wenn sie ihren Eltern anmerkten, dass diese ihnen eine unechte Gelassenheit vorspielten." Die Kinder, so Richter, verarbeiten je nach Alter und Entwicklungsstand psychosoziale Einflüsse auf eine durchaus eigenständige Weise.

Auf den Golfkrieg haben Mädchen und Buben offenbar zum Teil sehr unterschiedlich reagiert. Bei den Mädchen überwogen offene Angst, Entsetzen und Traurigkeit. Buben überspielen ihre Angst oft durch Aggression. Richter erzählt vom Erlebnis einer Mutter: Ihr vierjähriger Sohn habe mit Bauklötzchen eine „gute" und eine „böse" Burg gebaut, aber dann auf beide „Bomben" geworfen. Sie habe ihm angemerkt, dass er damit nur seine Angst überspielt habe.

Krieg, Kriegsangst, Kinder. Ein Problem offenbar für Psychologen, die kindliche Aggression ausloten und zu erklären suchen. Auch ich erinnere mich an Ähnliches. Im Krieg haben wir in den Ferien Krieg gespielt. Wir schnitzten uns Gewehre aus Baumästen: Bum, bum – jetzt fall um! Kindliche Aggressionen, vom Wehrmachtsbericht gespeist.

Ich habe es mein ganzes Leben hindurch gewusst, nicht nur geahnt: Krieg ist gleich Katastrophe, egal, wo er tobt. Ich hatte Angst, als die Welt am Rande des Atomkriegs stand, damals, während der erwähnten Kubakrise. Wir haben Gott gedankt, als zumindest in diesem Moment der Friede wieder gesichert schien, trotz Kaltem Krieg. Wir haben aufatmen können, für den Augenblick jedenfalls. Was mir als Kind im Luftschutzkeller möglicherweise noch als Abenteuer, wenngleich – siehe: „Wir sind noch einmal davongekommen" – als gefährliches erschienen ist, hatte sich während der 13 Tage, da die Welt am Abgrund gestanden war, zur nackten Angst verwandelt. Da war nichts mehr an Abenteuer.

So wie die Soldaten des Zweiten Weltkriegs, die Amerikaner auch, die in Korea oder in Vietnam gekämpft hatten, ihr Trauma, das viele von ihnen befallen hatte, nicht mehr ablegen können. Ich weiß, dass jeder Vergleich hinkt. Aber irgendwie scheint mir dies jenem Gefühl ähnlich, das mich bis ins Alter hinein verfolgt hatte, wenn ich Sirenen heulen hörte. Angeblich hatten, wie die „Salzburger Nachrichten" schrieben, 400.000 New Yorker noch ein Jahr nach 9/11 posttraumatischen Stress. Sie hatten Magenprobleme und Wutanfälle, sie wurden von Albträumen und Angstzuständen geplagt.

Es gibt freilich Menschen (für mich sind es Irre), die Abenteuer und Angst bewusst vermischen. Ich werde später noch ausführlicher davon erzählen. Sie springen beispielsweise an einem Gummiseil in die Tiefe und nehmen an, dass diese Nabelschnur ins Weiterleben nicht reißen wird. Ein paar Mal ist es passiert. Diese Menschen begeben sich freiwillig und gleichsam aus Spaß in Todesgefahr. Sie glauben zu wissen, dass ihnen nichts passieren kann, weil ihnen nichts geschehen darf.

Ich habe andere Fotos gesehen. Bilder von Menschen, die am 11. September 2001 vor Panik aus einem der Türme des World Trade Center sprangen, weil in ihrem Büro Plafond und Teppich gleichzeitig zu brennen begonnen hatten. Sie haben wahnsinnige Angst gehabt, Angst vor dem Feuer, Angst vor dem Tod, dem sie durch ihre verzweifelte Fluchtreaktion nicht zu entrinnen vermochten. Sie sind das geworden, was man als unzurechnungsfähig bezeichnen könnte.

Die Leute am Bungee-Seil halten sich für zurechnungsfähig. Ich bezweifle es.

Wir Panikmacher

Die Medien und die Angst

Wir sind die vierte Gewalt. Wir. Warum wir? Sie wissen schon: Ich bin ein Journalist. Ich bin ein Medienmann. Einer aus den Printmedien. Ich bin einer von denen, die meinen, seriös zu sein. „Er ist ehrlich. Er glaubt, was er sagt", ist vor vielen Jahren von einem Politiker geäußert worden. Vielleicht wird man einmal von mir sagen: „Er ist ehrlich. Er glaubt, was er schreibt".

Ich bin einer von der vierten Gewalt. Es gibt gemeinhin drei: die Legislative, die Exekutive und die Justiz. Also: Die gesetzgebende Gewalt, die ausübende und die, die das Recht spricht. Dazu kommt – nicht staatsrechtlich, nicht verfassungsrechtlich gesprochen, sondern im Rahmen der sogenannten Realverfassung – die vierte Gewalt: Die Medien, eine Instanz, die aufzeigt, anklagt, richtet und nicht appellabel ist. Der französische Rechtstheoretiker Montesquieu, der den Gedanken der Gewaltentrennung populär machte, würde sich im Grab umdrehen. Von einer vierten Gewalt hat er nie zu träumen gewagt – obgleich es auch damals schon Zeitungen gegeben hat.

Wir sind die vierte Gewalt. Wir sind die Ankläger. Wir sind auch die Angstmacher. Es gibt Menschen, die meinen, die Angst komme vor allem aus den Medien. Sie schüren Panik, sie alarmieren, sie sorgen für Hysterie – und das alles, um die Reichweite zu erhöhen.

Wir Angstmacher. Wir Panikmacher. Wir Journalisten, die nicht verstehen wollen, dass Meinung und Kommentar eines, Fakten ein anderes sind. Dass sie zu trennen seien. Dass die Nachricht, die Meldung eigentlich nackt, nicht vom Kommentar umspült präsentiert werden soll. Der New Journalism, der vor einigen Jahrzehnten in Amerika plötzlich jenen, den ich seriös nennen würde, abgelöst hat, dieser New Journalism also ist wieder zum Ehrlichen geworden. Die Frage freilich, ob wir, die Journalisten, nicht auch auf ehrliche Weise Angst machen dürfen, muss zwangsläufig unbeantwortet bleiben. Denn wir leben in einer Risikogesellschaft. Wir können nicht umhin, immer wieder darauf hinzuweisen. Das hat, glaube ich, nichts mit „New Journalism" zu tun. Es ist ein Faktum.

Die österreichische „Kronen Zeitung" ist, wenn man das Verhältnis ihrer Auflage zur österreichischen Bevölkerungszahl nimmt, die größte Tageszeitung der Welt. Fast jeder zweite Zeitungsleser greift nach ihr, liest sie und glaubt ihr. Sie ist die Bibel der Meinungsübernehmer. Das ist ihr gutes Recht, sie kommandiert ja nicht, sie oktroyiert ihre Meinung nicht, sie schreibt nur vor. Freilich in jeder Bedeutung des Wortes. Wenn sie vor dem „EU-Verrat" warnt, ist die Konsequenz, dass Österreich in der Europäischen Union der Staat mit den meisten EU-Skeptikern ist.

Die „Kronen Zeitung" macht Angst. Sie ist eines der besten Beispiele für die Möglichkeit eines Mediums, Angst zu verbreiten. Und sie tut es keinesfalls nur in ihren Kommentaren. Sie bringt Fakten. Aber die Fakten – etwa die Freigabe genmanipulierten Getreides – machen Angst.

Wir Angstmacher. Wir Panikmacher. Verlassen wir die EU. Vor vielen Jahren haben meine Frau und ich eine Reise in den Libanon unternommen. Eines Abends läutete im Hotelzimmer das Telefon, meine Redaktion rief an. Man erkundigte sich, ob wir wohlauf seien; Berichten zufolge gäbe es beträchtliche Unruhen in dem Land, Ausgangssperren, Attentate. Ich verstand immer nur Bahnhof. In Beirut und Umgebung herrschte völlige Ruhe, von irgendwelchen Umtrieben oder Revolutionen war absolut nichts zu sehen oder zu hören.

Es war dies für mich ein Schlüsselerlebnis. Wir Panikmacher. Die Multiplikation von Einzelereignissen, die es in diesem Teil der Welt immer wieder gegeben hat, zur flächendeckenden politischen

Katastrophe ist dem Journalismus eigen. Das Ereignis wird dadurch „leserfreundlich“ oder „hörerfreundlich“ und vor allem auch „seherfreundlich“. Man muss in dem Fall nicht manipulieren, es genügt, nicht die ganze Wahrheit zu melden.

Wenn in Frankreich das Küssen verboten wird, weil sich die Franzosen vor der neuen Grippe fürchten, beziehen sie diese Nervosität von den Medien. Die Virenübertragung, wie sie von den Meinungsmachern an die Meinungsübernehmer vermittelt wird, macht Angst. Wenn in Italien in einer Gegend, die den Mitteleuropäern als Tourismusziel bekannt ist, ein Erdbeben wütet und die Medien ausführlich und vielleicht auch übertrieben darüber berichten, beginnt man sich zu fürchten. Kann solches nicht auch bei uns passieren? Als nach der Bebenkatastrophe in Friaul auch in Wien die Erde bei einem Nachbeben leicht zu zittern begann, sprang ich von einer Redaktionskonferenz auf, die ich im 14. Stock des damaligen Pressehauses gerade leitete, und stürzte zur Tür. Heute noch schäme ich mich dieses Anfalls von Panik. Immerhin hatten wir in unserer Zeitung vorher ausführlich über die Opferzahlen in Norditalien berichtet. Und ich war selbst einer der Angstmacher gewesen.

Was ich hier erzähle, ist eines der wichtigsten, vielleicht das wichtigste Kapitel in diesem Buch. Wir Medienmacher. Wir Bewusstseinsbildner. Ich gebe zu: Wir erzeugen Angst. Bisweilen absichtlich, mitunter ohne es zu wollen. Das Resultat ist dasselbe. Wir sind in der Lage, die Themen zu bestimmen und aufzubereiten. Und zumeist sind die Themen des Tages, der Woche, des Jahres keine angenehmen.

„Agendasetting“ nennt man das, was die Medienmacher betreiben. Wir erläutern, was wichtig ist und was nicht. Agendasetting: Das kann auch „Trendsetting“ bedeuten. Die Medienmacher erklären, was läuft – und wohin. Sie trennen das Wichtige von Unwichtigem und meinen, nur das ist wichtig, was auch sie selbst dafür halten. Medienmacher betrachten sich, so gesehen, als Übermenschen.

Viele Jahrzehnte lang war ich einer von ihnen. Ich saß in einer Zeitung, einer Tageszeitung, und konnte mit meinem Team entscheiden, was gedruckt wird und was nicht. Zugegeben: Die Kriterien sind verschieden, ob es sich nun um ein sogenanntes Qualitätsblatt oder eine Boulevardzeitung handelt. Gute Journalisten, gute Blattmacher sitzen da wie dort. Qualitätspresse versus Massenpresse, seriöse Magazine und solche, die nach Art der Sendung „Seitenblicke" gestaltet werden, Radio- und TV-Sender mit Informationsauftrag und private: Sie alle sind Teil der „Mediokratie". Sie sind Teil der Bewusstseinsindustrie. Sie nehmen vielen Leuten das Denken ab. Die Medienmacher sind, so betrachtet, Vordenker.

Als Lektor am Wiener Institut für Publizistik und Kommunikationswissenschaften war ich lange Zeit für die Praxis der Zeitungsjournalistik zuständig. Ich habe den Teilnehmern der „Lehrredaktion Tageszeitungen" immer wieder die Wichtigkeit einer der Hauptaufgaben des Journalismus erläutert. Es sei, erklärte ich, das Prinzip der Auswahl. Täglich ereignen sich, sagte ich, auf dem Globus viele tausend Fakten, die es wert wären, berichtet zu werden. Nur ein kleiner Prozentsatz wird bekannt, und nur ein weiterer kleiner Teil kommt zur Kenntnis eines Menschen, der in der Lage ist, die Nachricht von diesem Ereignis weiterzugeben – durch Zeitung, Fernsehen oder Radio.

Und dort, sagte ich immer, spielt sich dann eine der wichtigsten Aufgaben des Journalismus ab. Wer immer an der Gestaltung des Mediums beteiligt ist, muss entscheiden, was interessant ist und was nicht. Besser: Was den Lesern, Hörern und Sehern vorgesetzt werden soll, und was zwangsweise verschwiegen werden muss, weil Platz und Zeit fehlen.

In diesem Zusammenhang ist treffend, was Andreas Kirschhofer-Bozenhardt, der Gründer des IMAS-Instituts für Markt- und Sozialanalysen, zu diesem Thema geschrieben hat: *„Man könnte einwenden, dass das Hegel-Wort ‚Die Wahrheit ist das ganze' in der publizistischen Praxis ohnehin nicht realisierbar ist, weil der tägliche Nachrichtenanfall schon von seinem riesigen Volumen her eine*

Auswahl der mitteilungswerten Stoffe erzwingt. Leider ist es mit dem sogenannten ‚Gatekeeping', also der Selektion von Wissensstoffen, aber nicht getan, denn Nachrichten können nicht nur ausgesondert, sondern auch gekürzt, erweitert oder in ihrer Aussage verändert werden. Die Schlüsselfiguren des Kommunikationsprozesses sind demgemäß nicht nur Schleusenwärter, sondern auch Transformatoren der öffentlichen Meinung. Sie haben es in der Hand, der schweigenden Mehrheit Themen, Betrachtungsweisen und Sprachregelungen aufzudrängen, die zum öffentlichen Bewusstsein in einem bisweilen krassen Widerspruch stehen.“

Als ich vor vielen Jahren in einer Wiener Mittagszeitung, die es heute längst nicht mehr gibt, der jüngste Redakteur war, musste ich täglich um fünf Uhr früh als Erster in der Redaktion sein, um die Meldungen aufzuteilen, die in der Nacht über den Fernschreiber gelaufen waren, und die wichtigen von den unwichtigen trennen. Schon damals ist mir bewusst geworden, dass eine journalistische Hauptaufgabe die Unterscheidung ist zwischen interessant und uninteressant. Nur: Was interessant ist, durfte in diesen frühen Morgenstunden nur ich, ich allein bestimmen. Freilich verletzte ich damals ein Grundgesetz, das immer wieder von allen Medien übertreten wird. Die Frage nämlich: Was interessiert nicht nur mich, sondern auch „die Menschen draußen“? Ich wählte aus, was mich interessierte. Was für „die Menschen draußen“ von Interesse sein könnte, war mir egal.

Ich hatte damals auch jene ebenso gängige wie umstrittene Regel noch nicht erfahren, die ich später immer wieder bestätigt gefunden habe, so widersinnig sie auch sein mag: Only bad news is good news. Wobei die Frage, was „News“ im journalistischen Sinn zu bedeuten hat, immer wieder diskutiert wird und immer unbeantwortet bleibt.

Was ist eine Nachricht? Man kann es sich leicht machen und den uralten journalistischen Scherz zitieren, der da lautet: „Hund beißt Mann“ ist keine Nachricht, aber „Mann beißt Hund“ ist News. Good news? Bad news? Wenn der Hund, der den Mann beißt, an Tollwut leidet, wenn „Kampfhunde“ ein Kind zerfleischen, ist die Nachricht sehr wohl eine Nachricht, und zwar eine negative. Existiert eine Tollwutepidemie, kann die Nachricht Angst machen. Wird sie als Spitzenmeldung gebracht, agiert das Medium als Angstmacher. If it bleeds, it leads, heißt es bei den meisten der amerikanischen Medien. Blut muss fließen, um die Aufmerksamkeit des Lesers, Hörers und Sehers zu wecken.

Wir Angstmacher. Seit es Medien gibt, haben sie Angst und Schrecken verbreitet, wenngleich in abgestuften Dosen. Immer wieder wird da eine historische Schlagzeile der Londoner „Times“ zitiert, die da lautete: „Small earthquake in Chili. Not many people dead“. Heute bezichtigt man die Medien als Fabrikanten einer „Angst der Woche“, eines Skandals des Jahres, einer „Jahrhundertflut“. Aber man ist ungerecht. Man schlägt den Sack und meint den Esel. Man möchte am liebsten den Überbringer der Nachricht, nicht das Ereignis selbst zur Verantwortung ziehen. Man bezichtigt die Medien, Katalysatoren der Angst zu sein. Wenn einer sagt, das Leben sei eben lebensgefährlich, nennt man ihn Beschwichtiger.

Ich gebe zu: Gute Nachrichten verkaufen sich schlecht in Zeiten wie diesen. Only bad news is news? Vor vielen Jahren hat ein Wiener Blatt versucht, eine tägliche Rubrik mit dem Titel „Die gute Nachricht“ einzurichten. Der Versuch ist nach kurzer Zeit aufgegeben worden; es gab kein Material – jedenfalls kein journalistisch relevantes. Sind also wirklich nur schlechte Nachrichten lukrative, daher gute News? Ist die Lust am Negativen eine besonders gewinnbringende?

In Hollywood hat sich in diesem Zusammenhang ein makabrer Slogan eingebürgert: Statt „There is no business like show business“ heißt es dort „There is no business like shoa business“. Vor allem mit der schrecklichsten Epoche des 20. Jahrhunderts lasse sich Geld machen: mit dem Holocaust, der Shoa, dem Genozid. Solche Filmstoffe, die dem Zuseher Schauer über den Rücken laufen lassen, seien jeweils oscarreif und garantierten somit Massenerfolg und gute Kasse. Die Frage, ob Filme über die Schrecken und Massenmorde des Stalinregimes in der Sowjetunion nicht ebenso viele schaurige Details zeigen und daher „Kohle“ produzieren könnten, ist bislang, aus welchen Gründen immer, unbeantwortet geblieben.

Only bad news is news. Katastrophen sind gar mediale Selbstgänger. Sie produzieren unverzüglich die Frage: Kann das alles nicht auch bei uns passieren? Noch einmal: Bewusstseinsbildung ist in der Journalistik auch Bildung des Unbewussten. Irgendwie und irgendwo bleibt eine Spur von Nervosität.

Nicht von der Fantasie soll hier die Rede sein, sondern von der Realität – oder was für Realität gilt. Es gibt den wirklichen Schrecken, den die Medien verbreiten, weil sie ihrer Informationspflicht entsprechen wollen. Sie fühlen sich gleichsam als Alarmsirenen. Auf das Entwarnungssignal wird dann freilich allzu häufig verzichtet. Eine Stabilisierung der Desinformation ist die Folge.

Wir können das alles unter den Titel „Sensationsmeldung“ stellen. Was ist eine Sensation? Den Begriff zu definieren, würde ganze Semester an publizistischen Instituten füllen. Lassen wir es bei einer einfachen laienhaften Interpretation. Und lassen wir es bei einer einerseits negativen, andererseits positiven Erläuterung. Keine Sensation ist gemeinhin (Ausnahmen sind als solche zu akzeptieren), was amerikanische Fernsehstationen und besonders CNN als „Breaking News“ bezeichnen und in das Bild einblenden. Es sind Nachrichten, die zwar nicht aufregend, aber gleichsam brandneu sind und allfällige andere Sendungen unterbrechen. Eine Sensation dagegen ist das außergewöhnliche, unwiederholbare Einzelereignis. Sensation war der Tsunami, vor allem für jene, die weit vom Schuss waren. Über die Angstgefühle der Betroffenen zu schreiben, missgönne ich mir. Jeder kann sie sich vorstellen.

Es ist das Merkmal der Angst machenden Medien, ein sogenanntes Realitätsmonopol aufzuweisen. Je besser und je unmittelbarer die Reportage, desto intensiver vermittelt sie den Eindruck, dabei gewesen zu sein, und zwar mit allen Konsequenzen. Und die Sensation, als negatives Einzelereignis geschildert, ängstigt wegen der Möglichkeit einer Wiederholung, die dann den Leser, Hörer oder Seher betreffen könnte. Wenn ich vom Absturz eines voll besetzten Passagierflugzeugs erfahre, mischt sich in das Interesse eine Spur von Angst: Was, wenn es das nächste Mal mir passiert? Die Journalisten erregen, ohne es zu wissen und zumeist auch zu wollen, die Angst der Rezipienten und steuern sie dann auch. Aber die Entwarnung wird, wie gesagt, selten gegeben.

Die Beispiele sind zahlreich, aber sie fallen kaum auf. Im Gegenteil: Immer dann, wenn ein Ereignis zum Nichtereignis wird, verläuft die publizistische Entwicklung im Sande, sie versickert gleichsam. Die journalistische Bombe könnte zwar entschärft werden, aber es fehlt da offenbar der Sensationswert.

Über den Schrecken, aus dem nichts wurde, berichte ich in einem anderen Kapitel. Überflüssige Angst, unnötige Sorge sind Phänomene, die schon den Ritt über den zugefrorenen Bodensee tödlich enden ließen. Als der Reiter erfuhr, dass die weite Fläche, die er zu Pferd bewältigte, aus Eis bestand und darunter das tiefe Wasser war, brach er zusammen. Nichts ahnend, doch erfolgreich überwunden zu haben, was zum Verhängnis hätte werden können – dies erfahren zu haben, war zu viel.

Man könnte in diesem Zusammenhang Friedrich Torbergs „Tante Jolesch“ zitieren. Es war ein Glück, dass der Reiter den Bodensee heil hatte überqueren können. Das Glück wandelte sich dann in persönliches Unglück. Wie sagte die Tante? Gott bewahre uns vor allem, was noch ein Glück ist. Der „Journalismus der Angst“ zieht daraus zusätzliches Kapital. Als ein voll besetztes Verkehrsflugzeug im Hudson River notwassern musste und halb versank, zeigte das Fernsehen, wie die Passagiere auf den Flügeln der Maschine standen. Alle sind gerettet worden. Es war „noch ein Glück“. Aber jeder, der kurz vor einer Flugreise stand, begann Angst zu haben: Kann das auch mir passieren?

Am dringendsten und drängendsten tauchte diese Frage auf, als im Frühsommer 2009 eine Maschine der Air France, die mit 228 Menschen an Bord von Rio nach Paris unterwegs war, mitten über dem Atlantik abstürzte. Die eigentliche Ursache der Katastrophe, die sich sonderbarerweise in Reiseflughöhe ereignete, blieb rätselhaft und ist es noch immer. Haben die Insassen in den letzten Augenblicken Angst gehabt? Ist ihnen dazu noch Zeit geblieben? Sie waren alle tot. Sekundenschnell? Oder war da noch Angst vor dem Ende? Todesangst? Das Unglück hat für viele einen neuen Schub von Flugangst bedeutet. Kann das nicht auch mir passieren? Andererseits: Nachdem ein Flugzeug aus Los Angeles kommend in Baltimore gelandet war, wandte sich der Kapitän über das Mikrofon an die Passagiere: „Der sicherste Teil Ihrer Reise ist jetzt vorüber. Kommen Sie gut nach Hause!" Was er sagen wollte, ist klar: Jetzt beginnt die Angst vor dem Straßenverkehr. Die Flugangst war im Vergleich damit nichts.

Nicht tödliche, aber existenzielle Folgen hat die Finanzkrise – obwohl 1929 sich ganze Serien von Selbstmorden ereigneten und auch 2009 etliche Banker suizidgefährdet waren. Tausende und Abertausende standen vor dem Nichts: Material sondergleichen für Angstjournalismus. Die Frage, ob und in welchem Ausmaß die Medien von den Angstmachern zu Panikmachern mutierten, muss unbeantwortet bleiben. Die Grenze zwischen Informationspflicht und bewusstem Schüren von Hysterie ist fließend.

Was Hysterien betrifft, so sind die Grippewellen deutliche Zeichen dafür gewesen, wie leicht es ist, die Welt das Fürchten zu lehren. Nicht die Berichterstattung selbst ist da zu kritisieren, sondern wieder das Fehlen einer Entwarnung. Sie war nicht vorhanden. Die Vogelgrippewelle ist, wenn diese Metapher gestattet ist, in den Medien versickert.

Dasselbe gilt für die Schweinegrippe – nur dass es diesmal kaum eine Spur von Hysterie gegeben hat. Ja, es gab widersprechende Meinungen. Das H1N1-Virus ist weitaus weniger gefährlich als die normale Grippe, sagen die einen. Die anderen verweisen auf eine Reihe von Todesopfern, ohne zu sagen, dass es sich in der Mehrzahl um Menschen gehandelt hatte, die auch einer milden Form von Influenza erlegen wären.

Wieder hatten die Medien als Panikmacher agiert. If it bleeds, it leads. Wenn der Tod ins Spiel kommt, gewinnen meist die Medien.

„Die Dosis macht das Gift“, sagte Paracelsus. Es gibt viele Leute, die der Meinung sind, die Dosis auch der alarmierenden Meldungen über immer neue negative Folgen der Finanzkrise sei zu stark gewesen. Zu groß. Der Übergang von Informieren zu Alarmieren ist einfach, aber gefährlich. Gerade der teilweise Zusammenbruch des globalen Bankensystems hat dies gezeigt. Die fast aufdringliche Berichterstattung darüber ist ein Beispiel für Verantwortung und Verantwortungslosigkeit der Medien. Darüber mehr im nächsten Kapitel.

Vogel, Schwein und Menschen

Wenn Schlagzeilen Angst machen sollen

Journalismus ist Verantwortung. Höchste Verantwortung. Denn Journalismus ist primäre Informationsquelle. Vielleicht nicht für die Opinion Leaders, die man allenfalls auch als Meinungsmacher bezeichnen könnte. Die A1-Schicht also. Für die meisten anderen, die Meinungsübernehmer, bieten Zeitungen, Radio und Fernseher die gewünschte Möglichkeit, die Realitäten des Lebens, vor allem auch der Umwelt, wahrzunehmen. Die Medien besitzen demnach, wie gesagt, das Realitätsmonopol. Anders ausgedrückt, direkter und vielleicht sogar brutaler: Man glaubt ihnen. Das gilt vor allem auch für die Risikowahrnehmung. Man darf nicht vergessen: Nur 25 Prozent der Medienkonsumenten beziehen ihr Wissen aus eigener Erfahrung und eigenem Erleben, drei Viertel halten als Meinungsübernehmer das für richtig, was ihnen fast im buchstäblichen Sinn vor-geschrieben wird.

Risiko: Der Begriff hat viele Facetten. Gerade in Zeiten von Finanzkrisen und Bankpleiten wird er nicht zuletzt kaufmännisch verstanden. *„Das allgemeine ältere deutsche Wort für Risiko, auch im Wirtschaftsleben, ist vielmehr ‚Angst'. Risiko ist keine Quelle des Wohlbefindens, Risiko macht Angst. Als der Erzbischof und die Stadt Köln im 14. Jahrhundert den Rhein oberhalb von Köln gemeinsam einzudämmen versuchten, vereinbarten sie auch, für ‚kost, anxt und arbeyt' gemeinsam aufzukommen. Denn die Dämme könnten brechen, von Ratten untergraben oder vom nächsten Hochwasser hinweggeschwemmt werden. Und für diese ‚anxt' kamen der Erzbischof und die Stadtväter gemeinsam auf"*, erzählen Walter Krämer und Gerald

Mackenthun in ihrem Buch „Die Panik-Macher". Risiko und Angst sind wesensgleich.

Auch die Journalisten wissen, dass das Leben lebensgefährlich ist. Sie fühlen sich aber bemüßigt, immer wieder darauf aufmerksam zu machen. Sie sind eben primäre Informationsquelle. Im Wettlauf der Ängste markieren sie Start und Ziel. Durch ihre zwangsweise Auswahl der Nachrichten arbeiten sie selektiv. So betrachtet, ist die Bezeichnung „veröffentlichte Meinung" doppeldeutig. Es ist nicht nur die Meinung der Blattmacher und Nachrichtenredakteure, die veröffentlicht wird. Offengelegt wird, wie es scheint, auch die Meinung der Nachrichtenrezipienten – siehe auch unter Reichweite. Es ist demnach fast widersinnig, der veröffentlichten Meinung die öffentliche Meinung gegenüberzustellen, weil ja beide gegebenenfalls dasselbe enthalten. Die Medien fungieren also nicht zuletzt und gewiss immer wieder unabsichtlich als Angstproduzenten.

Bleiben wir bei diesem Journalismus der Angst. Reichweitenwettbewerb und Quotenjournalismus sind heute ausschlaggebend. Und die Auflagenhöhe wird, wie gesagt, nicht zuletzt durch die Auswahl und Aufmachung der Nachrichten bestimmt. Dass alle Aspekte der Finanzkrise, alle Varianten von Rezession und Depression auf ihre intensive journalistische Aufbereitung warteten, versteht sich von selbst. In der Tat war (wäre?) und ist hier Information die erste Journalistenpflicht.

Inwieweit die Medien dazu beigetragen haben, dass die Angst der Menschen oft zur Panik wurde (über diesen Begriff lesen Sie an anderer Stelle), ist zwar bereits Gegenstand medienkritischer Untersuchungen geworden, lässt sich aber nicht mit anderen Beispielen vergleichen, bei denen wir Angstmacher entsprechend und sogar überwiegend mitgemacht haben. Die Panik vor der Finanzkrise bleibt, eine Entwarnung ist nicht (gerne möchte ich sagen: noch nicht) möglich.

Anders in anderen Fällen. Jener der Vogelgrippe und ihrer publizistischen Aufbereitung scheint mir einer der krassesten zu sein. Es geht an dieser Stelle nicht darum, dass sich vieler Schrecken am

Schluss als überflüssig erwiesen hat, dass sich das Aufbrechen jeder Art von Urangst Gott sei Dank häufig als unnötig ergab. Noch einmal: Ich möchte – und ich weiß, wovon ich rede und schreibe – mich hier auf die journalistischen Konsequenzen beschränken. Und, ohne mein Berufsfeld disqualifizieren zu wollen, ein wenig (oder doch viel?) Medienkritik üben.

Weil für die internationale Journalistik ein anderer Wahrspruch nicht gilt, der da lautet: „No news is good news" – ein Wahrspruch, der, ich will es zugeben, das Mediengewerbe überflüssig machen würde –, ist die Vogelgrippe eine Zeit lang vergessen worden. Man berichtete einfach nicht mehr über sie, sie hatte völlig an Interesse verloren.

Aber wer da meinte, dieses Verschwinden einer gefährlichen Krankheit sei zumindest so interessant geworden wie ihr Auftreten, der irrt. Es gab wieder keine Entwarnung. Was nicht geeignet ist, Angst zu machen, ist, könnte man sagen, publizistisch wenig ergiebig. Man konnte zwar erfahren, dass die Behörden nun auf Unmengen von Gesichtsmasken sitzen geblieben waren und sich nun darum kümmern mussten, sie loszuwerden, aber auch das war in der Dimension nicht zu vergleichen mit den anfänglichen Schreckensmeldungen.

Immer wieder: Die Medien als Angsterzeuger. Kaum ist irgendwo auf der Welt die Rinderseuche BSE aufgetreten, werden im Fernsehen ihre Folgen gezeigt. Kühe sieht man, die sich nicht mehr auf den Beinen halten können, Rindfleischproduzenten, die Tests am buchstäblich laufenden Band abnehmen, Rinder, die haufenweise verbrannt werden. Dann aber dämmert die Seuche, deren Opfer mit zehn Fingern gezählt werden können, einfach dahin, bis sie schließlich verlöscht. Das „happy" End wird verschwiegen.

Das vorläufig (hoffentlich) letzte Beispiel ist das ominöse H1-N1-Virus. Alarmieren, besänftigen, dann wieder alarmieren und dann wieder besänftigen – Gesundheitsbehörden und Medien, die WHO und die Meinungsmacher arbeiteten, fast könnte man sagen: Hand in Hand. Faktum war, dass diese „Neue Grippe", die man anfangs auch Schweinegrippe nannte, weitaus milder verläuft als die normale, übliche Influenza. Dass die Behörden zuerst überrascht waren und dann an der Schwelle der Hysterie standen, darf man ihnen nicht übel nehmen. Dass die Medien die Hysterie schürten und die dann notwendige Beschwichtigung nicht mitmachten, weil eben nur eine schlechte Nachricht eine gute ist, das ist im Grunde unerträglich gewesen. Das war in der Tat alarmierend – und zwar beabsichtigt. Dazu gehört auch die Diktion. Man las, sah und hörte dort, wo es Krankheitsfälle oder gar Tote gab (Rate 1 : 1000 oder mehr), immer wieder die Formulierung „das erste Opfer" oder „die nächsten Opfer". So, als ob die Folge unabsehbar wäre. Jeder sollte sich gefährdet fühlen. Und die unmittelbare persönliche Gefahr, und sei es auch nur eine vermeintliche, schafft Panik.

Werden demnach Nachrichten uninteressant, weil ihnen der Kitzel unmittelbarer Gefährdung fehlt? Wir erfahren, um beim Thema Krankheit zu bleiben, immer wieder aus den Zeitungen und den elektronischen Medien von Epidemien, die längst ausgerottet schienen (worüber man, nota bene, nicht immer informiert wurde), und die plötzlich irgendwo wieder ausbrachen. Das Ereignis ist oft eine Spitzenmeldung wert. Ist es beendet, scheint diese Tatsache nicht mehr interessant. Sie wird verschwiegen, weil sie als Angsterreger ungeeignet scheint.

Angst macht Schlagzeilen. Schlagzeilen machen Angst. Nicht nur Schlagzeilen. Ich erinnere mich an die letzten Jahre des Kriegs, da die Niederlage der deutschen Wehrmacht bereits so gut wie besiegelt war. Da waren in den Wiener Stadtbahnstationen große Plakate affichiert, auf denen drohende Aussprüche von „feindlichen" Politikern zu lesen waren. Ich erinnere mich an einen, der ankündigte, dass Deutschland zwar nicht von der Landkarte verschwinden, aber zu einem reinen Agrarstaat umgewandelt werden sollte. Als Rache gleichsam. Der Ausspruch – fast süffisant stand der Name auf dem Plakat – stammte vom amerikanischen Finanzminister Henry Morgenthau jr. Das deutsche Volk sollte wissen, welch Geistes Kind der Mann war.

Angst macht Schlagzeilen. Schlagzeilen machen Angst. Während des Bombenkriegs im Zweiten Weltkrieg las man nur von „Personenschäden", wo doch in den Städten hunderte Todesopfer zu beklagen waren. Die „Heimatfront" durfte nicht ins Wanken geraten, deshalb war die Angst zumindest offiziell verboten. Dass wir sie dennoch fühlten, habe ich zu Beginn geschrieben. Aber Zeitungen und Radio durften sich keineswegs als die schon erwähnten „Katalysatoren der Angst" erweisen.

Das galt im Besonderen auch für Angst, aber auch Mut in Kriegsfilmen. In der Endphase des Zweiten Weltkriegs wurde den „Volksgenossen", die in der Heimat geblieben waren, von den sogenannten Durchhaltefilmen Angst gemacht: Wehe, wenn die Russen kommen! Der letzte große Farbfilm deutscher NS-Produktion hieß „Kolberg". Er wurde zu Ende des Jahres 1944 in der damals infolge der Theatersperre in ein Kino umgewandelten Wiener Volksoper aufgeführt und beschrieb den Widerstand einer preußischen Festung gegen die Armeen Napoleons. Die Stadt wurde gerettet, als die Allianzen wechselten. Die Aussage des Films: „Habt keine Angst, es wird am Ende alles gut!"

Immer wieder hat es Filme gegeben, die Angst machen sollten. Sie sind Instrumente der „Volksaufklärung" gewesen, wie es im Dritten Reich hieß. Sie sollten zeigen, dass man sich nicht zu fürchten brauche. Habt keine Angst! Vom Bombenkrieg gegen deutsche Städte war ja nicht die Rede.

Informationspflicht? Heute treten wir als Angstmacher auf, dürfen es tun und versuchen, dennoch dem journalistischen Ethos gerecht zu werden. Es geht da wieder um das Beispiel des halbvollen und des halbleeren Glases. Darf ich ein Faktum, das auf alle Fälle eines bleibt, darf ich die Realität, die, wie immer man sie betrachtet, real bleibt – darf ich sie als Journalist so schildern, dass sie Angst erzeugt? Oder genügt die „Bad news", deren Konsequenzen man sich ausrechnen kann, ohne eigens darauf aufmerksam gemacht zu werden?

Wir Angstmacher. Wir Panikmacher. Wirklich wir? Bisweilen hat man den Eindruck, dass die Nachrichtenkonsumenten nur darauf warten, ihre undefinierbare Urangst, die allen gemein ist, an die Oberfläche zu bringen. Wir wollen uns fürchten. Und wir zahlen sogar dafür. Im Vergleich zu den Horrorfilmen, mit denen so gute Geschäfte gemacht werden, sind die Zeitungen verhältnismäßig billig. Dass sie den täglichen Schrecken verbreiten – wer kann es ihnen eigentlich verdenken? Es wäre falsch, wenn die Medien sich das Gesundbeten zur Aufgabe stellten. Das Krankreden, das Angstmachen freilich sollten sie bleiben lassen.

Es sei denn, der Zweck der Argumentation ist ein positiver, sprich: Er dient der Gesundheit. In den ersten Nachkriegsjahren konnte man in der Stadtbahn, der Vorgängerin der U-Bahn, Plakate sehen, auf denen eine Serviererin abgebildet war, die dem Betrachter ein Tablett mit Indianerkrapfen entgegenhielt. Darunter war eine eindringliche Warnung zu lesen: „Wenn Sie das noch erleben wollen, beachten Sie bitte die Gassperrzeiten". Den gleichen Rat gab den Fahrgästen ein Selcher, der eine Scheibe Extrawurst darbot und fragte: „Darf's ein bisserl mehr sein?" Die Stadtbahnpassagiere nahmen die Warnung zur Kenntnis, die ihnen Angst vor einer Gasvergiftung machen wollte.

Angst vor Vergiftung. Angst vor Krankheit. Die Medien steuern. Sie steuern bisweilen die Angst bis zur Hysterie. Vor allem der Medizinjournalismus ist da gefordert. Er gehört zum seriösesten Medienbereich und wird von Leuten gestaltet, die sich ihrer Verantwortung wohl bewusst sind.

Gelegentlich freilich lassen auch sie die Zügel der Sensationslust schießen. Nicht nur, was Epidemien betrifft, die sich dann als nicht so alarmierend herausstellen, wie man gemeint hatte. Oft ist auch ganz einfach Nichtwissen die Ursache unbewusster Falschinformation. Da ist beispielsweise die Sache mit den sogenannten Stichproben. Jede fünfte, achte, zehnte Probe, wohlgemerkt: Stichprobe, zeige irgendein Manko, sei krebserregend, irgendwie vergiftet – und was dergleichen Fakten mehr sind.

Was irrtümlich (und zwar schon von den die Medien informierenden Stellen) nicht erläutert wird, ist der Begriff „Stichprobe". Das heißt: Von der Produktion probeweise entnommenen Einzeldosen, Exemplaren und so weiter ist jede fünfte, achte oder zehnte Probe zu beanstanden gewesen. Hochgerechnet auf die Produktion ergibt sich ein nahezu gefahrloser Konsum. Der Nachrichtenkonsument vermeint indessen, jedes zehnte dieser Produkte sei vergiftet. Wer ist schuld an diesem Irrtum?

Angst, ja gelegentlich auch Hysterie, produzieren auch jene Gutachten, die durch Gegengutachten außer Kraft gesetzt werden sollen. Es ist, meinen viele, nur eine Frage der Kassa, ob das Pro oder das Kontra den Sieg davonträgt. Wer sich an den Weinskandal österreichischer Provenienz erinnert, weiß, was gemeint ist. Der Rebensaft ist von manchen Produzenten durch Zusatz von Glykol „verbessert" worden. Die unerlaubte, gesetzwidrige Aufbesserung ging monatelang durch alle, leider nicht nur österreichischen, Medien. Ein deutscher Fernsehmoderator entblödete sich nicht, aus einer Dose mit Frostschutzmittel dieses in ein Glas zu schütten und zu unterstellen, so schmecke jetzt der österreichische Wein.

Der Markt hierzulande ist deswegen zeitweilig zusammengebrochen, obwohl es zwar einen Selbstmord eines Winzers, aber keinen einzigen Krankheitsfall gegeben hatte. In Italien, das gleichzeitig einen ähnlichen Weinskandal zu dulden hatte, gab es mehr als ein Dutzend Tote. Aber die Zeitungen schwiegen, während in den ausländischen Supermärkten alle österreichischen Bouteillen aus den Regalen geräumt wurden. Da zu viel Berichte, dort zu wenig? Wo liegt die Grenze zwischen verantwortungsbewusster und verantwortungsloser Berichterstattung?

Es gibt viele Medienexperten, die meinen, es fehle oft am Wissen der Zeitungs- und der Medienmacher, um über die Fakten, über die sie zu berichten haben, sachgerecht referieren zu können. Vor vielen Jahren war mir als Reporter die Aufgabe gestellt worden, den Leiter der Universitätssternwarte über ein Himmelsphänomen zu befragen. Er versuchte, mir etliche Geheimnisse der Erscheinung zu erklären. „Ich verstehe!“, sagte ich immer wieder. Der Professor verlor schließlich seine Geduld mit dem Laien: „Sie verstehen gar nichts“, sagte er.

Sie verstehen gar nichts. In der Tat. Ich tat dasselbe wie viele meiner Kollegen und Kolleginnen, die von der Aufgabe, die ihnen die Öffentlichkeit stellt, zeitweilig überfordert sind, ich verstand nichts – oder jedenfalls nicht alles von dem, was der Fachmann zu erklären suchte. Vielleicht sehen die Experten aus diesem Grund auf die Journalisten hinab.

„Das ist journalistisch“, sagen sie oft und meinen, es sei nicht seriös. Ich kann dann immer nur sagen: „Dafür ist es verständlich und die Leser können es begreifen“.

Ein Himmelskörper rast mit ungeheurer Geschwindigkeit auf die Erde zu. Er verfehlt sie nur knapp, um einige hunderttausend Kilometer. Knapp? Man lässt die Distanz weg und meldet die Himmelserscheinung. Produzieren wir jetzt Angst oder berichten wir verantwortungsbewusst?

Nach dem Ringtheaterbrand

Angststörungen, Panik, Hysterie

Er spielte auf der Flöte. Sie war sogar sein Markenzeichen: die Hirtenflöte. Er saß unter einem Baum. Ob er eine Herde hütete, wissen wir nicht. Daher ist uns auch nicht bekannt, ob die Tiere, die er allenfalls bewachen sollte, davonstoben, wenn es donnerte oder blitzte oder gar ein Wolf ein Schaf riss.

Der Hirte hieß Pan. Warum der bekannteste plötzliche Angstschub „Panik" heißt, ist mir nicht bekannt. Sicher ist jedenfalls, dass der antike Hirtengott der Panik seinen Namen geschenkt hat.

Panik: Einerseits ein Krankheitsbild, andererseits ein kopfloser Erregungszustand. Beschäftigen wir uns zuvor mit dem zweiten. Panik: Eine, wie die Psychologen sagen, „psychische Infektion". Eine angstvolle Massenbewegung, meist auch ein überstürzter Exodus.

„Kaiserliche Hoheit, alles gerettet!" Es war das voreilige Resümee einer der größten Katastrophen, die vor zwei Jahrhunderten, am 8. Dezember 1881, die k. u. k. Residenzstadt Wien heimgesucht hatte. Während einer Vorstellung von Jacques Offenbachs Oper „Hoffmanns Erzählungen" brach auf der Bühne ein Brand aus, der sich blitzschnell durch den Vorhang in den Zuschauerraum ausbreitete. Die Menschen versuchten, ins Freie zu gelangen, panikartig. Die Türen ließen sich nicht schnell genug öffnen, viele Opfer wurden in der, jawohl: in der Panik zu Tode getrampelt. Seither muss jedes Theater einen eisernen Vorhang haben, und in den Wiener öffentlichen Gebäuden (und nicht nur in diesen) sind Tore und Türen nach außen zu öffnen.

Panik: Die angstvolle, kopflose Erregung. Sie kann einzelne Menschen heimsuchen, vor allem aber eine Ansammlung, eine

Masse. Und es ist zum Unterschied von der krankhaften Panik nicht die Folge einer Neurose. Es ist die unmittelbare Konsequenz einer plötzlich hereinbrechenden Gefahr. Diese kann auch eingebildet sein, das Resultat ist zumeist dasselbe. Eine vermeintliche Gefahr ist oft sogar verhängnisvoller als eine reale.

In Amerika nennt man solche kopflose Flucht, die auch eine gleichsam durch Ansteckung verursachte sein kann, „Stampede". Sie befällt oft ganze Tierherden; wenn hunderte, ja tausende Büffel sich galoppierend durch die Landschaft wälzen, mag dies ein filmerisches Motiv sein, aber wehe dem, der zertrampelt wird. Zertrampelt, wie es oft auch bei der panikartigen Flucht von Menschenmassen passiert.

Panik in einem Theater, in einem Stadion, im Freien: Die Folge ist immer eine Fluchtreaktion. Die psychische Infektion zeigt sich in der Nachahmung. Die Menschen rennen und wissen vielfach nicht, wovor sie flüchten. Bei dieser panikartigen Flucht stürzen Alte, Gebrechliche nieder, andere stolpern und fallen gleichfalls. Oft sind die Opfer nicht durch Feuer oder einstürzende Mauern zu Tode gekommen, sondern durch die unabsichtliche Einwirkung ihrer Mitmenschen, sie wurden zu Tode getrampelt.

Panik: Das ist, nach Meinung des Psychologen Theodor Geiger, die Aktion einer Masse, aber nicht eine Massenaktion. Gerade bei der Panik sei ja die Auflösung des Massenstrebens zu beobachten. Jeder denkt nur an sich selbst. So gesehen, ist der Ruf „Rette sich, wer kann" ein unseliger. Er ist immer wieder in eine kopflose Menge gebrüllt worden, wenn der letzte Rest von Ordnung verschwunden war. Rette sich, wer kann: aus dem Feuer, aus dem sinkenden Schiff.

Aber es gibt andere Massenpsychologen, für die der Bewegungssturm der Panik das typische Gepräge einer Massenpsychose hat. Jeder in der Menge ist bereit, angesichts der Katastrophe den anderen rücksichtslos niederzutrampeln, dieser Ausbruch der Angst aber gehe blind vor sich. Die Vernunft werde ausgelöscht und der Herdentrieb allein regiere. Ein plötzlicher gemeinsamer Fluchtinstinkt entsteht.

Es sind gerade diese Ausbrüche einer Massenpanik, eines Massenaffekts, gegen die es in der Regel keinen Widerstand gibt. Das Kommando, das vom Gehirn gegeben wird, lautet: Weg, nur weg! Egal wohin, nur weg! „*Am Beginn der Panik denkt das einzelne Individuum nicht daran, sich um die Rettung seines Nächsten oder aller zu kümmern; es sucht so rasch wie möglich, sich von der oft nur vermeintlichen Gefahrenquelle zu entfernen*“, schrieb 1958 Gustav Schenk in seinem Buch „Panik, Wahn, Besessenheit. Die zügellose Masse – Gestern und Heute“. „*Aber so schnell wie ein Blitz hernieder fährt, geht der Einzelne in dem Fluchtwillen der anderen unter. Besinnungslos nimmt er an den gesamten Fluchtbewegungen teil. Jeder in der Masse gibt es auf, für sich und gegen die Masse zu denken. Jeder wird psychisch und physisch mitgerissen. Im Massenbeispiel der Flucht verliert jeder Einzelne seine Denkkraft und Entschlussfähigkeit*“.

Selten habe ich das Wesen und die Erscheinungsformen der Massenpanik so eindrucksvoll gelesen wie bei Gustav Schenk. Er schreibt von einer „allgemeinen Handlungsunfreiheit“, von einer Nachahmungswelle, die sich explosionsartig ausbreitet. „*Der Einzelne verliert mit erstaunlicher Schnelligkeit ein Wesensmerkmal, auf das er bisher den größten Wert legte: die Freiheit, sich nach seinem Willen zu entscheiden; die Genugtuung, er selbst zu sein*“. „*Angesichts einer Massenkatastrophe oder einer Massenekstase siege der Herdentrieb über die Individualität*“.

Mehrmals ist Panik vor allem im Zusammenhang mit Schiffskatastrophen eindrucksvoll verfilmt worden. Offenbar wegen des Publikumserfolgs ist der Untergang eines Kreuzfahrtschiffs sogar zweimal in den Kinos und im Fernsehen gezeigt worden. In den Siebzigerjahren ist die „Poseidon“ von einer riesigen Tsunamiwelle zum Kentern gebracht worden, sodass sie Kiel oben im Atlantik trieb. Beim Remake waren es dann arabische Terroristen, die das Schiff sinken ließen. Beide Male kam es an Bord zu Schreckensszenen. Sehr zum Unterschied von dem, was sich vor dem Ende der „Titanic“ abspielte. Das Schiff riss zwar 1912 rund 1500 Menschen in den nassen Tod, aber mit welcher Gelassenheit und Ruhe die Menschen ihrem Schicksal entgegensahen, ist etwa 1997 im gleichnamigen Film gezeigt worden. Dass die Bordmusik zuletzt „Näher, mein Gott, zu dir“ spielte und dann die Instrumente einpackte, ist historisch.

Panik, Massenflucht, Massenhysterie: Die Phänomene sind erklärbar, aber nicht kurierbar und auch nicht aufzuhalten. Sie sind freilich – man entschuldige die Brutalität des Vergleichs – telegen. Sie lassen sich optisch vorzüglich aufbereiten. Freilich wird panikartige Flucht zuweilen vom Fernsehen gezeigt, ohne dass der Kameramann geahnt hatte, was auf ihn zukommt – und dies im buchstäblichen und im übertragenen Sinn. 9/11 bot die schreckliche Gelegenheit, solche durch ein plötzliches unvorhergesehenes Ereignis hervorgerufene Panik gleichsam hautnah via TV zu erleben. Beim Einsturz der Twin Towers stoben die Passanten entsetzt durch die Straßen. Sie wussten nicht, was, warum und wieso geschehen war. Sie hörten nur den furchtbaren Lärm und sahen die riesigen Staubwolken. Sie waren von Panik erfasst.

Ähnliches spielte sich zu Weihnachten 2004 ab, als die Riesenwelle des Tsunamis Hunderttausende ertränkte. Die Woge überflutete unerwartet und unvorhergesehen das Land. Die Menschen flohen panikartig, soweit sie dazu noch in der Lage waren. Panikartig: immer die gleiche Reaktion. Die Flucht erfolgt „Hals über Kopf“ – eine Metapher, deren Bedeutung in solchen Fällen verständlich wird. Panik führt zu Chaos. Sie sucht die menschliche Rasse sinnlos heim.

Dem gegenüber steht die Panik, wie sie von den Psychiatern beschrieben wird: eine psychische Störung des einzelnen Menschen, die in Attacken auftritt, und zwar anfallsartig. Die Menschen sind dann krank, ohne es zu wissen. Sie leiden an wiederholten und wiederholbaren psychischen Störungen. Sie sind im besten Fall Neurotiker und im schlimmsten zumindest zeitweilig unzurechnungsfähig.

Universitätsprofessor Dr. Peter Berger leitet an der Universitätsklinik für Psychiatrie im Wiener Allgemeinen Krankenhaus eine

Abteilung, die sich ausschließlich mit solchen Krankheitsfällen befasst: die Panikambulanz. Sie wird von Leuten aufgesucht, die an ihnen unbekannten Symptomen leiden – und als deren Folge sogar von Todesangst betroffen sind. Die Symptome sind so bedrohlich, dass die Patienten ihre letzte Stunde nahen sehen. Sie treten schlagartig auf, dauern etwa eine halbe Stunde und sind dann meist wieder verschwunden.

Die Panikstörung, sagt Professor Berger, ist eine richtige körperliche Erkrankung. In einer einschlägigen Publikation des Vereins für Konsumenteninformation wird der Verlauf einer solchen Attacke geschildert: „*22 Uhr. Herr Struzynd, 50 Jahre, ist zu Bett gegangen. Er schmökert noch ein paar Seiten in einem Buch, um müde zu werden. Das ist eine liebe Gewohnheit von ihm. Plötzlich passiert es: Struzynds Herz fängt wie wild zu rasen an, Schweiß bricht aus, er ringt verzweifelt nach Luft. Sein Hals ist zugeschnürt, er spürt stechende Schmerzen in der Brust. Dazu kommen Schwindel- und Benommenheitsgefühle, er fürchtet, jede Kontrolle über sich zu verlieren. Ein Herzinfarkt? Ein Schlaganfall? Der Beginn einer Geisteskrankheit? Die schlimmsten Befürchtungen jagen Herrn Struzynd durch den Kopf.*

Eben noch völlig gesund, glaubt er, sein letztes Stündlein habe geschlagen. Wie aus heiterem Himmel ist so etwas wie eine starke Attacke über ihn gekommen. Er ruft seine Frau zu Hilfe, die sofort den Notarzt verständigt. Auf dem Weg ins Krankenhaus, nur eine halbe Stunde später, klingt der Anfall schon wieder langsam ab, der Puls normalisiert sich. Was bleibt, ist das Gefühl großer Erschöpfung. Die genaue internistische Untersuchung im Krankenhaus gibt keinerlei Hinweis auf eine organische Erkrankung.“

Eine andere klinische Beschreibung eines Panikanfalls stand im amerikanischen Magazin „Time“ zu lesen, erzählt von der Oscar-Preisträgerin Kate Winslet. Es war, sagte sie in einem Interview, ihr erster, und sie fand keine Begründung. „*Ich wusste auch gar nicht, was es war. Es war ein wenig so, als ob ich dringend Wasser lassen müsste, und ich fragte mich: Habe ich schon gepinkelt, oder ist es aus? Ich habe meine Schwester angerufen und gesagt: ‚Ich kann nicht atmen und ich habe das Gefühl, einen Stein auf der Brust zu haben und ich sehe komisch und es klingt, als ob mich jeder hebräisch anreden würde.‘ Sie sagte: ‚Ja, das ist eine Panikattacke.‘“*

Panikattacken sind heute leicht diagnostizierbar; auch dem Internisten ist aufgrund der Symptome eine Zuordnung möglich. Früher wurden wegen des Krankheitsbildes, etwa des labilen Blutdrucks, Medikamente verschrieben, zum Beispiel Kreislauftropfen, die freilich dann erst recht Herzklopfen verursachten, oder Betablocker, die ein Schwindelgefühl hervorriefen und alles in allem die Beschwerden noch verschlimmerten. Die Patienten wurden ursprünglich als Hypochonder eingeschätzt, und erst als sie in eine Depression verfielen, wurde die Diagnose möglich.

Heute ist die Krankheit bekannt, obwohl das Wissen um Auslösung oder Konsequenz noch vage ist. Der Verlauf dieser Angststörung, und das ist eine Panikattacke, ist also gleichsam ein „Überfall“ grundloser Angstzustände. Dass der „Verein für Konsumenteninformation“ sich so ausführlich damit befasst, kann als Hinweis dafür gewertet werden, dass von solchen Attacken viele Menschen befallen werden, ohne dass sie wissen, was ihnen geschieht: *„Ohne erkennbaren Anlass kommen Menschen von höchstens zehn Minuten von null auf hundert. Es stellen sich beschleunigter Herzschlag, Atemnot, Beklemmungs- und Erstickungsgefühle, Brustschmerzen, Schwitzen, Hitze- und Kältegefühl, Missempfindungen der Extremitäten, Muskelzittern und Schwächen, Übelkeit und Bauchbeschwerden ein. Mindestens vier dieser psychophysischen Symptome müssen sich zeigen, dass nach der psychiatrischen Klassifikation von einer Panikattacke gesprochen werden kann“*.

Univ.-Prof. Peter Berger kennt solche Angststörungen aus seiner Panikambulanz. „Sie können sogar auftreten, wenn man in einer Schlange vor der Supermarktkasse steht“, sagt er. Die Zuordnung gestaltet sich schwierig, weil der Auslöser des Anfalls meist unbekannt ist und sich der Patient bis zum Angstanfall gesund fühlt. Es ist, meint er oder sie, alles in Ordnung. Dann aber treten urplötzlich die Symptome auf – und ihre Folgen können bis zur „panischen“ Angst vor einem Herzinfarkt reichen. Manche Personen, meint Professor Berger, gehen aus Angst vor einer Attacke nicht mehr aus dem Haus.

Denn die Anlässe, die Auslöser können mannigfach sein. Da ist etwa der Taxichauffeur, der immer wieder über die Südosttangente und durch den Kaisermühlentunnel fuhr und dort Panikattacken hatte, die sich völlig grundlos ereigneten. Er erklärte schließlich seinen Kunden, dass ein anderer Weg „besser“ oder „kürzer“ wäre, um den vermeintlichen Auslöser der Panik zu umgehen.

Oder ein anderes Beispiel, diesmal aus dem Supermarkt: Eine Frau kauft nur mehr abgepackte Ware, weil sie vor der Wursttheke oft einen Angstanfall hatte. Warum? Sie wusste es nicht. Die Auslöser der Attacken sind medizinisch nicht oder kaum erklärbar. Manche Patienten hatten einen Todesfall in der Familie erlebt, manche Attackenhäufigkeit ist genetisch bedingt. Es gibt Patienten, die den vermeintlichen Auslöser vermeiden: Sie hören mit dem Rauchen auf oder trinken keinen Kaffee mehr. Sie ändern ihre Lebensgewohnheiten, ohne zu wissen, ob dadurch die Angstattacken verschwinden.

„Frauen sind häufiger von Panikattacken betroffen“, erzählt Professor Berger, „aber es kommen auch Männer in unsere Ambulanz. Bemerkenswert ist, dass die Patienten verhältnismäßig jung sind, etwa zwischen 20 und 30. Immer ist eine genaue Anamnese wichtig. Wir müssen klären: Ist es überhaupt eine Panikstörung im engeren Sinn? Danach richtet sich das weitere Vorgehen“.

Ein wichtiger Punkt sei die Aufklärung: *„Wir erklären dem Patienten, wie es zu Panikattacken überhaupt kommen kann und wie sie ablaufen und dass der eigentliche Grund für die körperlichen Beschwerden eben in der Angst liegt. Der Patient lernt so, sein Problem besser zu verstehen. Endlich hat sein Leiden einen Namen. Schon das wirkt vielfach sehr entlastend. Patienten mit schweren und komplizierten Krankheitsverläufen behandeln wir in der Klinik, doch der Normalfall ist die ambulante Behandlung“.*

Der Normalfall. Was ist wirklich normal? Das Wort umreißt einen Begriff, der weder in der Medizin noch in der Psychologie, noch überhaupt dort, wo es ganz allgemein um die Befindlichkeit des Menschen geht, zu definieren ist. Normal bedeutet, der Norm zu entsprechen. Da aber sind wir schon wieder bei einer Bezeichnung, die sich überaus schwierig einteilen lässt. Welche Norm? Nach welchen Prinzipien, in welcher Hinsicht ist sie zu beschreiben?

Der Normalfall ist die ambulante Behandlung, sagt der Psychiater Berger. Er spricht von der Warte des Arztes aus, des Spezialisten, des Experten, der eben eine Panikambulanz leitet, der demgemäß die Angst, vor allem die Angst zu heilen hat – soweit man in diesen Fällen (den „Normalfällen") von Heilung überhaupt reden kann. Kann man einen Patienten heilen, der immer wieder Angstanfälle hat? Und was, wenn er Angst vor der Angst hat? Das gibt es. Es ist gleichsam eine Potenzierung der Angst: Ich fürchte mich davor, dass ich mich fürchte. Das hat Franklin D. Roosevelt gemeint, als er seine Landsleute warnte. Über seine Mahnung, sich nicht vor der Angst zu fürchten, ist in diesem Buch wiederholt die Rede.

In der Mathematik, wie wir sie in der Schule lernten, gilt die Regel, dass Minus mal Minus ein Plus ergebe. Wenn ich mich vor der Angst fürchte, ist Minus mal Minus ein doppeltes Minus. Hut ab vor den Ärzten, die sich erfolgreich um solche Patienten bemühen.

Angststörungen, könnte man meinen, haben mit dem Zeitgeist zu tun: Die gesellschaftliche Überreizung löst sie aus. Stimmt nicht, sagt der Arzt. Das Angstsystem ist eben zu bestimmten Zeiten überempfindlich. Es gibt Menschen, die eine „ängstliche Persönlichkeit" haben. Sogenannte Zwillingsstudien haben eruiert, dass 30 bis 40 Prozent der Angstanfälle genetisch bedingt sind. Und noch etwas: Drogenkonsum kann die Anfälligkeit erhöhen. Haschischrauchen kann zu Erstattacken führen.

Und dann wieder gibt es doch Situationen, wo jeder meint, Menschen, die sich in einer solchen Lage befinden, könnten sich der Panik nicht erwehren – und sie haben dann doch kühlen Kopf und ruhige Nerven bewahrt, bis zum unausweichlichen Schluss. Noch einmal soll hier vom 11. September 2001 die Rede sein.

Wie wir wissen, haben von den Verkehrsflugzeugen, die von den Terroristen entführt worden waren, drei ihre Ziele getroffen. Eines stürzte ab, bevor es Washington erreicht hatte, wo es das Kapitol oder das Weiße Haus hätte treffen sollen. Der Absturz ist von den Passagieren hervorgerufen worden, die ihr eigenes Leben opferten, um (freilich ohne es zu wissen) viel Ärgeres, noch Ärgeres zu verhindern.

Es ist der Flug 93 der „United Airlines" gewesen, der in Newark bei New York startete, aber seinen Bestimmungsort Los Angeles nie erreicht hat. Das Drama, das sich an Bord abspielte, ist später in einem der eindrucksvollsten und erschütterndsten Hollywoodfilme des letzten Jahrzehnts geschildert worden, Minute für Minute, Szene für Szene, so, wie es sich der Regisseur und Autor Paul Greengrass vorstellte – und wie es wahrscheinlich auch gewesen war.

„Das Nervenaufreibendste in diesem Streifen sei die Unbekümmertheit am Anfang gewesen", heißt es in einer Beschreibung des Films. „Ein strahlend schöner Septembertag. Freundlicher Small Talk, einchecken, Durchsagen, ein letzter Handyanruf, naive Routine. ‚Wir haben leider dreißig Minuten Verspätung und bitten um Ihre Geduld', sagt der Kapitän noch. Eine junge Frau kuschelt sich in ihren Sitz und holt Schlaf nach. Aber der Terror ist bereits an Bord."

Der Terror in Gestalt von vier arabischen Entführern. Sie stürmen das Cockpit, ermorden die Piloten, und einer setzt sich ans Steuer. Was dann geschah und was sich aus Gesprächen über Mobiltelefone, die später gefunden wurden, rekonstruieren lässt, war ein Hohelied des Mutes, gezeigt in einer Situation, die für Panik und nichts als Panik Raum gehabt hätte.

Couragierte Männer versuchten die Täter zu überwältigen, andere telefonierten mit ihren Angehörigen, erschütternde Dokumente von Trost in der Todesangst. Wie der Flug UA 93 endete, weiß man. Die Maschine bohrte sich, in tausend Trümmer geborsten, in ein Feld unweit von Philadelphia. Keiner der Insassen überlebte. Panik? Nein. Angst? Wahrscheinlich. Angst vor der Möglichkeit der Katastrophe, die dann auch eintrat.

Paul Greengrass hatte für den Film, der auch das Chaos in den Bodenstationen zeigte, den späteren Untersuchungsbericht und Interviews mit Hinterbliebenen als Unterlage verwendet. Auch die Schauspieler hatten sich Anregungen von den Verwandten der Opfer geholt. Alle waren mit dem Projekt einverstanden. Sein Ziel war unverkennbar: Zu beweisen, dass selbst, wenn der unausweichliche Tod vor Augen steht, ihm nicht unbedingt die Panik vorausgehen muss.

Hat Panik demnach doch etwas mit dem Geist der Zeit zu tun? Am 30. Oktober 1938 glaubten Millionen von Amerikanern, ihr Land sei von einer Invasion von Marsmenschen überrascht worden. „*Gott im Himmel, da windet sich etwas aus dem Schatten wie eine graue Schlange. Jetzt noch eine und noch eine. Sie sehen aus wie Tentakeln. Dort! Jetzt kann ich den Körper des Wesens sehen. Es ist so groß wie ein Bär und glänzt wie weißes Leder. Aber das Gesicht – ist unbeschreiblich! Ich kann mich kaum zwingen, hinzusehen. Die Augen sind schwarz und glänzen wie bei einer Schlange. Der Mund ist v-förmig. Speichel tropft von den schmalen vibrierenden und pulsierenden Lippen. Das Wesen erhebt sich. Die Menge weicht zurück.*“

Die Schilderung kam aus den Radioapparaten, es war eine Dramatisierung des Science-Fiction-Romans „Der Krieg der Welten“ von H. G. Wells, als Hörspiel inszeniert vom Fast-Namensvetter Orson Welles. Drastisch inszeniert. So drastisch, dass eine Massenpanik die Folge war. Obwohl klar gewesen ist, dass es sich nur um eines der damals noch seltenen Science-Fiction-Programme handeln konnte, waren die Telefonleitungen des Senders durch aufgeregte Anrufe angsterfüllter Bewohner stundenlang blockiert.

Sind die Amerikaner ganz allgemein empfänglicher für Hysterie, auch jene der Masse? Von der Terrorangst wird noch die Rede sein. Hysterie hat es freilich auch rund um die Figur des republikanischen Senators Joseph R. McCarthy gegeben, der es zuwege gebracht hatte, die gesamten Vereinigten Staaten in einen Zustand höchstgradiger Kommunistenangst zu versetzen. Sein „Komitee für unamerikanische Untriebe“ war schuld, dass in den frühen Fünfzigerjahren eine ganze Reihe von Wissenschaftlern und Schauspielern ihren Beruf verlassen und bisweilen sogar emigrieren mussten. Zwei Emissäre McCarthys kamen damals auch nach Wien, um in der amerikanischen Botschaft in Personalakten zu wühlen.

Ringtheaterbrand und Marsmenschen. Schreckliche Realität und eindrückliche Fantasie. Die Angst, merken wir, kommt in vielerlei Gestalt vor. Gelegentlich sogar vor der Kasse des Supermarktes.

Auf in die Geisterbahn!

Angst als Lustgefühl

Angst sei etwas anderes als Furcht, habe ich geschrieben. Angst ist unbestimmt, Furcht bezieht sich auf etwas Bestimmtes, ein zu erwartendes Ereignis, eine Entwicklung, einen Gegenstand. Aber was ist Gruseln?

Gruseln kann etwas durchaus Angenehmes sein, wie ja auch die viel zitierte Gänsehaut nicht unbedingt negativ zu bewerten ist – sie tritt gelegentlich in Situationen auf, die durchaus mit Glücksmomenten verbunden sein können; jedes Handbuch der Erotik kann da entsprechende Auskunft geben. Das freilich hat nichts mit Gruseln zu tun.

Was ist also in diesem Fall die Ursache der Gänsehaut? Die Ursache auch dafür, dass sich die Nackenhaare sträuben? Ist es nur die Tatsache, dass sich der Tonus im Körper ändert? Ist es die Reaktion des „Angstzentrums" im Gehirn? Ist es die Anspannung, die auch in vermeintlich angenehmen Situationen dazu führt, dass die Angst einen Strich durch die positive Reaktion des Körpers macht? Etwa beim Liebesakt die Angst vor einem Kind? Gruseln kann Angst bedeuten, in diesem Fall kann Angst auch sexy sein.

Gruseln kann Lust bereiten. Jeder Vergnügungspark hat eine Geisterbahn. Der Wiener Prater hatte deren zwei. Eine ist mir noch deutlich in Erinnerung. Es geisterte zur ebenen Erde und im ersten Stock. Lautsprecher übertrugen die Schreie der Besucher ins Freie. Es gruselte bereits, bevor man noch eines der Wägelchen bestieg, die sich ruckartig auf Schienen bewegten und ein Tor aufstießen, hinter dem die Finsternis lauerte.

Die alte Geisterbahn war eine der Hauptattraktionen im Prater. Ob nun plötzlich ein Sargdeckel gehoben wurde und sich ein Skelett daraus erhob, ob Schleier die Insassen berührten, ob des Teufels Großmutter sich in den Weg stellte – es war nicht Furcht, sondern eben jenes undefinierbare Gruseln, das den Erfolg der Attraktion ausmachte. Man sah, wie im Stockwerk über der Kassa die Besucher in ihren Gefährten aus einem schwarzen Loch ins Freie gekarrt wurden, wie sie lachten und sich dennoch fürchteten, weil an der Balustrade ein roter Teufel stand, der mit funkelnden Augen das Gefährt aufzuhalten drohte, bevor dieses mit den Insassen wieder im nächsten Tunnel verschwand. Beim Aussteigen lachten alle, aber das Lachen ähnelte oft einer Überreaktion: Gott sei Dank, es ist vorüber. Und dafür hat man noch bezahlen müssen!

Ich musste nicht bezahlen, als ich das erste Mal als Kind mit der Geisterbahn fuhr. Aber ich hatte ein mulmiges Gefühl, und ich klammerte mich, wie ich mich erinnern kann, an meinen Vater, der neben mir saß. Das Tor zur Geisterwelt wurde mit einem Knall geöffnet; so schien es mir jedenfalls, als das Wägelchen es aufstieß. Und dann schloss ich die Augen ganz fest. Ich öffnete sie erst, als der, wie ich glaubte, fast von Geisterhand gezogene Miniwagen im ersten Stock des Geisterschlosses eine kurze Strecke im Licht fuhr. Dann kam wieder die Angst. Wieder wagte ich nachher nicht, die Augen zu öffnen. Auch während der zweiten Etappe der „Schreckensfahrt“ war um mich nur Dunkel. Ich erlebte weder den Riesen, der plötzlich auftauchte, noch den Teufel, der seine lange rote Zunge entgegenstreckte. Nein, ich erlebte nichts. Ich hatte die Augen fest zu. Erst in der hellen Sonne wagte ich wieder um mich zu blicken. Mein Vater lachte. Er lachte mich aus.

Es müsste Stoff sein für tiefenpsychologische Fachliteratur, die Frage zu erörtern, warum jeder Vergnügungspark der Welt über eine Geisterbahn oder eine ähnliche Einrichtung verfügt, die den Leuten das Gruseln beibringen will. Im kalifornischen „Disneyland“ gibt es die „Haunted Mansion“, in der „Disney World“ in Florida ebenfalls. Was der Prater noch als gruselige Spielkiste gezeigt hatte, konnten die Amerikaner gleichsam elektronisch verfeinern.

Vielleicht sind die einschlägigen Einrichtungen in den USA „more sophisticated“ – der Effekt ist derselbe. Da tanzen etwa Paare in Gewändern, die man vor 200 Jahren trug, in einem Festsaal. Man meint, sie angreifen zu können, so nahe sind sie. Und dann merkt man plötzlich, dass sie durchsichtig sind, Gespenster eben. Mit Mitteln der Holografie produziert. Es gruselt! So wie in dem Raum, der, wenn sich eine Besuchergruppe versammelt hat, verschlossen wird. Er scheint dann immer enger zu werden und die Decke senkt sich langsam. Edgar Allan Poe könnte es erfunden haben.

Warum stauen sich Warteschlangen vor den Kassen solcher Etablissements? Woher kommt der offensichtliche Lustgewinn des erwarteten Schreckens? Das Gruseln ist von der Psychoanalyse noch längst nicht völlig erforscht. Das Vergnügen des nicht nur in homöopathischen Dosen verabreichten und ebenso eifrig wie freudig konsumierten Schreckens ist längst zum Geschäft geworden.

Über Horrorfilme möchte ich an anderer Stelle berichten. Geistergeschichten aber gibt es, seit Gutenberg den Buchdruck erfunden hat, und gab es wahrscheinlich schon viel früher. In der Neuzeit sind die Gebrüder Grimm mit ihren Märchen gleichsam Vorreiter des kindergerecht Unheimlichen gewesen.

Wobei sich über den Begriff „kindergerecht“ zweifellos diskutieren ließe. Angst spielt in diesen Kindergeschichten eine so prominente Rolle, dass Pädagogen längst davon abgekommen sind, sie die Großmütter vorlesen zu lassen. Interessant ist, dass es immer wieder Geschichten gibt, die gleichsam eine Anleitung zum Gruseln liefern wollen. Das ist schon aus den Titeln ersichtlich: „Von einem, der auszog, das Fürchten zu lernen“ oder „Der Königssohn, der sich vor nichts fürchtet“.

Interessant ist dabei auch, dass das Grimmsche Gruseln sich durch alle sozialen Schichten zieht, und dass am Schluss die gesuchte Wirkung erst durch einen Guss kalten Wassers erreicht wird; eine märchenhafte Kneippkur gewissermaßen. Da ist etwa ein Vater, der zwei Söhne hatte, einen klugen und einen dummen. Der dumme hörte immer zu, wenn abends Geistergeschichten erzählt wurden und die Zuhörer sagten: „Ach, es gruselt mir“. Und er, dumm, wie er war, konnte nicht begreifen, worum es ging: „Immer sagen sie ‚es gruselt mir! Mich gruselt's nicht; das wird wohl auch eine Kunst sein, von der ich nichts verstehe‘“.

Es kam dann, wie es in einem Märchen kommen muss. Der dumme Sohn durfte am Ende eine Königstochter heiraten, weil er mit Totenschädeln gekegelt, mit sieben Gehenkten am Feuer gelagert und in einem verwünschten Schloss drei furchtbare Nächte verbracht hatte. „Du hast mein Schloss erlöst und sollst meine Tochter heiraten“, sprach der König am Schluss. „Das ist alles recht gut“, antwortete der Junge, „aber ich weiß noch immer nicht, was Gruseln ist“. Er wusste es alsbald. Eines Nachts zog ihm die Prinzessin die Decke vom Leib und goss einen Eimer mit kleinen Fischen über ihn. „Ach, was gruselt's mir, was gruselt's mir!“, schrie der Gewässerte. „Ja, nun weiß ich, was Gruseln ist“.

Die Gebrüder Grimm haben tatsächlich die sozialen Schichten mit ihren Gruselstorys durchbrochen. Auch der Königssohn, der sich vor nichts fürchtet, musste, da ihn im Haus seines Vaters die Langeweile plagte, in die weite Welt gehen, um die skurrilsten Abenteuer zu bestehen. Er musste unter anderem einen Apfel vom Baum des Lebens pflücken, was ihm erst gelang, nachdem er seinen Arm durch einen am Baum hängenden Ring gesteckt hatte. Sollte der amerikanische Horrorfilm „Der Ring“ diesem Grimm-Märchen nachempfunden sein? Gleich und gleich gesellt sich gern. Schließlich errang der furchtlose Prinz eine Prinzessin. Diesmal ganz ohne Guss. Wie es sich gehört für einen Königssohn, hat es genügt, drei Mal sein Schwert über die Treppe eines verwunschenen Schlosses zu schwingen.

„Und als er das getan hatte, da war das ganze Schloss vom Zauber befreit, und die Jungfrau war eine reiche Königstochter. Die Diener kamen und sagten, im großen Saale wäre die Tafel schon zubereitet und die Speisen aufgetragen. Da setzten sie sich nieder,

aßen und tranken zusammen und abends ward in großen Freuden die Hochzeit gefeiert".

Nicht immer freilich wird das Gruseln von einem Happy End gekrönt. Es wäre auch nicht notwendig. Gruseln ist nicht zuletzt eine Art von Zeitvertreib. Besser noch: eine Art von Freizeitgestaltung. Wir haben es gern, wenn es uns zu gruseln beginnt. Es gibt ja auch aus gutem Grund den „wohligen Schauer". Es ist ein Schauer, den man sucht. Er ist nicht mit dem Abenteuerurlaub zu verwechseln, von dem ich an anderer Stelle erzähle. Wohl aber ist er beispielsweise in Geistergeschichten und Gruselfilmen enthalten. Gruselfilme sind nicht unbedingt Horrorfilme. Der Unterschied ist ebenso fein wie beträchtlich.

Aber bleiben wir vorerst bei den Gespenstergeschichten. Machen sie Angst? Eigentlich nicht. Oder doch? Nicht primitive Short Storys sind gemeint, die plump sind und gleichsam hanebüchen. Der Schauer kommt in den Fällen, die ich meine, aus dem Alltäglichen. Jene Geschichten sind die besten, die jedem von uns passieren könnten. Die durchaus die Möglichkeit in sich bergen, auf natürliche Weise sich zu ereignen, und die es dann doch nicht sind.

Ein Beispiel ist jene Geschichte, die ich zu den besten des Genres zähle: „Die Affenpfote" von William Wymark Jacobs. Der Inhalt, ganz kurz: Ein Ehepaar erhält von einem alten Kolonialoffizier als Geschenk eine mumifizierte Affenpfote, die drei Wünsche erfüllen würde. Aus Spaß verlangt der Mann 200 Pfund. Wenig später fällt der Sohn einem Arbeitsunfall zum Opfer und aus der Lebensversicherung erhält das Ehepaar 200 Pfund.

Die Eltern werden daraufhin schwer depressiv, und eines Nachts wünscht die Frau, ihr Sohn möge vom Friedhof zurückkehren. Spät in der Nacht klopft es laut an der Haustür. Die Mutter eilt freudig die Stiegen hinunter, in der Gewissheit, ihr Sohn sei wieder da, während der Vater entsetzt den letzten Wunsch ausspricht: Der tote Sohn möge dem Reich der Toten nicht entstiegen sein. Und in der Tat bläst auf der leeren Straße nur der nächtliche Wind.

Alle diese Ereignisse hätten auch auf völlig „ungespenstische" Weise passieren können. Sie hätten auch als eine bloße Verkettung von unglücklichen und tragischen Zufällen erklärt werden können. Zufall oder Schicksal? Das Gespenstische an dieser Geschichte von der Affenpfote ist, dass sie das Übersinnliche mit dem greifbar Sinnlichen verschmilzt. Mitten im Leben, heißt es, sind wir vom Tod umgeben. Mitten im Leben verstören uns Geschichten wie diese. Die Gruselelemente überspringen die der Furcht und werden zur Angst: Gibt es wirklich, wie Hamlet zu Horatio sagt, mehr Dinge zwischen Himmel und Erde, als unsere Schulweisheit sich träumen lässt? Und was sind sie, diese Dinge?

Es sieht so aus, als ob richtige Gruselgeschichten, solche, die fürchten lassen, die aber auch Angst machen, eine Spezialität der Angloamerikaner sind – siehe Stephen King. Auch Gruselfilme kamen und kommen zumeist aus England und Amerika. Nicht Horrorfilme meine ich, die sind etwas ganz anderes. Nein, auch in Gruselfilmen geht es um Dinge, die sich als natürlich erweisen könnten, aber sie sind es nicht. Sie machen Angst, weil sie immer wieder zu Zweifeln Anlass geben: So ist es, ist es so? Vielleicht hat Pirandello aus solchen Überlegungen seine Themen geschöpft.

So ist es, ist es so? Ein Musterstück dieser Art war der amerikanische Streifen „Der sechste Sinn", in dem Bruce Willis einen Psychiater spielt, der von einem Patienten attackiert wird. Erst am Ende entdeckt der Zuschauer, dass der Arzt in Wirklichkeit längst tot ist. Subtile Täuschung oder verkehrte Wahrnehmung?

Gruselfilme? Horrorfilme? Es gibt primitive, es gibt künstlerisch wertvolle, es gibt sogar Kultfilme darunter. „Der Exorzist" hat fast schon einen solchen Rang erreicht. Ein kleines Mädchen, die Tochter einer berühmten Schauspielerin, wird von einem Dämon in Besitz genommen, einem wirklichen Dämon, den man bei archäologischen Ausgrabungen in der Wüste unwissentlich freisetzt. Im Kind gehen schreckliche Veränderungen vor sich, bis am Ende ein Priester, der den Exorzismus ausüben soll, selbst vom bösen Geist befallen wird – und die Kleine ist wieder gesund.

Eine absolute Horrorgeschichte, fürwahr, aber hervorragend inszeniert. Ausgerechnet in Las Vegas wollte ich mir am Abend den Film im Fernsehen noch einmal ansehen. Und siehe da: Nach den ersten Szenen verlöschte das Licht im Zimmer. Erst als ich überrascht den TV-Apparat abdrehte, begannen die Lampen wieder zu leuchten. Ich hatte daraufhin fast so etwas wie eine Angststörung. Der TV-Empfänger blieb finster. Ich hatte genug.

Ohne Zwischenfälle habe ich im Kino „Das Omen" gesehen, einen anderen der exzellenten amerikanischen Horrorfilme. Das Omen: Die Frau eines Botschafters adoptiert ein Kind, das dem Teufel entstammt. Oder: „Rosemary's Baby". Wieder spielt der Satan die Vaterrolle. Die Reihe der amerikanischen Horrorkultfilme (oder Kulthorrorfilme?) ist lang. Hollywood weiß, was die Menschen suchen. Gruseln im Kino oder vor dem TV-Apparat ist wohlig. Man spürt Angst und weiß doch, dass sie bald wieder endet.

Grusel machen soll auch das Kellergeschoss von Madame Tussauds Wachsfigurenkabinett in London. Oder soll es nicht doch Angst einjagen? Die Massenmörder, die neben anderen Horrorgestalten in diesen Räumen versammelt sind, beweisen den Wahrheitsgehalt eines alten römischen Sprichworts: Homo homini lupus. Der Mensch tritt dem (anderen) Menschen als Wolf entgegen.

Gerade im Museum der Madame Tussaud wird klar, was der Unterschied zwischen Grusel, Furcht und Angst ist. Wenn in den gruseligen Sälen plötzlich das Licht verlöschte, würden wir uns fürchten. Aber dass Menschen wie jene, die da naturgetreu aus Wachs modelliert sind, keine schreckenerregenden Unikate sind, sondern uns abgewandelt auf der Straße begegnen könnten – das macht Angst. Das Böse ist wirklich überall.

Was kostet ein Adrenalin-Urlaub?

Angst als Freizeitthrill

Gibt es einen bösen Mut? Soll heißen: Muss Feigheit etwas Schlechtes sein, etwas im Grunde Böses? Nein, nein und wieder nein. Man kann es nicht oft genug sagen: Mangel an Mut heißt leben. Feigheit richtig eingesetzt (und das ist, ich gebe es zu, schwierig) heißt überleben.

„Sag feig!", sagten wir als Schulkinder. Sag feig! Das war eine Aufforderung, sich mutig zu erweisen – was immer wir damals unter Mut verstanden. Es war die Aufforderung, keine Angst zu haben. Sag feig! Das wollten wir uns nicht nennen lassen. Sei kein Feigling! Fürchte dich nicht, und wenn, dann zeige deine Angst nicht.

Wir wollten eben nicht feig genannt werden. Aber ist Mut das Gegenteil von Feigheit? Ist jemand, der nicht feig ist oder es nicht sein will, der also keine Angst hat, schon mutig?

Über Mut – man beachte wieder einmal die Absonderlichkeiten der deutschen Sprache, die auch das Wort „Übermut" enthält – über Mut also lassen sich Bibliotheken schreiben. Und Filme drehen. Einer der besten hieß „Wege des Ruhms", zeigte Kirk Douglas in einer Hauptrolle und hatte die vermeintliche Feigheit eines französischen Regiments zum Inhalt. Wegen „Feigheit vor dem Feind" entschied das Kriegsgericht auf Dezimierung. Die zum Tode verurteilten Soldaten zitterten vor Angst.

Wir wollten damals, als wir Kinder waren, um keinen Preis als Angsthasen gelten. Wir haben Regenwürmer in die Hand genommen. Wir sind in den finstersten Kellerwinkel gekrochen. Wir haben damals freilich nicht geahnt, dass wir kurze Zeit später im selben Keller saßen und Angst hatten, weil draußen die Bomben fielen. Aber war es Angst? War da nicht eine Spur von Abenteuer dabei?

Sag feig! Der Schulschikurs bot immer wieder Gelegenheit, zu beweisen, dass man keine Angst hat. Wir stürzten uns in den Hang, weil wir wussten, dass der Pulverschnee unseren Sturz ungefährlich machen würde. Wir sahen, dass die Klassenkameraden, die sich über die Steilpiste gewagt hatten, mehr oder weniger unverletzt unten ankamen. Weil sie keine Angst gehabt hatten oder jedenfalls diese nicht zu bemerken war, wagten auch wir die Abfahrt, wenn wir an die Reihe kamen. Sag feig! Niemand sagte es, weil es offenbar noch nicht notwendig war.

Heute denke ich manchmal an diese Szenen zurück, wenn die Bergrettung Lawinentote ausgräbt. Sie hatten nicht „feig“ gesagt, diese Sportler, und hatten sich auf Hänge gewagt, die gesperrt waren. Dass die kürzeste Abfahrt eine in den Tod sein könnte, haben sie nicht bedacht oder nicht zur Kenntnis genommen.

Denn es gibt so etwas wie die lustige Angst. Das Dilemma wird zugunsten des Vergnügens entschieden. Nicht vom Gruseln soll hier erzählt werden. Die ominöse Geisterbahn aber, als Attraktion auf den Rummelplätzen der ganzen Welt zu finden – ist sie wirklich Schauplatz des Gruselns oder eher des Fürchtens, der Angst? Ein interessantes Phänomen ist da zu beachten: Immer dann, wenn ein voll besetztes Wägelchen ins Freie rollt und dann wieder ins Dunkel taucht, freuen sich die Zuschauer, die vor der Kasse stehen, am lustig anmutenden, aber doch von gerade überstandener Angst kündenden Lachen der Insassen.

Man lacht, wenn man sich fürchtet? Genau. Man pfeift ja auch im finsteren Wald, um die Angst zu unterdrücken. Und man weidet sich am Schrecken des anderen, auch wenn dieser keine Angst zeigt – wahrscheinlich, weil er keine hat. Warum sind bei Autorennen die Kurven mehr als die anderen Teile der Strecke von Zuschauern dicht besetzt? Sie warten auf einen Unfall und darauf, dass der Rennfahrer im letzten Augenblick zeigt, was er so lange unterdrückt hatte: dass er dasselbe fühlte wie jeder andere auch. Nämlich Angst. Machen wir uns nichts vor: Auch der Tapferste fürchtet sich gelegentlich.

Da ist jener dumpfe Trommelwirbel, der im Zirkus den Salto der Akrobaten begleitet. Wenn er als „Todessprung“ bezeichnet wird, bangt das Publikum, und wahrscheinlich bangt auch sie, bangt auch er am Seil. Komme da niemand und sage, Akrobaten hätten keine Angst, weil sie sonst einen anderen Beruf hätten ergreifen müssen. Ich wage zu behaupten, dass dem nicht so ist, und wenn auch ein Netz allenfalls den Sturz mildern soll – was, wenn es reißt?

Borwin Bandelow erzählt vom „Daredevil“ Evel Knievel, der nach einer Reihe von legalen und illegalen Berufen und Tätigkeiten schließlich der beste Motorrad-Stuntman der Welt geworden ist. Er habe, erzählt der Psychiater Bandelow, im Guinness-Buch der Rekorde gestanden, weil er der Mann gewesen sei, der sich die meisten Knochen gebrochen hat. In Las Vegas missglückte ihm ein Sprung, er lag drei Tage im Koma. Er ließ es sich nicht verdrießen, sondern kündigte an, er wolle sich mit seinem in diesem Fall raketenbetriebenen Motorrad über den Snake River Canyon in Idaho schießen lassen. Zehntausend Menschen sahen zu, als Knievel, der sicherheitshalber einen Fallschirm trug, sein Vorhaben wahr machte. Aber nur zum Teil. Der Fallschirm öffnete sich zu früh, der „Akrobat“ landete im Fluss, verletzt, aber lebend. Die Menschen randalierten, weil er das Abenteuer überstanden hatte. Knievel verschwand fürderhin in der Versenkung.

Hatte er Angst gehabt? Ein Werbespot im Fernsehen zeigte eine Seiltänzerin, die sich mit furchtsamen Schritten auf den gespannten Strick wagt. Dann öffnet sie die Arme und sprüht erfrischendes Deodorant in die Achselhöhlen. Sind sie mit Angstschweiß benetzt worden? Angstschweiß bedeckt, weiß man, die Stirn und nicht die „Armpits“. Aber in der Werbung ist alles möglich. Sag feig! Wir werden es dir nachsehen, wenn du trotzdem schwitzt.

Evel Knievel hat sich ganz bewusst in Gefahr begeben, weil er Geld damit verdienen wollte. Es gibt, heißt es, kein erhebenderes

Gefühl als jenes, eine Gefahr überstanden zu haben – auch wenn die nächste bereits lauert. Die Überwindung von Ängsten sei immer mit Genuss verbunden, schreibt Bandelow und zitiert Winston Churchill: „Nichts im Leben löst ein größeres Hochgefühl aus, als beschossen und nicht getroffen zu werden". Ich wäre als Halbwüchsiger imstande gewesen, die Probe aufs Exempel zu bestehen. Ich hielt nichts davon. Als ich den Bombenhagel überlebte, war da nichts von Hochgefühl. Vielleicht war es Zufriedenheit, weil ich Glück gehabt hatte.

Amerikanische „Risikotouristen", die es auch dort in Mengen gibt, gründen ihr Hochgefühl auf andere Erlebnisse. Etwa darauf, „Adrenalin-Holidays" heil überstanden zu haben. Sie reisen beispielsweise nach Queenstown in Neuseeland, angeblich die „Abenteuerhauptstadt" der Welt. Man kann dort auf einer Riesenschaukel sitzen, die sich 120 Meter weit über einen 150 Meter tiefen Abgrund schwingt. Einer jener, die dies überstanden haben, bekannte dann: „I need risks to feel fully human". Ein anderer sagte: „When we master our fear, the reward is huge, I feel good for days." Es sei, sagen alle diese „Mutigen", dies auch ein Mittel, mehr Aufmerksamkeit von den Mädchen zu erhalten. Mut zum Außergewöhnlichen ist sexy, könnte man sagen. Oder, um mit Barack Obama zu sprechen: Yes, we can. Was freilich immer nur für eine gewisse Zeit Gültigkeit hat.

Es gilt jedenfalls für jene Menschen, die sich für andere in Gefahr begeben. Haben die Männer des Entminungsdienstes Angst, die Feuerwehrleute, die Polizisten? Ihnen muss man kein „Sag feig!" zurufen. Als am 11. September 2001 im World Trade Center fast 3000 Menschen starben, sprangen vor Angst viele aus den Fenstern der Wolkenkratzer. Lieber auf dem Pflaster zerschmettert liegen bleiben als verbrennen! Und fast 500 Feuerwehrleute starben bei Rettungsversuchen.

Noch einmal: Haben sie Angst gehabt oder sind sie nur den Aufgaben gefolgt, die ihnen ihr Beruf stellte? Sie haben getan, was die Pflicht ihnen auftrug. Ich glaube, dass auch Feuerwehrleute

Angst haben und diese überwinden können, weil sie dazu verpflichtet sind. Wer sich vor dem Feuer fürchtet, ist für eine Löschmannschaft ungeeignet. Ich kannte jemanden, der sein Medizinstudium abbrach, weil er kein Blut sehen konnte.

Bergrettungsleute begeben sich oft in Gefahr, wenn sie anderen Menschen zu Hilfe kommen. Anderen Menschen. Jenen, die sich ganz bewusst in Gefahr begeben, weil sie Spaß daran haben, weil für sie die Angst, wenn sie denn solche haben, eine lustige ist. Heißa, ich fürchte mich! Kitzel ist zumeist Spaß. Der Kitzel der Angst, wenn man weiß, dass sie unbegründet ist, ist doppelt lustig, scheint es.

Aber nicht immer. Vor Jahren hat die Feuerwehr in dem Hochhaus, in dem meine Redaktion untergebracht war, eine Rettungsübung veranstaltet. Unsere Büroräume lagen im vierzehnten Stock, selbst die höchste Leiter wäre damals zu kurz gewesen, um uns im Brandfall in Sicherheit zu bringen. Aber es gibt Rettungsschläuche. Sie werden am Fenster befestigt, und man rutscht bis zum Erdboden, mit dem Gesäß bremsend, wie ich glaubte.

Ich habe es nämlich nicht ausprobiert. Ich hatte Angst. Ich war zu feig, mich dem Schlauch anzuvertrauen. Fast alle Kollegen (die Damen waren zu schüchtern) wagten es.

Vielleicht wäre – ich weiß es nicht – das Gefühl jenem ähnlich gewesen, das einen Menschen berauscht, wenn er an einem Bungee-Seil in die Tiefe springt und wenige Meter vor dem Erdboden gestoppt wird. Er könnte fürchten, dass das Seil reißt. Aber er denkt nicht daran. Angst kann auch Vergnügen machen, Vergnügen ist gelegentlich mit Angst verbunden. Selbst Sex ist mitunter mit Angst verbunden. Wir sehen: Lust und Angst sind auf mannigfache Weise miteinander verwandt.

Wenn deutsche Magazine Reklame für Abenteuerreisen machen, ist die Grenze zwischen Abenteuer und Angst eine fließende. Betuchte Menschen sind dann gerne bereit, für ein flaues Gefühl im Magen zu zahlen, wenn sie nur nachher berichten können, in welche Gefahren sie sich begeben haben.

Die Forderung, nach Sportunfällen nicht die Krankenkassen zahlen zu lassen, wird zwar oft erhoben, lässt sich aber nur schwer durchsetzen. Anders bei den Kosten, die dadurch entstehen, dass Menschen der Werbung erliegen, sich dem „Mut zum Außergewöhnlichen" zu widmen. Dass der Gefahrenurlaub relativ häufig zu Lasten der öffentlichen Hand geht, wird da oft vergessen.

Man lässt sich die Angst gerne von den anderen bezahlen, wenn es so weit kommen sollte, dass wirklich Ursache zur Angst besteht. Als ein Pärchen aus Salzburg wochen- und monatelang in Mali von rebellischen Nomaden in Geiselhaft gehalten war, musste in Österreich ein Krisengipfel tagen, ein pensionierter Botschafter lange Zeit vor Ort ausharren und schließlich eine ganze Delegation von Ministerialbeamten mit der Außenministerin an der Spitze die beiden abholen. Lösegeld sei nicht bezahlt worden, wurde versichert, die Kosten für die Steuerzahler waren hoch genug. Das Paar hatte sich ganz bewusst dem Abenteuerurlaub gewidmet. Sag feig!

„Allein durch Afrika" – unter diesem Motto wird in Deutschland um Touristen geworben, die für ihre eventuelle Angst nicht unbeträchtliche Tarife entrichten. „Abenteuer, die Sie nie vergessen werden", lautet einer der Werbesprüche. Angst ist im Tarif inbegriffen.

Lustvolle Angst. Das Vergnügen, heil wieder heimzukommen, wenn man Glück hat. Abenteuer, die Sie nie vergessen werden. Jene Männer, die sich als Söldner verdingen oder als Security-Personal in Gebieten, wo Gefahren lauern – auch sie mögen Angst haben. Aber sie lassen sich ihre Angst teuer bezahlen. Und sie sind hoch versichert. Für alle anderen Abenteurer, vor allem für jene, die sich mutwillig in Gefahr begeben, wäre ein Selbstbehalt zu fordern. Ein kräftiger.

Aber gilt dies auch für die Geisterbahn? Trifft dies auch für Menschen zu, die Angst mit Lachen, Gruseln mit Vergnügen verbinden wollen? Und was, wenn in der finsteren Geisterbahn einem Fahrgast vor Angst das Herz stillsteht? Es gibt, sehen wir, noch viele angstbezogene Phänomene, die noch nicht „ausjudiziert“ worden sind …

Szenenwechsel. Geschäft mit der Angst? Nein, nicht die Reiseveranstalter sind diesfalls gemeint. Reden wir von Hollywood. Denken wir an die Horrorfilme. Befassen wir uns einige Augenblicke lang mit der Frage, warum diese Sparte so populär ist und noch immer populärer wird. Das Fernsehprogramm ist voll davon, und die B-Movies erfreuen sich immer größerer Zuschauerzahlen. Gewiss, es sind exzellente Filme darunter, und der Horror ist oft einer, der auf leisen Pfoten einherschleicht, bis er die Zuschauer zu würgen beginnt. Und es sind nicht nur jene Streifen, die das Übersinnliche zeigen und Ausflüge in die Gespensterwelt demonstrieren.

Es sind zunehmend auch – ich habe es in einem früheren Kapitel erwähnt – Themen, die den Horror dadurch erzeugen, dass sie sich am Rande der möglichen Realität bewegen. Da ist dann der Atomkrieg wohlfeil, und auch die Klimahysterie (die an anderer Stelle beschrieben wird) ist oft Gegenstand von Filmen, deren Schrecken dadurch gesteigert wird, dass er nicht als unwahrscheinlich gilt. Es sind gerade die erwähnten realitätsnahen Filme, deren Einspielergebnisse die Kassen klingeln lassen. Warum eigentlich? Wieso lässt sich mit dem Schrecken auch auf diese Weise ein lukratives Geschäft machen, das jeden Geisterbahnbesitzer vor Neid erblassen lässt?

Und warum sind Horrorromane so beliebt? Was ist der Grund dafür, dass etwa Stephen King mit seinen Büchern Millionenauflagen erzielen kann? Wobei interessanterweise jene Storys die besten sind, die sich im gewöhnlichen Leben, im ganz normalen, abspielen, ganz ohne Elemente des Übersinnlichen. Warum sind wir bereit, auch in diesen Fällen für die Angst zu zahlen?

Vielleicht liegt die Ursache darin, dass wir uns freuen, nur Beobachter zu sein. Vielleicht sind wir dann in der Lage jener Menschen, die sich nach einem Begräbnis zusammensetzen, um zu feiern, dass es nicht ihnen gegolten hat. Vielleicht bereitet es uns Vergnügen, die Angst anderer mitzuerleben, ohne selbst von ihr betroffen zu sein – nicht unmittelbar, versteht sich. Denn eigentlich sind wir auch in diesen Fällen nicht frei von der lustvollen Angst.

Die Schutzfunktion des Horrorfilms besteht darin, zu wissen, dass er nichts Wahres zeigt, vor dem man Angst zu haben braucht. Aber warum fürchten wir uns dann trotzdem, wenn wir vor dem TV-Gerät sitzen? Vielleicht deswegen, weil das, was uns als Zeitgeschehen gezeigt wird, gelegentlich mehr Angst machen kann als jede Fantasie eines Autors?

In der Tat: Das Angstdilemma ist ein permanentes. Die Angst schützt den Vernünftigen davor, etwas Unvernünftiges zu tun. Sie hilft ihm zu überleben. Deshalb brauchen wir die Angst.

Spinnen, Ratten, Federvieh

Panikstörung – eine Volkskrankheit

In meiner frühen Studentenzeit ging ich oft mit einem attraktiven Mädchen aus, das ich unter anderem auch wegen seiner Klugheit schätzte. Die junge Dame war gleichfalls mit Studien befasst, wenngleich in einem ganz anderen Fach, in dem sie schließlich auch zur Doktorin promoviert wurde. Sie war aufgeschlossen, intelligent, ein wirklicher Kumpel.

Aber sie hatte ein Problem. Sie zeigte eine undefinierbare, nicht erklärbare Angst vor jeder Art von Federvieh. Hühner beispielsweise waren ihr in jeder Form, ob lebendig oder tot, ein Horror. Vor einer Taube ergriff sie die Flucht, eine Krähe versetzte sie in Panik. Ich erinnere mich an einen Ausflug, der uns auch in ein ländliches Gartenlokal führte. Zwischen den Tischen streunten gackernde Hühner umher – sichtlich im Freien lebend und wahrscheinlich auch sogenannte Freilandeier legend.

Ein paar von diesen Hendln näherten sich, emsig zwischen den Stühlen liegende Brotkrumen pickend, unserem Tisch. Schreiend sprang meine Begleiterin auf – nicht um zu tanzen, sondern aus Angst. Die anderen Gäste lachten; sie hielten das Ganze für Spaß. Ich wusste, dass es keiner war. Ich zahlte und wir gingen.

Angst vor Federvieh – woher kam sie? War es ein Erlebnis, das sie als Kleinkind gehabt hatte und im Unterbewusstsein weiter arbeitete? War es der nicht vergessene Schrecken vor einer kopflos herumlaufenden Henne, kopflos, weil man ihr diesen durch unsachgemäßes Schlachten abgetrennt hatte? Die junge Dame konnte es nicht erklären. Ich auch nicht. Wir haben nie mehr eine Backhendlstation besucht.

Was meiner Begleiterin damals widerfuhr, war eine sogenannte Phobieattacke. Angst vor – wovor eigentlich? Die Register der Phobien sind so umfangreich wie jene der Ängste ganz allgemein. *„Bei den phobischen Erkrankungen handelt es sich um eine Gruppe von Erkrankungen, bei der Angst ausschließlich oder überwiegend durch eindeutige, klar abgegrenzte Situationen oder Objekte ausgelöst wird, die objektiv völlig gefahrlos sind. Die Symptome der Betroffenen reichen von leichtem Unbehagen bis zu panischer Angst."*

Da haben wir es. Eindeutige, klar abgegrenzte Situationen, die gänzlich gefahrlos sind. Die Studentin von damals hatte sich in einer völlig gefahrlosen Situation befunden. Kein Hahn war da, der sie hätte verfolgen können. Keine Krähe drohte ihr ein Auge auszuhacken. Kein Vogel schien auch nur eine Spur gefährlich zu sein. Aber sie hatte panische Angst. Es war der typische Fall einer spezifischen Phobie. Sie sind mannigfach, haben meist keine Ursache und treten in Situationen auf, die an und für sich völlig gefahrlos sind.

Aber sie sind deshalb so schwer zu definieren, zu erkunden und daher auch zu behandeln, weil man ihre Ursache nicht kennt. Sie können existieren, weil sich ein Ereignis, das die Betreffenden in ihrer Kindheit erlebten, im Unterbewusstsein festgekrallt hat. Dass die Studentin, von der ich erzählte, sich vor allem fürchtete, was ein Federkleid trug, war eine spezifische Phobie gleichsam höheren Ranges. Allgemeiner sind Angstzustände, die etwa vor Spinnen bestehen. Angeblich fürchten sich 35 Prozent der Bevölkerung vor solchen Tieren. Ist auch das Spur einer Urangst, aus der Zeit stammend, da die Menschen noch in Höhlen wohnten und sich vor der Dunkelheit grauten? Manche Psychologen sind dieser Meinung.

Noch größer ist der Prozentsatz von Menschen, die vor Schlangen Angst haben. Sie empfinden diese Reptilien als gefährlich, als ekelig, als Wesen, die das Böse symbolisieren. Dass sich der Satan den ersten Menschen als Schlange genähert und Eva verführt hat, kommt nicht von ungefähr. Dass sie bei manchen Völkern als Delikatessen gelten, bleibt dem Gaumen mitsamt dem Unterbewusstsein unbenommen. Kleopatra hat durch einen Schlangenbiss Selbstmord begangen. Das, scheint mir, war damals nichts Ungewöhnliches.

Damals? Jede Zeit scheint ihre eigenen Phobien hervorzubringen. Sie reichen heute vom Straßenverkehr bis zum Zahnarzt, der bis zu zehn Prozent der Bevölkerung Angst einflößt, und zwar so arg, dass diese Menschen sich weigern, ihre Zähne untersuchen zu lassen. Es gibt Menschen, die in Ohnmacht fallen, wenn sie Blut sehen.

Andere haben eine panische Angst vor Ratten. George Orwell hat diese Phobie in seinem utopischen Roman „1984“ sehr anschaulich geschildert, wo die Hauptperson, Winston, die Tiere fürchtet wie die Pest (die sie angeblich übertragen):

„Ein paar Augenblicke lang hatte er das Gefühl gehabt, von Neuem in den Angsttraum versetzt zu werden, der ihn sein ganzes Leben hindurch von Zeit zu Zeit verfolgt hatte. Es war immer so ziemlich dasselbe. Er stand vor einer Mauer aus Dunkelheit, jenseits der etwas Unerträgliches lauerte, etwas, das zu schrecklich war, um seinen Anblick noch erträglich sein zu lassen.“

Es sind Ratten, vor denen Winston Angst hat, die hinter dieser dunklen Mauer ihr Unwesen treiben. *„Ich kann nun einmal Ratten nicht ausstehen, das ist alles“*, bekennt er. Das wissen auch jene, die ihn später verhaften. Es kommt zur Schlüsselszene des Romans und auch des Films, der nach seiner Vorlage gedreht wurde. Um ein Geständnis zu erreichen, wird Winston von dem ihn verhörenden O'Brien ein Rattenkäfig über den Kopf gestülpt. Dem Gefangenen wird geschildert, was die Nagetiere zustande bringen: *„Die Ratte, sagte O'Brien, noch immer an eine unsichtbare Zuhörerschaft gewendet, ist, obwohl ein Nagetier, doch ein Fleischfresser. Halten Sie sich das vor Augen. Sie werden von den Dingen gehört haben, die in den Armenvierteln dieser Stadt passieren. In manchen Straßen wagt eine Frau ihren Säugling nicht einmal fünf Minuten allein im Haus zu lassen. Die Ratten würden das Kind bestimmt angreifen. In ganz kurzer Zeit würden sie es bis auf die Knochen abnagen.*

Sie greifen auch Kranke oder Sterbende an. Sie legen eine erstaunliche Intelligenz darin an den Tag, zu wissen, wann ein Mensch hilflos ist ... Ich habe auf den ersten Hebel gedrückt. Sie verstehen die Konstruktion dieses Käfigs. Die Maske passt über Ihren Kopf, sodass kein Durchschlupf bleibt. Wenn ich auf diesen anderen Hebel drücke, schiebt sich die Käfigtüre auf. Diese vor Hunger wahnsinnigen Scheusale werden wie Geschosse daraus hervorschießen. Haben Sie je eine Ratte durch die Luft springen sehen? Sie werden Ihnen ins Gesicht springen und sich sofort einen Weg hindurch bahnen. Manchmal greifen sie als Erstes die Augen an. Manchmal wühlen sie sich durch die Wangen und zerfressen die Zunge."

Das alles sei, erläutert der Folterer, eine im kaiserlichen China übliche Methode gewesen, ein Geständnis zu erzwingen. „*Die Kreisöffnung der Maske war jetzt groß genug, um alles andere aus dem Gesichtskreis auszuschließen. Die Drahttüre war zwei Handspannen von seinem Gesicht entfernt. Die Ratten wussten, was nun kommen würde.*"

Es kam nicht dazu. Winston gestand alles. Die Ratten hatten ihn dazu gebracht. Ratten: Warum flößen sie allen Menschen (mit Ausnahme von Forschern, die an ihnen neue Medikamente erproben) solche Angst ein? Sie seien, meinen Psychologen, so wie die Spinnen, im Unterbewusstsein der Menschen Manifestationen des Unheimlichen, einer Urangst, die alles, was aus dem Dunklen kommt, für Böse hält, tödlich, jedenfalls gefährlich. Diese Urangst dämmert in der Seele, und manchmal kommt sie auch an die Oberfläche.

Orwells Zukunft ist freilich indessen, weil wir ja längst das dritte Jahrtausend erreicht haben, von und mit der Zeit überholt worden. Auch, was Foltermethoden betrifft. In Abu Graibh, dem berüchtigten amerikanischen Gefängnis im Irak, hat man die Angst vor bissigen Hunden dazu verwendet, um die Häftlinge zum Reden zu bringen.

Die Zahl der Phobien ist in der Tat so groß wie die Abarten der Angst. Sie reichen von der erwähnten Arachnophobie, der Furcht vor Spinnen, über die Herpetophobie (die Furcht vor Schlangen) bis zur Erythrophobie. Ich wusste nicht, dass es sie gibt. Es ist die Furcht vor dem Erröten. Alltäglich hingegen scheint die in allen Medien immer wieder zitierte Xenophobie zu sein, die Fremdenangst. Und viele Menschen leiden, ohne dass sie ihnen als besonderes Panikmerkmal bewusst ist, unter Akrophobie. Sie fürchten sich davor, auf Türmen, Plattformen, sogar steilen Stiegen zu stehen. Alfred Hitchcock hat ihnen in seinem Film „Vertigo“ ein sehr illustratives Denkmal gesetzt.

Es geht um John „Scottie“ Ferguson, einen Polizisten, der an Drehschwindel leidet, an Vertigo, wie die Amerikaner sagen. Seit einer seiner Kollegen bei einer Verfolgungsjagd abgestürzt ist, kann „Scottie“ seine Höhenangst nicht mehr beherrschen. Hitchcock entwirft in seinem Film, der im Deutschen den Titel „Aus dem Reich der Toten“ trug, ein geradezu klinisches Bild einer Akrophobie. Der Polizist kann infolge seiner Höhenangst nicht verhindern, dass sich ein Mädchen, das seiner Obhut anvertraut wurde und das er zu lieben begann, in selbstmörderischer Absicht von einem Glockenturm in die Tiefe stürzt. Später trifft „Scottie“ eine andere junge Frau, die der ersten zum Verwechseln ähnlich sieht. Der Höhepunkt des Films ist Hitchcock-Manier: Er spielt auf der steilen Treppe des Turms, die der Polizist trotz Vertigo erklimmt. Happy End!

Um die Akrophobie deutlich zu machen, setzte der Regisseur den „Vertigo“-Effekt ein: Durch Kamerabewegung wird eine Illusion des Schwindels erzeugt, der sich dann auch auf den Zuschauer auswirkt. Alfred Hitchcock hat in dem 50 Jahre alten Film in der Tat eine künstliche Phobie produziert. Seine Darstellung der Akrophobie ist in ihrer technischen Perfektion nahezu unerreicht geblieben.

Vielen Menschen ist wieder die Agoraphobie nichts Neues. Es handelt sich um einen plötzlichen, unvorhergesehenen Angstzustand, der an bestimmte Orte gebunden ist. Nicht nur an freie Plätze, wie der Ausdruck „Agora“, der aus dem Griechischen kommt und ursprünglich „Marktplatz“ bedeutet, sagen will. Auch die Klaustrophobie gehört dazu, das plötzliche, fast erdrückende Angstgefühl in geschlossenen Räumen. Bevor Sie bei einer Magnetresonanzuntersuchung in eine Röhre geschoben werden, erklärt Ihnen ein Merkblatt, wie ungefährlich die Prozedur ist, aber auch, was Sie tun sollen, wenn Sie die Situation unerträglich finden. Mit einem Handgriff kann man Hilfe holen.

Viele Menschen erleiden eine Klaustrophobie, wenn sie einen Lift benützen müssen. Sie blicken dann starr vor sich hin oder auf den Boden und vermeiden es strikt, mit ihrem Gegenüber, sofern es sich nicht um Bekannte handelt, in Augenkontakt zu treten. Klaustrophobiker scheinen sogar während der Liftfahrt die Tür zu suchen. Es ist für sie fast unerträglich, in einem Raum, der sich noch dazu bewegt, eingeschlossen zu sein. Andere können den Aufenthalt in einem Verkehrsmittel, ob Flugzeug oder U-Bahn, fast nicht aushalten. Echte Agoraphobiker wieder fühlen sich unter vielen Menschen unheimlich – oder auch auf Plätzen, auf denen sich Menschenmengen aufhalten, Märkte sind ihnen ein Gräuel. Agoraphobie eben!

Sie wird von vielen, die von ihr zeitweilig betroffen sind, nicht ganz unrichtig als „blöde und dumme Angst“ bezeichnet – freilich nicht offen, sondern insgeheim. Oft wagen sie sich nicht allein auf die Straße, sondern brauchen Begleitung, und sei es nur ein Hund.

Agoraphobiker versuchen in Theatern, Kinos, Konzertsälen oder anderswo so zu sitzen, dass sie im „Notfall“ schnell das Weite suchen können. Sogar in der Kirche sitzen sie am liebsten am Ende einer Bankreihe. Die Phobie, an der sie leiden, kann sich zu einer klinischen Störung auswachsen. Aber sie ist heilbar. Auch wenn der Weg nicht ganz einfach ist.

Es gibt freilich auch skurrile Angststörungen – oder soll ich sagen „Phobien“? Auch Ängste, die man fast nicht wahrnimmt. Dazu gehört die Angst, nicht immer und überall erreichbar zu sein. Die Werbung hat sich auch dieses Themas angenommen. Wer immer das TV-Gerät aufdreht, wird mit der Frage konfrontiert, ob es eine

Zeit vor dem Handy gegeben habe. Ich kann es mir nicht vorstellen angesichts der Vielzahl miteinander wetteifernder Telekommunikationsfirmen. Die Vernetzung der Menschheit lässt sich kaum besser darstellen als mithilfe der Mobiltelefone.

Demgemäß haben die Amerikaner dem Register der Phobien eine zusätzliche angefügt. Was wie ein Scherz klingt, ist keiner. In der Neuen Welt grassiert die Nomophobie. Man beachte die Zusammensetzung des Wortes: Nomo-Phobia. No mobile phone. Es seien, heißt es, die Angststörungen von jungen Leuten, die keinen „Mobile phone contact" haben.

Es könnte freilich die Folge einer anderen Angststörung sein: Der Angst, allein sein zu müssen. Von der Gruppe isoliert zu sein. Sich nicht im Kollektiv aufzuhalten. Oder ist die Nomophobie nichts anderes als die Angst, unter Umständen als Eigenbrötler zu gelten? Auch die Angst, sich der Mode zu verschließen, könnte da ins Spiel kommen. Nomophobie ist demgemäß die Angst vor der Einsamkeit.

Doch halt! Neue Angst. Da die Zahl der Sendemasten zunimmt, vergrößert sich auch die Gefahr für Menschen, die in der Nähe wohnen. So erfährt man jedenfalls aus mehreren Gutachten, wahrscheinlich von Festnetzbetreibern in Auftrag gegeben, die sogar von den Medien verbreitet wurden. Die Masten senden Strahlen aus, hieß es, die problematisch wären und allerlei Krankheiten bis hin zum Krebs verursachen könnten. Mehr noch: Auch das Telefonieren mit dem Handy sollte man einschränken und vor allem nicht zu lange sprechen.

Natürlich gibt es auch bereits wieder Gegengutachten, die sowohl die Mobilfunkanlagen als auch die Geräte als völlig ungefährlich bezeichnen. Wer wem wie viel (oder auch gar nichts) dafür bezahlt hat, wissen wir nicht. Aber wir wissen, dass es Menschen gibt, denen es Angstzustände bereitet, nicht überall und jederzeit erreichbar zu sein. Es hat ja, scheint mir, vor der Erfindung mobiler Telefone kein Leben gegeben, jedenfalls keines, das lebenswert gewesen wäre ...

Aber ist da nicht noch ein Aspekt der Angst zu Beginn des dritten Jahrtausends? Es gibt ihn. Es ist die Angst vor der Stille. Eine veritable Angst in der Tat. Beneidenswert, der nicht an ihr leidet.

Als die Russen kamen

Die Angst vor den Besatzern

Eine Chronologie der Ängste zu schreiben, ist überflüssig. Es gibt keine Periode der Weltgeschichte, die angstfrei gewesen wäre. Die erwähnten Angstzyklen suchen den Planeten permanent heim. Die größte, wenngleich unterdrückte Angst ist die seiner Zerstörung. Tatsächlich: Nichts ist unmöglich, es gibt nur verschiedene Stadien der Wahrscheinlichkeit.

Dies gilt auch für die Frage, ob man einen Schelmenroman schreiben kann, der ein Gutteil Angst enthält. Nicht Till Eulenspiegel ist gemeint, wohl aber die Geschichte von Simplicius Simplicissimus, aufgezeichnet von Hans Jakob Christoffel von Grimmelshausen. Man hält sie für den ersten deutschen Abenteuerroman; er spielt im Dreißigjährigen Krieg und schildert auch dessen Exzesse, wenngleich verbrämt mit Szenen, die der Narrenrolle entsprechen, in der sich die Hauptperson zeitweilig befindet. Dann wieder gibt die Erzählung einer Magd, die vergewaltigt und halb tot geschlagen worden war, ein abschreckendes Beispiel soldatischer Gewalttaten, die von Grimmelshausen nicht zuletzt so drastisch erzählt wurden, weil er jene Angst darstellen wollte, die damals das Volk bedrängte. Die Erstausgabe der umfangreichen Erzählung zeigt als Titelblatt einen grinsenden Teufel.

Als ich ein Gymnasiast war, grassierte die Russenangst. Im Winter 1944/45 bewegten sich lange Flüchtlingstrecks von den Ostgebieten des Deutschen Reichs nach Westen. Von der Katastrophe des einstigen Ferienschiffs „Wilhelm Gustloff“ erfuhr man nichts. Der Dampfer, der einst im Dienste der NS-Organisation „Kraft durch Freude“, damals als „KDF“ bekannt, Urlaubshungrige durch sonnige Gewässer führte, war in der Endphase des Kriegs zum Flüchtlingstransporter umfunktioniert worden. Er wurde von einem sowjetischen U-Boot torpediert und sank innerhalb kürzester Zeit. Rund 10.000 Menschen ertranken. Sie hatten Angst gehabt, als sie das Schiff betraten. Angst vor den Russen. Was hatten sie gefühlt, als die „Wilhelm Gustloff" in der Ostsee unterging? Hatten sie noch Zeit gehabt, etwas zu fühlen?

Auch wir in Österreich, der damaligen „Ostmark", hatten Angst – Angst vor den Russen, nachdem wir schon vor den Amerikanern und deren Bombengeschwadern Angst gehabt hatten – Angst, die, wie ich schrieb, bei mir verdrängt eine Spur von Abenteuer zeigte. Denn jedes Mal hieß es: „Wir sind noch einmal davongekommen". Viele sind es nicht. Etliche Male hörte ich damals, dass die Kirchen voll seien. Warum wohl?

Russenangst. Als sie dann da waren, haben die Kinder gespürt, dass ihre Angst zumindest teilweise überflüssig war. Die Soldaten in ihren braunen, dicken Mänteln und den Pelzmützen mit dem roten Stern waren freundlich zu uns und Armbanduhren, dieses beliebte Beutestück der Sowjets, besaßen wir nicht.

Nicht immer jedenfalls. Ich hatte eine. Aber nicht lange. Die Erinnerung daran, wie sie mir gestohlen wurde, ist auch eine an einen Angstanfall, der sich nahezu zur Panikattacke auswuchs. Es war im Herbst 1946. Mit einer Tante (über sie will ich dann noch erzählen) fuhr ich von Wien in den russisch besetzten Teil von Oberösterreich, das Mühlviertel. Zweck der Reise: Das, was wir damals „hamstern" nannten. Gegen Wertsachen Lebensmittel eintauschen.

Wir nächtigten in einem Dorf unweit von Rohrbach und wollten den Nachbarort aufsuchen. Wir mögen achtgeben, sagte man uns, zwei betrunkene russische Soldaten seien unterwegs. Wir kümmerten uns nicht darum – leider. Denn alsbald liefen wir diesem Duo Infernal in die Hände. Meine Tante nahm Reißaus, ich aber dachte, dass man einem Zwölfjährigen nichts antun werde, und ging weiter.

Nichts antun? Weit gefehlt. Die Russen nahmen ihre Maschinenpistolen von der Schulter, riefen „Agent“ – und nahmen mir meine alte Uhr und eine nicht minder alte Füllfeder ab, auf die ich besonders stolz war, weil sie meinem verstorbenen Vater gehört hatte.

War ich schon zu alt zum Weinen? Nein. Ich weinte vor Angst. Die besoffenen Soldaten ließen mich ziehen und torkelten weiter. Ich aber, wieder gefasst, erreichte den Zielort – nicht mit Müh und Not, wie es im „Erlkönig“ heißt, sondern den Mutigen spielend. Alle Fensterläden waren geschlossen – vor Angst. Ich stapfte couragiert durch das Dorf, wie weiland Gary Cooper in dem Film „Zwölf Uhr mittags“. Aber den spielte man damals noch nicht.

Oder doch? Russen galten als gefährlich – damals. Russische Besatzer waren rücksichtslos. Ihr Lieblingskommando war „Dawai, dawai“. Wenn sich ein Schnellzug, von Wien kommend, der Ennsbrücke näherte, jener legendären Brücke, die den Fluss überquerte, der die sowjetische von der amerikanischen Zone trennte – wenn der Zug also bremste, um die sowjetischen Kontrolleure an Bord zu nehmen, war die Angst in den Abteilen fast spürbar. Auch Kinder und Jugendliche hatten die Pflicht, den sogenannten Identitätsausweis bei sich zu tragen, in vier Sprachen gehalten und mit einer Unzahl von Stempeln versehen; wehe, wenn einer fehlte!

Es hat keiner gefehlt, als Dr. Peter Krauland, der Bundesminister für Vermögensschutz und Wirtschaftsplanung, am 5. November 1948 in seiner Dienstlimousine die Sowjetzone verlassen wollte. In seiner Begleitung war die Ministerialbeamtin Dr. Margarethe Ottilinger. Aussteigen, schnell! Dawai, dawai! Die Russen machten keine Umstände. Krauland durfte weiterfahren, die Beamtin wurde festgenommen. Verschleppt. Erst 1955 kam sie aus Sibirien wieder zurück. Dawai, dawai! Sie saß uns allen in den Knochen, die Russenangst.

Gewiss auch meiner Tante, der Schwester meiner Mutter. Sie wurde, als es in Wien noch keine westlichen Sektoren gab, in ihrer Wohnung in der Siebensterngasse von den Russen festgenommen, in das Hauptquartier der Sowjets nach Baden gebracht und wochenlang im Keller eingesperrt. Warum? Sie hat nie darüber gesprochen. Sie hat mir erzählt, dass sie an der Wand Sätze fand, die andere Häftlinge eingeritzt hatten – Worte, die als Adieu zu verstehen waren.

Meine Tante ist nicht nach Sibirien verschleppt worden. Sie wurde eines Nachts in einem schwarzen Auto auf die Straße nach Wien gefahren und dann aus dem Wagen gestoßen. Einfach so. Mehr hat sie nicht berichtet. Durfte sie nicht? Hat ihr die Angst noch immer die Kehle zugeschnürt, sogar dann, als es in Österreich keine Besatzung mehr gab?

Besatzung. Ein Begriff, der immer negativ besetzt war und dies auch bleiben wird. Besatzung ist immer ein Gegenstand der Angst. Auch vor den Amerikanern, Briten und Franzosen hatten die Österreicher zuerst Angst gehabt, als sie 1945 als Befreier kamen. Besatzer in Österreich: In der Geschichte gibt es viele Beispiele, negative und positive. 1809 sind Napoleons Truppen in Wien einmarschiert. 1809 – es war auch das Todesjahr Haydns. Der Kaiser der Franzosen ließ vor dem Haus, in dem „Papa Haydn" seine letzten Stunden verbrachte, eine Ehrenwache aufziehen. Auch das hat es gegeben in einer Ära der Besetzung. 1945 haben auch die Tiroler, im Besonderen die Innsbrucker, sich einer gewissen Angst vor den französischen Besatzern nicht erwehren können. Bestanden nicht einige Einheiten aus Nordafrika? Dass die Afrofranzosen, wie sie politisch korrekt heute eigentlich genannt werden müssten, in Wirklichkeit völlig harmlos waren, merkte man in Innsbruck und Umgebung erst nachher – und war zufrieden.

Besatzungsangst. Vor allem: Russenangst. Ich gebe zu, dass sie in Wien selbst dann noch spürbar war, als es längst keine Ursache mehr für sie gab. Aber noch immer sah ich, wenn ich mit der Straßenbahn vorüberfuhr, die riesigen Porträts von Stalin und Lenin an der Fassade jenes Ringhauses, das früher den Stadtschulrat beherbergt hatte und dann die Wiener „Kommandantura", die Kommandozentrale der Sowjetbesatzer. Später, als es keine fremden Soldaten mehr in Wien gab und das Palais wieder dem früheren Zweck dienen konnte, ließ Stadtschulratspräsident Kurt Scholz an der Hauswand eine Gedenktafel anbringen: „Sunt lacrimae rerum".

Es ist schwer, den Satz, der aus der „Aeneis" des Vergil stammt, zeitgemäß zu übersetzen. Tränen, die vergossen wurden, weil es den Umständen entsprach? Tränen, die von der Situation gefordert wurden? Lassen wir es beim Originaltext: „Sunt lacrimae rerum".

Ich weiß, was gemeint ist. Gemeint ist, das Schicksal jener zu beweinen, die vor Angst aus den Fenstern der Kommandantura gesprungen waren, weil sie wussten, dass sie verurteilt worden waren. Genickschuss? Oder nur nach Sibirien? Wie viele es vorgezogen hatten, lieber auf dem Pflaster statt im Lager zu verenden, weiß man bis heute nicht.

Sunt lacrimae rerum. Angst hat – wie oft habe ich es schon geschrieben, wie oft will ich es noch schreiben? – viele Gesichter. Als ich, den betrunkenen Russen entkommen, durch das Mühlviertler Dorf marschierte – war die Courage, die ich vortäuschte, nur dazu da, die Tränen der Angst zu überdecken? Heute weiß ich: Ich habe Angst gehabt. Große Angst. Ich habe (noch einmal: ich schäme mich nicht) vor Angst geweint, als Bub. Sunt lacrimae rerum. Dabei habe ich die „Aeneis" erst viel später gelesen.

Die Hölle sind die anderen

Sozialphobie oder Die Angst vor der Öffentlichkeit

Unsere moderne Welt fördere sozialphobisches Verhalten, sagt der „Angstforscher“ Borwin Bandelow. Was heißt das? Was ist sozialphobisches Verhalten? Was ist eine Sozialphobie überhaupt? Aus der Fachsprache der Psychiater in eine übersetzt, die auch uns Laien verständlich ist, könnte man sagen: Unsere moderne Welt fördert die Schüchternheit. Wer schüchtern ist, hat sozialphobische Anfälle. Wirklich? Nein, so einfach ist das nicht.

Gehen wir systematisch vor. Was ist Sozialangst? Der Mensch, heißt es, ist ein soziales Wesen. Sonst wäre er nicht nur ein Eigenbrötler, sondern mehr als das: ein Einsiedler. Deren hat es gewiss genug gegeben, im Mittelalter etwa, und etliche sind Heilige geworden. Der Seher von Patmos, von dem an anderer Stelle erzählt wird, war ein solcher. Die Apokalypse des Johannes, diese Vision der Endzeit, konnte nur das Produkt eines Menschen sein, der in der Einsamkeit lebte.

Der Mensch ist, wie gesagt, ein geselliges Wesen. Ein soziales. Wer außerhalb der Gruppe lebt, wird im Allgemeinen schief angesehen. Das war schon bei den Höhlenbewohnern so. Sie haben in der Gruppe gejagt, im Rudel gleichsam. Wir fühlen uns unwohl in der Einsamkeit, außer wir suchen sie. So wie die Singles. Aber auch die, zumeist berufstätig, sind nicht die ganze Zeit allein. Und allein sein muss ja nicht unbedingt einsam sein.

Menschen, die Einsamkeit suchen, brauchen offenbar von Zeit zu Zeit Ruhe und finden diese im Alleinsein. Sie haben keine Angst davor. Umgekehrt ist die Angst vor der Einsamkeit einer der wichtigsten Aspekte der Geriatrie. Alter ist gleich Einsamkeit, meint man. Jeder Besuch in einem Pflegeheim beweist dies. Der Horror davor ist der Horror, alleingelassen zu werden – von den Verwandten, von den Freunden.

Nicht überall ist es so. In manchen Kulturen ist das Gegenteil der Fall. Und da wir im Zeitalter der Multikultur leben, ist auch die Inkulturation nicht zu übersehen. Vor allem nicht vom Pflegepersonal in Spitälern und Heimen. Bisweilen sind es ganze Großfamilien, Sippen oder Clans, die Krankenzimmer und Pflegestationen umlagern – sehr zum Unwillen jener, die dort von Berufs wegen beschäftigt sind. Dort, wo der Familienverband noch in der Werteskala hoch oben angesiedelt ist, ist keine Rede von Einsamkeit. Sie ist nicht nur ungewohnt, sie ist nicht vorhanden.

Anders bei uns. Die Angst vor der Einsamkeit treibt viele Menschen dazu, die Gruppe zu suchen, auch wenn sie nicht mehr zu ihr passen. Die Gruppe kann auch jene des gewünschten Alters sein. Es gibt den Bereich der Infantilisierung. Alte Menschen, die vor der mit dem Alter verbundenen Einsamkeit Angst haben, wollen sich verjüngen. Und da trotz aller Werbespots im Fernsehen es kein Mittel gibt, das ewige Jugend verspricht, wird aus Angst, alt zu sein oder als alt behandelt zu werden, diese Verjüngung versucht.

Angst vor der Gruppe. Angst, nicht mehr zu ihr gehören zu dürfen. Die Gruppe, oft auch als „Gesellschaft" bezeichnet, ist das Umfeld jener, die nicht anders, nicht alt, nicht einsam sein wollen. Was aber ist dann Sozialangst? Kehren wir vorerst noch einmal zum Gegenteil zurück, zur Angst vor der Einsamkeit. Jeder Polizeibericht weiß davon. Unter den Selbstmordmotiven nimmt jenes aus Angst vor dem Alleinsein einen vorderen Platz ein. Wenn sich die Gruppe von dir abwendet, kommst du dir verstoßen vor. Und wenn du nicht mehr in der Lage bist, dich selbst der Gruppe zuzugesellen, wenn du also darauf warten musst, dass sie sich um dich kümmert, bist du von der Gruppe abhängig. Es gibt immer wieder Menschen, die darüber verzweifeln. Sie sterben dann allein in der Wohnung und werden oft erst nach Wochen gefunden.

Aber es gibt, wie wir gesehen haben, Menschen, die allein sein wollen. Alleingelassen sein wollen. Die Angst haben vor der Gruppe. Sozialangst also. Es verursacht ihnen psychische und körperliche Beschwerden, unter Menschen zu gehen, weil sie glauben, dass diese ihnen nahetreten könnten – im buchstäblichen und im übertragenen Sinn. Diese Menschen fürchten sich davor, mit anderen im Lift zu fahren. Und wenn sie dies tun müssen, versuchen sie nach Möglichkeit, jeden Blickkontakt zu vermeiden. Sie blicken auf ihre Fußspitzen.

Was ist das? Hemmung, Bescheidenheit, Schüchternheit? Oder schon Sozialangst, am Ende soziale Phobie? Der Angstforscher Borwin Bandelow versucht, Zurückhaltung von behandlungsbedürftiger Sozialphobie zu unterscheiden, indem er, wie er schreibt, seinen Patienten Fragen stellt:

- Machen Sie sich manchmal schon tagelang vorher Gedanken über einen Gang zu einer Behörde, wie zur Kfz-Zulassungsstelle?
- Hatten Sie heute Angst, in die Sprechstunde zu kommen und über Ihr Problem zu sprechen?
- Hätten Sie Angst, dass Ihnen jemand Ihre Angst bei persönlichen Gesprächen anmerken könnte, weil Sie erröten oder an den Händen schwitzen?
- Hätten Sie Angst, vor anderen Menschen zu essen oder zu trinken?
- Könnte es passieren, dass Sie sich nicht trauen, Schuhe, die Sie zu klein gekauft haben, umzutauschen?
- Fangen Sie an zu zittern, wenn Sie ein Telefon auch nur anfassen?

Sozialangst hat, wie wir daraus ersehen, viele Facetten. Sie beginnt im Kindesalter und endet eigentlich nie. Sie äußert sich zum Beispiel in der Angst, vor Publikum zu sprechen, und mag dieses auch nur eines am Stammtisch sein. Gar eine Rede zu halten, ist für einen Sozialphobiker so gut wie unmöglich. Das heißt, dass Menschen mit Sozialangst manche Berufe nicht ergreifen können. Sozialphobiker als Künstler? Kaum vorstellbar – wenngleich wir Lampenfieber nicht mit Sozialangst verwechseln dürfen. Lampenfieber, verbunden mit Schweißausbrüchen, trifft fast jeden ausübenden Künstler, und zwar allabendlich. Es gibt, um beim Theater zu bleiben, freilich auch Routiniers. Sie haben kein Lampenfieber, aber sie erbringen dann auch nicht jene Höchstleistungen, die das Publikum von ihnen erwartet. Sie sind Allerweltskünstler, auswechselbar.

Lampenfieber. Schwitzen, zittern, trockener Mund. Nichts für Routiniers also. Aber haben junge Mädchen Routine, die nicht als professionelle Models, sondern amateurhaft als Anwärterinnen für einen Miss-Titel über den Laufsteg stolzieren (man merke den Wortstamm „Stolz"), das Nummernschild tragen und dem Urteil der Jury mit Lampenfieber entgegenfiebern? Wieder soll der Psychiater und Angstforscher Bandelow zitiert werden. „Hätten Sie Angst, vor anderen Menschen zu essen oder zu trinken?", fragt er, wie gesagt.

Was banal klingt, kann bei Menschen mit Sozialängsten veritable Nervosität hervorrufen, die bis zur Phobie reicht. Es ist in diesem Fall keineswegs nur Schüchternheit, worunter der Mensch leidet. Es ist einfach die Angst, ausgelacht zu werden, vielleicht sogar als minderwertig oder jedenfalls als „unerzogen" zu gelten. Ein alter Freund (er ist längst gestorben) fürchtete sich, in der Öffentlichkeit zu trinken, weil seine Hand zitterte. Er trug stets ein Gerät bei sich, durch das er im Fall der Fälle die Flüssigkeit aufsaugen konnte. Er genierte sich nicht, in den feinsten Restaurants zu dinieren, und nippte mithilfe des Röhrchens – nippte, nicht schlürfte – von seinem Wein. Er konnte auf diese Weise seiner Sozialphobie abhelfen. Und es störte ihn nicht, dass die anderen Gäste ihn anfangs interessiert beobachteten.

Sein Benehmen war jedenfalls untadelig. Seine Sozialangst, sofern vorhanden, setzte dort aus, wo es um Stil und Benehmen ging. Er war auch nie in Gesellschaft „underdressed". Gerade das ist ja ein Anlass für peinigende Sozialangst – oder war es vielmehr: nicht entsprechend gekleidet zu sein. „No brown after six", erklärte mir ein Bankdirektor, der wusste, was sich gehört. Nach sechs Uhr abends darf man als Herr keine braunen Schuhe tragen. Wann immer ich ihm abends nach des Tages Müh und Plag begegnete, wurde ich zum Sozialphobiker und blickte angstvoll auf meine Fußbekleidung. Allein, das war einmal. Heute gehen sogar die Sozialphobiker in Turnschuhen und Leibchen zu Theaterpremieren.

Es gibt „Benimm-Päpste", die das lehren, was sie unter Etikette verstehen. Sie wollen die Knigges des 21. Jahrhunderts sein. Ob sie den Sozialphobikern erfolgreich ins Gewissen reden können, ist fraglich. Was gehört sich? Was gehört sich nicht? Die Angst, aufzufallen, ist wandelbar. Was man früher einmal wagte, ist jetzt selbstverständlich geworden, normal, gewöhnlich. So betrachtet, ist die Sozialphobie eigentlich eine mit beschränkter Haftung.

Dabei ist noch gar nicht von der Sprache die Rede. Nur keine Angst, am falschen Platz der falschen Person das falsche Wort zu sagen! Selbst sogenannte „Four letter words" sind heute sogar bei Cocktailparties gang und gäbe.

Man kann es nicht oft genug sagen: Die Zeiten ändern sich. Tempora mutantur et nos mutamur in illis. Die Zeiten ändern sich, und wir in ihnen. Oder werden wir, wie man auch übersetzen könnte, in ihnen geändert? Der Unterschied ist gewaltig. Halten wir es lieber mit Wilhelm Busch: „Eins, zwei, drei, im Sauseschritt läuft die Zeit, wir laufen mit."

Aber weil ich schon beim Latein bin, das ich sehr liebe: Non scholae sed vitae discimus. Aber lernen wir wirklich in der Schule fürs Leben? Oder nicht eher, wie das ursprüngliche Zitat lautete: non vitae sed scholae? Soll heißen: Man büffelt nicht fürs Leben, sondern für die Schule? Egal: Die Schule ist Vorbereitung für das Leben, soll es jedenfalls sein. Und sie soll eigentlich auch die Angst vor dem Leben nehmen.

Nimmt sie diese Angst? Oder pflanzt die viel zitierte Schulangst auch eine Lebensangst ein? Schulangst, glaube ich, gibt es heute kaum mehr. Da die Neue Schule – dieser Terminus technicus für alles, was mit der Schulreform zusammenhängt – auch neue Lehrer und Lehrerinnen erfordert, ist kein Platz mehr für Typen, wie sie Friedrich Torberg in seinem genialen ersten Roman erfunden hat. „Gott Kupfer" hieß der Klassenvorstand, der den Schüler Gerber (so auch der Titel des Buchs) am Ende zum Selbstmord treibt. Heute ist es fast umgekehrt. Die zunehmende Aggressivität der Schüler führt dazu, dass manche Lehrpersonen kaum mehr wagen, die Klasse zu betreten. Aber Sozialangst der Lehrer und Lehrerinnen bedeutet fast so etwas wie beruflichen Suizid.

Soziale Angst bedeutet, dass man trockenen Mund und schweißnasse Hände bekommt, wenn man vor ein Publikum tritt. Sozialphobie ist ein Ausschließungsgrund vor allem auch für die Politik. Nicht nur für diese. Sozialangst ist mitunter auch Ursache dafür, dass Aufstiegsmöglichkeiten im Beruf verpasst werden. Dann nämlich, wenn die Prüfungsangst grassiert. Prüfungsangst – eine der häufigsten Ausprägungen sozialer Phobie. Immer wieder kommt es vor, dass Studentinnen oder Studenten für ein Examen büffeln und sich dann im letzten Augenblick vom Termin abmelden, weil sie einfach Angst haben. Prüfungsangst. Oft sind es gerade die Besten, die im letzten Augenblick zurückschrecken. Prüfungsangst geht zudem Hand in Hand mit Leistungsdruck. Man will besser sein als die anderen und schert dann doch im letzten Moment aus. Der Sozialphobiker schadet sich zumeist selbst.

Sozialphobiker sind gleichsam Nomaden. Sie sind introvertiert. Jede Cocktailparty ist ihnen ein Gräuel – darum besuchen sie keine. Auch im Theater fühlen sie sich nicht wohl.

Sozialphobiker sind unglückliche Menschen. Soziale Beziehungen, sofern sie nicht die unmittelbare Familie betreffen, können sie auf den Tod nicht leiden. Sie halten es eben, ohne es zu wissen, mit Jean-Paul Sartre: „L'enfer, ce sont les autres". „Die

Hölle sind die anderen." Jene, die allenfalls dazu berufen sind, Menschen zu bewerten.

Sonderbar, dass sie in der Gruppe angesehen sind. Sie sind zurückhaltend, drängen sich nicht auf, sind bescheiden, man mag sie gerne, man schätzt sie. Ihre Chefs halten viel von ihnen, nicht zuletzt deshalb, weil ein Sozialphobiker lieber sterben würde als eine Gehaltserhöhung zu erbitten. Er giert nach Anerkennung, würde sie aber nie im Leben einfordern. Bandelow meint, dass eine Diskothek das richtige Umfeld für Sozialphobiker sei. Die farbigen Blitze, die die schummrige Beleuchtung durchzucken, sind gerade recht für Menschen, die nur Augenblicke lang zeigen können, was sie wirklich wert sind.

Sozialangst ist eine der am meisten verbreiteten Ängste. Man findet sie überall und verwechselt sie oft. Schüchternheit wird häufig für Bescheidenheit gehalten, und diese ist eine allgemein anerkannte gute Eigenschaft. Sozialphobiker sind nie aufdringlich. Sie lassen sich viel gefallen.

Und dies ist ein Punkt, bei dem wir verweilen sollten. Je mehr Sozialphobiker es gibt, desto mehr Menschen gibt es, die von ihnen Nutzen ziehen. Dann steht Rücksichtslosigkeit gegen Sozialangst, und man darf drei Mal raten, wer siegt.

Wir leben in einer Zeit der Rücksichtslosigkeit. Mein Wohlbefinden geht mir über alles, und der Nächste kümmert mich nicht. Rücksicht – eine sonderbare, ja skurrile Wortbildung. Es gibt sie in dieser Form nur in der deutschen Sprache. Hat es etwas mit Rücken zu tun? Wendet man dem Nächsten den Rücken zu? Die Rücksichtslosigkeit hat viele Ausprägungen, man findet sie in mancherlei Gestalt: in der Straßenbahn, an der Kasse des Supermarkts, in der Fußgängerzone.

Weil die Rücksichtslosigkeit zu triumphieren scheint, nimmt die Zahl jener zu, die davor Angst haben. Die sich fürchten, rücksichtslos behandelt zu werden. Vor allem ältere und alte Menschen sind davon betroffen. Rücksichtslos ist es, wenn der Kraftfahrer nicht vor dem Fußgängerübergang anhält, um Passanten die

Straße überqueren zu lassen. Es gibt Leute, die sich aus Angst vor solcher Rücksichtslosigkeit nicht mehr auf die Straße wagen. Auch das ist ein Grund für allfällige Einsamkeit.

„Man will halt nicht der Hopf sein“, sagt Hofreiter in Arthur Schnitzlers Drama „Das weite Land“. Hopf: Im Schnitzlerschen Austro-Deutsch der Dumme, der Benachteiligte, jener, der in Auseinandersetzungen den Kürzeren zieht. Soziale Angst hat auch damit zu tun, dass die Menschen, die an ihr leiden, sich gefürchteten Rücksichtslosigkeiten nicht aussetzen wollen.

Man will nicht unterliegen, wenn ein Wortgefecht entbrennt. Man hat Angst davor, sich in verbale Gefechte einzumischen, und hat noch viel mehr Angst davor, mit gleicher Wortwaffe zu parieren, wenn man attackiert wird. „Wer schimpft, der schimpft sich selbst“, sagte man in der Schule. Der Ausspruch entbehrt nicht einer gewissen Weisheit. Aber dem Sozialphobiker sind solche Gedanken fremd. Er will der Schelte, besser: dem Schimpfen aus dem Weg gehen, weil er glaubt, dass mit Schimpf auch Schande anheimgeht. Der Sozialphobiker fühlt sich am wohlsten im Schneckenhaus.

Und wenn er wirklich Zeuge einer öffentlichen Auseinandersetzung wird, schaut er weg. Nur nicht einmischen! Nicht einmal Trost zusprechen! Kann der Sozialphobiker wirklich über seinen eigenen Schatten springen, wenn er auf der Straße Elend sieht? Und das muss keineswegs nur Bettelei sein. Anders gefragt: Wie reagieren Sie, wenn Sie am späten Abend eine junge Frau sehen, die bitterlich weint? Fragen Sie, ob sie Hilfe braucht, oder gehen Sie weiter, folgerichtig argumentierend, dass die Betreffende a) einen Grund für ihren Kummer haben dürfte und sich b) irgendjemand anderer schon um sie kümmern wird? Die Devise der sozial Ängstlichen ist: „Was geht's mich an?“

Im Grunde ist solches ein Strich durch Sitte und Moral der sogenannten Zivilgesellschaft. Diese enthält – und nicht nur, weil beide die Silbe „Zivil“ tragen – auch den Begriff der Zivilcourage, oder sollte ihn enthalten. Zivilcourage freilich ist immer weniger gefragt. Da ist man lieber Sozialphobiker, als sich zu exponieren.

Denn es gibt viele, die meinen, wir lebten in einer neuen Ära des Biedermeier: Vorhänge geschlossen. Die Unlust der Jungen, sich der Politik zu widmen, ist folgerichtig eine Konsequenz der Sozialangst. Die „Ochsentour", die früher in den politischen Parteien selbstverständlich war, wie Wirtshausbesuche und Marktgespräche und das, was die Amerikaner „pressing the flesh" nennen, also das unausgesetzte Händeschütteln – das ist nichts für Leute, die nicht wissen, dass der Mensch im Grunde ein politisches Wesen sein sollte, ein geselliges Wesen, ein geselliges Tier, wie Aristoteles schrieb.

Eines aber lässt sich nicht abstreiten: Soziale Phobie kann auch als Karriere zum Erfolgsmenschen dienen. Dann nämlich, wenn man dem Leistungsdruck nachgibt. *„Bei keiner Angsterkrankung zeigt sich so deutlich wie bei der sozialen Phobie, wie sich Angst in kreative Energie umwandeln lässt"*, schreibt Borwin Bandelow. *„Hat man einmal verstanden, dass man sich nicht vor anderen verstecken muss, sondern durchaus Fähigkeiten hat, mit denen man andere Menschen beeindrucken kann, so vermag man höchste Erfüllung in Tätigkeiten zu finden, die man bisher tunlichst vermieden hat. Wenn man es einmal geschafft hat, die Angst zu überwinden, kann sich die schüchterne Zurückhaltung ins Gegenteil verkehren."*

Ich möchte das, was der Angstforscher postuliert, journalistisch ausdrücken. Ich möchte auf jenes Gebot aufmerksam machen, das ich gerne als das elfte bezeichne: Du sollst dir nichts gefallen lassen. Du sollst aufmucken, wenn dir danach ist. Du sollst der Rede mit der Gegenrede erwidern. Denn dein Schweigen wird sonst als Zustimmung gewertet. Du sollst nicht dem Evangelium folgen, das da fordert, du mögest dem, der dich auf die eine Backe schlägt, auch die andere hinhalten. Du sollst nicht die schweigende Mehrheit vertreten, sondern laut sein. Sonst wirst du nicht gehört.

Und du sollst dich beschweren, wenn du glaubst, dazu Anlass zu haben. Nicht immer ist der Beschwerdegrund einer, der allgemein anerkannt wird. In diesem Fall wird oft auf das viel zitierte Salzamt verwiesen. Beschweren Sie sich dort, kann man dann hören.

Lass dich dennoch nicht abhalten, zu rügen, wo es etwas zu rügen gibt, und dich zu beschweren, wenn eine Beschwernis vorliegt – davon kommt ja das Wort „beschweren“. Nur nicht auffallen? Angst haben davor, aus der Menge hervorzutreten, aus der Gruppe, den Kopf hinauszustrecken, wo doch die Gefahr besteht, dass er abgeschlagen wird? Es ist die Angst, die die Rücksichtslosigkeit der anderen gebiert. Die Angst, niedergemacht zu werden – mündlich oder schriftlich. Zumeist mündlich.

Hole ruhig einen Polizisten, wenn du von einem parkenden Auto belästigt wirst, weil es mit zwei Rädern auf dem Gehsteig steht. Der Begriff „Belästigung“ ist vielgestaltig und weit. Fürchte dich nicht, als Querulant bezeichnet zu werden. Die Freiheit des Einzelnen reicht immer nur bis an die Grenze der Freiheit des anderen. Habe keine Angst, die Freiheit des Nächsten zu verletzen, wenn er deine eigene verletzt! Wenn du allzu duldsam bist, wirst du es büßen müssen.

Denn man verwechselt nur allzu oft Geduld mit Schüchternheit. Und du sollst dir immer vor Augen halten, was Wilhelm Busch einmal schrieb: „Bescheidenheit ist eine Zier, doch weiter kommt man ohne ihr“. Ich darf den Dichter in zwei Punkten korrigieren. Erstens: Er hat nur des Reimes willen „ohne ihr“ gesagt, eigentlich müsste es „ohne sie“ heißen.

Und zweitens: Zwischen Bescheidenheit und Unbescheidenheit gibt es einen Mittelweg. Er besteht darin, nie davor Angst zu haben, sich richtig zu benehmen. Immer zu wissen, was man unter dem „G’hört sich“ versteht. Die Anerkennung in der Gruppe wird man dann nicht zu vermissen haben.

Hinter Schloss und Riegel

Angst vor der Kriminalität

Die Einbrecher kommen wie die Heuschrecken. Sie glauben es nicht? Ich glaube es. Ich halte mich an das, was Dr. Maria Fekter in ihrer Funktion als Bundesministerin für Inneres im März 2009 in einem Interview mit der Wiener „Presse“ zu Protokoll gegeben hat. „Die Einbrecher machen sich hier wie die Heuschrecken über uns her“, sagte sie wörtlich. Wie die Heuschrecken. Also gefräßig, verwüstend, bösartig, wenn man an die Bibel und die sieben Plagen denkt.

Auch die Taschendiebe überfielen Österreich heuschreckenartig. Die Ministerin ist selbst, wie seinerzeit in allen Blättern zu lesen war, Opfer geworden. In einem Restaurant hatte man ihr die Handtasche entwendet. Auch Amt und Würden schrecken jene nicht ab, die ihre Beutezüge unternehmen – und meist mit Erfolg. Freilich nicht nur in Österreich. Angst vor Verbrechen und Verbrechern zählt zu den am meisten verbreiteten Ängsten in der zivilisierten Welt. Oder soll ich statt Verbrechen lieber Strafdelikte sagen? Gesetzwidrigkeiten, die das persönliche Eigentum und dessen Umfeld betreffen, sind es allemal.

Wir haben Angst vor Dieben und Einbrechern. Wir sitzen deshalb sicherheitsmäßig hinter Schloss und Riegel und wünschen, dass die Bösen Ähnliches tun, aber zwangsweise. Die Verbrecherangst ist in den letzten Jahren gewachsen und aus guten Gründen. Aber bevor wir uns in die Statistik vertiefen, die aufschlussreich ist, lassen Sie mich aus familiärem Erleben erzählen.

Ein Erleben, das ich mir hätte früher nicht träumen lassen. Drei Mal ist meiner Frau in der Wiener City aus dem Rucksack die

Brieftasche entwendet worden. Das erste Mal hat der Täter (oder war es eine Täterin?) den Zippverschluss unbemerkt geöffnet. Tags darauf wurden wir von der Feuerwache angerufen. Man hatte das leere Portemonnaie gefunden. Da es kein Bargeld enthalten hatte, war es weggeworfen worden. Sogar die Kreditkarten waren noch vorhanden.

Das zweite Mal wurde die Brieftasche im Wiener Burggarten „entsorgt". Wieder war der Täter enttäuscht gewesen. Das dritte Mal passierte dasselbe unweit der Hofburg. Seither trägt meine Frau keinen Rucksack mehr.

Jetzt mehr Sicherheit? Weit gefehlt. Abends in der Wiener Augustinerstraße. Statt dem Rucksack eine seitlich umgehängte Tasche. Eine Gruppe. Man drängt sich durch. Nachher: Die Tasche fehlt, samt Inhalt. Man findet sie unweit des Busbahnhofs.

„Profis", sagt der Beamte im Wachzimmer. Profis, weil sichtlich mit dem Autobus am Morgen gekommen und am Abend wieder weggefahren. Profis. Polizei hilfsbereit, freundlich, tröstend. „Kriminaltouristen aus den", wie man zu sagen pflegte, „neuen Demokratien"? Ich bitte, die Staatsform nicht zu diskriminieren. Profis aus Rumänien, Bulgarien, Moldawien – und wie sie alle heißen. Im Wachzimmer sagt man: „Wir können das nicht mit Bestimmtheit sagen." Der Unterton zeigt, was gemeint ist.

Damen als bevorzugtes Ziel? Weit gefehlt. Auch ich bin zum Opfer geworden. Die Zeit: Ein helllichter Vormittag. Der Ort: Eine Gasse unweit der Wiener Ringstraße. Ein durchaus gut gekleideter Mann spricht mich mit ausländischem Akzent an, zeigt mir eine Zwei-Euro-Münze und bittet um Wechselgeld, weil er telefonieren müsse. Ich fingere nach meiner Geldbörse, gebe ihm Kleingeld, er reicht mir das Zwei-Euro-Stück, zeigt mir einen Zettel, wo die Telefonnummer notiert war, und verabschiedet sich höflichst – nicht ohne sich vorher zu erkundigen, wo die nächste Telefonzelle sei.

Eine Stunde später stelle ich fest, dass aus der Börse vier Geldscheine fehlen. Von dem Trickdieb – das war er, wie mir später die Polizei sagte – blitzschnell entwendet. Solche „Wechsel"-Diebstähle würden von Woche zu Woche häufiger, sagte man mir. Ziel sind zumeist ältere Menschen. Es sind keine Raubüberfälle. Es sind Taschendiebstähle. Die Polizei weiß es, die Leute wissen es. Und die Leute haben Angst.

Es ist ein subjektives Angstgefühl, das nicht immer berechtigt ist. Es ist subjektiv, weil der Sicherheitsfaktor wegfällt, den ein uniformierter Ordnungswächter symbolisiert. Anders ausgedrückt: Weil es angeblich zu wenig Polizisten auf der Straße gibt (angeblich, wohlgemerkt), fühlen wir uns unsicher. Wir haben Angst. Die Damen tragen ihre Handtaschen an Riemen quer über die Schultern. Die Herren greifen des Öfteren in das Sakko oder in die Hosentasche. Dass dies nichts nützt, habe ich schon vor Jahren in Buenos Aires erfahren. Im Gedränge nahm mir einer die Geldbörse aus der Tasche meiner Jeans. Er hat dies mit solchem Fingerspitzengefühl getan, dass ich nichts davon merkte.

Angeblich gibt es in manchen Ländern Diebsschulen. Eine mit normaler Garderobe angezogene Figur trägt an jeder Tasche ein Glöckchen. Wenn es einem „Schüler" nicht gelingt, einen Gegenstand zu entwenden, ohne dass es bimmelt, muss er die Klasse wiederholen. Ist's auch nicht wahr, so ist's doch gut erfunden. Polizisten erzählen, dass es wahr sei.

Die Zahl der Taschendiebe und -diebinnen und demgemäß auch der Taschendiebstähle nimmt von Monat zu Monat zu. Es ist Kleinkriminalität, sagen die Leute. Anzeigen seien sinnlos, obgleich sie in jeder Wachstube entgegengenommen werden. Die Aufklärungsquote ist minimal. „Angst im Supermarkt" ist nicht der Titel eines Krimis, sondern Realität.

Aber Taschendiebstähle sind zu verschmerzen, wenngleich Wien in der internationalen Skala der Großstädte einen relativ hohen Platz einnimmt. Im Durchschnitt beträgt der Prozentsatz in der österreichischen Hauptstadt 3,6. Das heißt: Von hundert Einwohnern haben fast vier angegeben, in letzter Zeit Opfer eines Taschendiebs geworden zu sein. In einer Liste von vierzehn Großstädten liegt Wien an prominenter Stelle. Der internationale Durchschnitt liegt bei 2,9 Prozent. Paris (3,1), Berlin (3), Istanbul (2,7) und Athen (2,1) rangieren allesamt hinter der Donaustadt. Merke: Sogar in Istanbul sind weniger Taschendiebe unterwegs als in Wien.

Taschendiebe kommen wie Heuschrecken. Wie gesagt: Es sind zumeist die Kriminaltouristen, oft einer Mafia zugehörig. Aber, kommen wirklich auch Einbrecher wie Heuschrecken? Lassen wir wieder die Statistik sprechen. In dieser Beziehung liegt Istanbul an der Spitze. Dort sind innerhalb von zwölf Monaten 4,6 Prozent der Einwohner von Einbrechern heimgesucht worden. Dann kommen London, Brüssel und Warschau. Die polnische Hauptstadt liegt aber bereits gleichauf mit der österreichischen: Der Prozentsatz beträgt 2,8. Sogar für New York zeigt die Statistik bloß 1,9 Prozent, Rom hat 1,5 Prozent und Madrid gar nur 1,1 Prozent Einbrüche je hundert Einwohner. Befragte Einwohner. Vielleicht ist die Statistik hier verzerrt. Hoffentlich ist sie es.

Es ist eine ordinäre, eine gewöhnliche, eine geläufige Art von Angst, jene vor Straftätern, die es auf unser Eigentum abgesehen haben – wobei hier nicht von Bankkonten die Rede sein soll. Es gibt Monat für Monat mehr Wohnungseinbrüche, die Steigerung erreichte in Wien zeitweilig jeweils fast 30 Prozent. Besonders gefährdet scheinen die Einfamilienhäuser. In 60 Prozent von ihnen ist bereits eingebrochen worden.

Die „International Crime Victims Survey“ (ICVS) befasst sich mit der repräsentativen Befragung der Wohnbevölkerung. Wenn man den Ergebnissen trauen darf (und warum sollte man es nicht?), ist fast jeder fünfte Wiener in den vergangenen zwölf Monaten Opfer einer Straftat geworden. Das sind rund 20 Prozent. Hier geht es nicht nur um Einbrüche, sondern um Straftaten insgesamt. Der Durchschnitt beträgt bei den Industrienationen 19,9 Prozent.

In der Tat: Die Einbrecher kommen wirklich wie die Heuschrecken. Pro Tag werden allein in Wien 31 Wohnungen aufgebrochen. Die Zahl der Einbrüche stieg hier im Vergleich zum Vorjahr um 16,9 Prozent, die Einbrüche in Einfamilienhäuser gar um 65 Prozent.

Die meiste Angst vor Einbrüchen müssten die Bewohner von Hietzing haben. In einer Gegend, in der es viele Villen und Einfamilienhäuser gibt, lockt die Aussicht auf reiche Beute. Die Zahl der Einbrüche hat sich dort mehr als verdoppelt, sie beträgt jetzt an die 20 Prozent. Immerhin noch weniger als in der City: Dort wurden je 10.000 Einwohner 22,6 Einbrüche verübt, wobei die Steigerung aber nur (nur!) 50 Prozent betrug. In Hietzing sind es um 20 Einbrüche mehr geworden. Interessant ist, dass diesem vermeintlichen „Einbrecherparadies" ein Bezirk folgt, dessen Bevölkerung auch andere soziale Schichten umfasst. Favoriten, an zweiter Stelle in der Einbruchsstatistik, verzeichnete eine Steigerung von rund 60 Prozent.

Die Statistik der Einbrüche ist auch eine der Angst. Sie wird sichtlich größer. Und sie fragt offenbar nicht nach sozialen Gruppierungen. Warum sinkt die Zahl der Einbrüche im siebenten Bezirk und steigt im achten? Mitten im achten? Warum gibt es in Meidling weniger Einbrüche als in Ottakring? Warum sinkt der Prozentsatz in Margareten stark und vermehrt sich ebenso stark in Mariahilf? Insgesamt sind in Wien um 14,5 Prozent mehr Anzeigen wegen Straftaten erstattet worden als im Vorjahr. Freilich ist bemerkenswert, dass sich in dieser Hinsicht ein deutliches Ost-West-Gefälle bemerkbar machte. In einer ganzen Reihe von Bundesländern ist die Zahl der angezeigten Delikte gesunken, vor allem in Salzburg, wo der Rückgang immerhin 2,6 Prozent betrug. Die Sicherheitsbehörden nennen dies zu Recht ein Zeichen der Hoffnung.

Stimmt der Satz wirklich, dass die Statistik der Einbrüche auch eine der Angst ist? Nein, nicht von der boshaften und viel kolportierten Äußerung eines Experten soll die Rede sein, der meinte, er schenke nicht einmal jenen Statistiken Glauben, die er selbst gefälscht habe. Vielmehr möchte ich jenen amerikanischen Autor zitieren, der ein viel gelesenes Buch darüber geschrieben hat, dass Angst vor der Kriminalität nicht zuletzt eine ist, die künstlich erzeugt wird.

Unter dem Titel „The Culture of Fear“ hat Barry Glassner, Soziologieprofessor an der University of Southern California, mit den Ängsten der Amerikaner vor Entwicklungen abgerechnet, die seiner Meinung nach gar nicht vorhanden oder zumindest übertrieben sind. „Why americans are afraid of the wrong things“, schrieb er als Untertitel und fügte dann auch gleich an, welches die falschen Dinge sind, die den Amerikanern Angst einjagen: Verbrechen, Drogen, Minderheiten, Teenagermütter, „Murderkids“, Mikroben, Flugzeugkatastrophen, Autorowdies „& so much more“.

Es sei alles nicht so arg, schreibt Professor Glassner. Und er schiebt die Schuld an der übertriebenen Angst seiner Landsleute vor Kriminalität nicht zuletzt den Medien zu (über die ich an anderer Stelle ausführlich erzähle). Aber nicht nur in der veröffentlichten, sondern vor allem in der öffentlichen Meinung (die freilich von der veröffentlichten gesteuert wird) nimmt die Fantasie des Schreckens grundlos überhand, nach Meinung Glassners jedenfalls.

Er bezweifelt, dass es richtig sei, von Einzelereignissen auf Entwicklungen zu schließen. Jawohl, es gibt immer wieder Massaker von Schülern an Schülern. Nein, es gibt dies nicht Anlass zu der Angst, viele Schulen seien Mördergruben. Jawohl, es gibt immer wieder Priester, die sich an jungen Menschen vergehen. Nein, dies ist nicht Zeichen einer allgemeinen Disqualifizierung der Geistlichkeit.

Und Glassner schreckt auch nicht vor grausigen Details zurück. Da hat sich 1992 eine Frau (er nennt auch den Namen: Laura Thorpe), die mit ihren Implantaten unzufrieden war, mit einem Rasiermesser eine Brust abgeschnitten. Die Folge: Panik bei Teilen der weiblichen Bevölkerung Amerikas – immerhin ist die Selbstverstümmelung der Mrs. Thorpe, die eine Mutter von mehreren Kindern war, Gegenstand sogar von Talkshows gewesen; Reality TV made in USA. Ein Einzelfall verursachte eine Massenhysterie.

So weit ist es Gott sei Dank in Europa noch nicht, auch wenn die Angst zunimmt. Die Angst vor der Kriminalität, vor der Flut von Verbrechern, die nach Meinung der Bevölkerung – vor allem auch der Österreicher – über die nun längst geöffneten Grenzen strömt. Es ist nicht zuletzt dieser Kriminaltourismus, der Angst macht, und mag sie auch übertrieben sein. Wenn Geschäftsleute ihre Lokale vor politischen Großereignissen mit Balken dicht machen, weil sie Ausschreitungen fürchten, ist dies durchaus verständlich. Wenn ganze Straßenzüge, von vermummten Anarchisten heimgesucht, in ein flammendes Inferno verwandelt werden, braucht sich niemand darüber wundern, dass den Ordnungskräften die Schuld gegeben wird.

Allerdings bestehe, erklärt der Wiener Kriminalsoziologe Wolfgang Stangl in der Studie „Stadtängste“, nicht zwangsläufig ein Grund, um die allgemeine Sicherheit besorgt zu sein. Es gebe keinen Zusammenhang zwischen Kriminalstatistik und der Furcht vor Straftaten. Und Birgit Zetinigg vom Kuratorium für Verkehrssicherheit behauptet, dass das subjektive Sicherheitsgefühl in Österreich gut sei. 60 Prozent der Bevölkerung hätten keine Angst vor Straftaten. Sie führt freilich an, dass die spezielle Situation in Wien, wo die Kriminalitätsrate insgesamt deutlich höher sei als in den Bundesländern, nicht seriös einzuschätzen ist. „Dazu fehlen die entsprechenden Unterlagen“, sagte sie in einem „Presse“-Interview.

In diesem Zusammenhang ist der Gleichklang interessant, der aus Großbritannien und den USA zu vernehmen ist. In Großbritannien haben Wissenschaftler herausgefunden, dass sich die Erhöhung des Personalstandes bei der Polizei um zehn Prozent praktisch gar nicht auf die Aufklärungsquote auswirkt, sondern bloß auf die subjektiv erlebte Sicherheit – und auch das nur dann, wenn die zusätzlichen Beamten auf der Straße zu sehen sind. Barry Glassner schrieb Ähnliches über die USA, nur weitaus direkter: Je mehr Polizisten es auf der Straße gebe, desto größer sei in vielen Fällen die Angst der Bevölkerung. Mehr Polizei heißt nämlich – laut Glassner – mehr Gefahr.

Zurück nach Österreich. Wenn die Einbrecher „wie die Heuschrecken“ die Städte und Dörfer heimsuchen, der Statistik zufolge jedenfalls, ist die Bewusstseinslage klar: Die Polizei, dein Freund und Helfer, hat die verdammte Aufgabe, dein Eigentum zu schützen. Und sie gibt auch Tipps, wie man den „Heuschrecken“ das Leben schwerer machen kann. Wenn es um die Sicherung von Häusern geht, ist natürlich nach Meinung der Sicherheitsbehörden eine Alarmanlage die klügste Vorkehrung. Eine Studie der Universität Graz habe ergeben, dass solche Anlagen über 60 Prozent der Einbrecher abschrecken. Dies, erklärt die kriminalpolizeiliche Beratung der Polizei, sei „der höchste zu erreichende Abschreckungsgrad“ für Wohnobjekte, wo leicht erreichbare Fenster, Balkontüren oder Öffnungen mit Schiebevorrichtungen vorhanden seien. Das Vorhandensein einer solchen Anlage müsse deutlich sichtbar sein, sagt die Polizei. „Dies wird durch eine Außensirene mit Blitzleuchte erreicht“.

Alarmanlagen freilich haben die unangenehme Eigenschaft, gelegentlich grundlos ausgelöst zu werden – etwa durch einen Kontaktfehler oder durch falsche Montage. Die Alarmsignale von Personenautos scheinen diesbezüglich besonders anfällig. Sie pfeifen oder hupen oft ohne Ursache. Was Wunder, wenn Passanten dann belustigt den Wagen umringen.

Ähnliches passiert mit Alarmanlagen, die vor Wohnungstüren angebracht sind. Es ist dann die Situation wie im Märchen, wenn der Hüterbub aus Spaß immer wieder ruft: „Der Wolf ist da!“ Und immer wieder laufen die Bauern zusammen und kehren dann unverrichteter Dinge um. Effekt: Als der Wolf wirklich die Herde bedroht, kommt niemand. Die Leute sind der Scherze überdrüssig geworden.

Wieder sei da die Kriminalpolizei um Rat gefragt. Ihre Antwort: „Alarmanlagen, Balkenriegelschlösser oder einbruchshemmende Türen etc. sichern Ihr Eigentum, aber auch richtiges Verhalten schützt und ist wichtig“. Die Polizei hat sogar Merkblätter herausgegeben, um die Angst vor Einbrüchen zu dämpfen. Darin liest man Selbstverständliches, das freilich (fast) nie beachtet wird:

- „Während Ihres Urlaubes sollte jemand den Briefkasten entleeren und Werbematerial vor der Tür entfernen. Es gibt Möglichkeiten, Werbezusendungen zu unterbinden. Keinesfalls sollten Zettel an der Haustür einen Hinweis auf Ihre Abwesenheit geben.
- Verwenden Sie einen Telefonanrufbeantworter, so sollte der Text nicht auf Ihre Abwesenheit hinweisen; ein Anrufer sollte zum Beispiel nur hören, dass Sie derzeit nicht erreichbar sind.
- Ein verlässlicher Nachbar sollte versuchen, Ihre Wohnung nicht als unbewohnt erscheinen zu lassen. Er könnte Licht zu verschiedenen Zeiten einschalten oder Sie verwenden Zeitschaltuhren, sodass im Haus eine Zeit lang Licht brennt.
- Hin und wieder ein Blick auf das Grundstück des Nachbarn ist Vorbeugung. Ebenso die Beobachtung von Fremden im Stiegenhaus. Fragen Sie solche Personen, zu wem sie wollen oder ob Sie ihnen behilflich sein können.
- Bei verdächtigen Beobachtungen oder bei der Auslösung einer Sirene einer Alarmanlage sollten Sie – wenn möglich – mit einem Anruf beim Nachbarn versuchen, die Situation zu klären. Es könnte ein Fehlalarm gewesen sein.
- Im Zweifelsfall rufen Sie die Polizei (Notruf 133)."

Die Ratschläge der Polizei muten gelegentlich primitiv an, treffen freilich auch Dinge, die von Wohnungs- oder Hauseigentümern oft nicht beachtet werden: Gegensprechanlagen, immer häufiger auch vor den Toren von Mietshäusern angebracht, haben ihre Tücken, wenn sie nicht richtig benützt werden. Soll heißen: Man hat sich zu erkundigen, wer auf die Glocke drückt, bevor man die Tür öffnet. Oder: Man möge Leitern, Kisten, Sitzbänke oder Gartenmöbel verräumen. Sie könnten als Einstiegshilfe für Einbrecher dienen.

Und schließlich das älteste aller Abschreckungsmittel für unliebsame Gäste: der Hund. Er ist, wie es oft heißt, der beste Freund des Menschen. Und er ist der schärfste Gegner des Einbrechers.

Auch die Angst vor Kriminalität ist eine der in diesem Buch schon oft beschriebenen Urängste. Sie ist die Angst, das Eigentum zu verlieren. Und nicht nur dies. Das psychologische Moment kommt dazu. Das Gefühl, dass die Intimsphäre verletzt wurde, dass jemand Ungebetener dort eindringt, wo die so oft zitierten „eigenen vier Wände“ Schutz bieten sollten.

Da muss dann nicht einmal etwas gestohlen worden, ja nicht einmal Unordnung angerichtet worden sein. Nein – einzig das Gefühl, dass jemand ohne Erlaubnis eingedrungen sei, in etwas, das nicht zu Unrecht etwa die Engländer, und nicht nur sie, als Privatissimum betrachten („My home is my castle“), das führt bei manchem zu psychischen Beeinträchtigungen, die lange nicht überwunden werden können. Die Angst setzt sich dann im Hirn fest. Sie ist nur schwer wieder zu eliminieren.

Sind es wirklich die Ausländer, vorzugsweise jene aus den Staaten des ehemaligen Ostblocks, die für die zunehmende Angst vor Kriminalität verantwortlich sind? Dass es heute so viele Jugendbanden gibt, bereitet Sorgen – vor allem den Älteren. *„Niemand weiß, wie viele es sind, aber anscheinend gibt es immer mehr Angst vor Jugendgangs in Wien“*, schrieb Nikolina Novkovic in der „Presse“. *„Sie halten sich oft in Einkaufszentren auf, in Bahnhöfen und U-Bahn-Stationen, in Diskotheken – eigentlich überall, wo es Menschenansammlungen gibt. Ihre aggressiven Blicke und die laute ausländische Musik vom Handy schüchtern Vorbeigehende ein. Sie sind mindestens zu viert und schauen einander zum Verwechseln ähnlich: migrantische Jugendbanden. Ob es nun Türken, Bosnier, Serben oder Kosovaren sind, oder ob es sich um Jugendliche handelt, die sich einer anderen Subkultur zugehörig fühlen – sie treten in Gruppen auf und erzeugen Angst.*

2008 klärte eine Sondereinheit der Polizei in sechs Monaten 421 Straftaten in Wien – viele Verdächtige waren Migranten. Aber, so die Polizei, Daten zur Herkunft der Täter werden nicht gesondert erhoben. ‚Jugendbanden im eigentlichen Sinn gibt es in

Wien nicht, nur noch einzelne kriminelle Jugendliche, die sich manchmal zusammenschließen, um zu stehlen oder zu rauben'."

Angst vor Jugendkriminalität. Täglich würden in Wien rund 30 Handys gestohlen, heißt es bei der Polizei. Auch mein Enkel war ein Leidtragender. Vier türkische Halbwüchsige entrissen ihm ein Mobiltelefon. Sie gaben es ihm allerdings hohnlachend wieder zurück. Es war zu wenig modern.

Immer moderner werden freilich auch die Fahrräder – und immer häufiger werden sie zur Diebsbeute. 25.000 Räder werden in Österreich pro Jahr gestohlen, am meisten in den Großstädten: Dort liegt die Aufklärungsquote unter drei Prozent. Und die Radfahrer, die ja immer mehr werden, müssten eigentlich keine Angst haben, sofern sie ihr abgestelltes Fahrzeug nur entsprechend sichern würden. Das Kuratorium für Verkehrssicherheit hat bundesweit 1100 Räder untersucht, von denen, wie die „Wiener Zeitung" schrieb, nur ein Drittel gut gegen Diebstahl geschützt war. Die anderen, sagte die erwähnte Expertin Birgit Zetinigg, seien mit Spiral-, Zahlen- oder Speichenschloss versperrt gewesen, die leicht und schnell durchgezwickt werden können. Ihr Rat: Bügelschlösser aus gehärtetem Stahl (Mindeststärke 19 Millimeter) oder mindestens 8 Millimeter dicke Panzerkabelschlösser. Zudem sollte man Fahrräder unbedingt an Radständer oder Masten anketten, wenn möglich mit mehreren Schlössern.

Die meisten der gestohlenen Fahrräder werden über die Grenze in die „neuen Demokratien" geschafft, vorzugsweise nach Rumänien, Bulgarien, Moldawien oder in die Ukraine. Ist Angst vor der Kriminalität (und bei Weitem nicht nur vor den Fahrraddieben) mit Angst vor Migranten gleichzusetzen? Vielleicht ist auch der oft genannte Zeitgeist schuld, und es sind wahrscheinlich nicht nur Ausländer, die Angst machen. Kehren wir noch einmal zu den Merkblättern des kriminalpolizeilichen Beratungsdienstes zurück: „*Versuchen Sie nicht selbst, einen Täter oder eine verdächtige Person festzuhalten. Achten Sie auf Kleidung, Größe und Haarfarbe, auffällige Merkmale, Fluchtrichtung bzw. Marke bzw. Type von Fluchtfahrzeugen. Informieren Sie rasch die Polizei über diese Beobachtungen.“*

Dann freilich kann es zu Situationen kommen wie vor nicht allzu langer Zeit in einem Ort an der Südbahnstrecke. Vor einem bekannten Schuhgeschäft, das auf teure, exquisite Fußbekleidung spezialisiert ist, fuhr mitten in der Nacht ein Lieferwagen vor. In aller Ruhe luden Einbrecher das Auto mit den teuersten Exemplaren voll und fuhren davon. Ein Nachbar, der gegenüber wohnte, hatte die Tat beobachtet. Er hielt sich an die Ratschläge der Polizei, mit einer Ausnahme: Er merkte sich weder Kleidung, Größe und Haarfarbe noch die Type des Fluchtfahrzeugs. Von der gestohlenen sündteuren Ware konnte bis heute nichts gefunden werden. Waren die Täter nun wirklich aus dem Osten gekommen?

Es hat, könnte man sagen, die Überwachung eines Ladens gefehlt, der kostspielige Artikel feilbietet. Es gab keine Alarmanlagen und keine sonstige Überwachung. Es gab keine Security. Ein Ausdruck, der heute auch in Österreich gang und gäbe ist. Security: Vor Juwelierläden sieht man sie und vor Uhrgeschäften, vor Casinos und sogar vor Diskotheken. Manchmal tragen die Bediensteten Aufschriften an der Bluse, die zeigen, welche Aufgabe sie haben. Oft sind sie in schlichtes Zivil gekleidet, mimen einfache Türsteher und sind doch bereit, ungebetenen Gästen den Eintritt zu verwehren, und zwar mit allen jeweils geeigneten Mitteln. Auch handgreiflich, wenn es sein muss.

Flößen die Security Guards ein Gefühl gesteigerter Sicherheit ein? Sind sie geeignet, die Angst zu nehmen oder wenigstens zu lindern? Sie sind jedenfalls ein Beweis, dass mit der Kriminalität auch diese Angst steigt. Früher war sie geringer. Oder ist es wieder nur eine subjektive Angst?

Gegen die Taschendiebe gibt es vorerst keine Security. Sie kommen in Schwärmen – und man sieht sie nicht, spürt sie nicht. Das subjektive Angstgefühl wird in den Städten, vor allem in der Großstadt, von Tag zu Tag, von Woche zu Woche, von Monat zu Monat stärker. Man ist hilflos. Ist das einer der Gründe, warum sich alte, gebrechliche Menschen kaum mehr auf die Straße wagen, da sie doch bevorzugtes Beuteziel jener sind, die man völlig unzutreffend als Kleinkriminelle bezeichnet? Wer Ihnen das „Taschel zieht", raubt Ihnen auch einen Teil Ihres Selbstvertrauens. Für Sie ist der Dieb kein Kleinkrimineller.

Die Polizei gibt gute Ratschläge, Ihre Wohnung zu sichern. Ich gebe gute Ratschläge, sich vor Taschendieben zu schützen. Keine Rucksäcke, nicht einmal offen getragene Taschen! Die Profis kommen immer zahlreicher über die Grenzen, die Diebsschulen haben offenbar schön langsam Platzmangel. Meiden Sie Gruppen, auch wenn sie aus Westtouristen bestehen. Ein „Kleinkrimineller" kann sich eingeschmuggelt haben. Meiden Sie Gedränge, geben Sie besonders in den öffentlichen Verkehrsmitteln acht.

Angst, das subjektive Gefühl der Unsicherheit. Das Angstdilemma, wie es im Buch steht. Auch in diesem Buch.

Senectus ipse morbus

Die Angst vor dem Altern

Ängste können umschrieben werden. Sie können umbenannt werden. Vor allem jene, die eine Endzeit betreffen – aber eine andere als man meint. Nicht um das Ende der Welt geht es. Und doch: Es geht um ein Weltende. Ein anderes. Es geht um das „Aging", das Altwerden. Manche fürchten es wie Pech und Schwefel. Nur nicht alt werden! Auch keine Spuren des Alterns zeigen: Man könnte von Senectophobie sprechen, von Alterungsphobie. Darin trifft man sich mit den Lateinern, die ebenso offen wie brutal eine Standortbestimmung der alten Menschen formulierten: Senectus ipse morbus. Das Alter selbst ist schon eine Krankheit.

Dem stand Seneca gegenüber, der das Alter als eine glückliche Zeit beschrieben hat, weil es eine Zeit der Weisheit sei. Aber wer hat schon Seneca gelesen, da doch das klassische Latein längst nicht mehr en vogue ist. Aber das „Senectus ipse morbus" ist einprägsam. Jeder fühlt es, jeder spürt es, wenn er oder sie an der Schwelle steht.

Und das wieder wirft die Frage auf, welche Mittel es geben könnte, um diese Angst zu vertreiben. Ein Wesentliches in diesem Buch ist ja nicht nur ein Register der Ängste, sondern auch die Antwort auf die Frage, was man dagegen tun kann. Wie man der Aufforderung „Fürchtet euch nicht" folgen kann, ohne sich zum Narren zu machen.

Angst vor dem Altern. Warum eigentlich? Leicht gesagt, leicht zitiert: Man ist, heißt es immer wieder, so alt, wie man sich fühlt. Dies wieder macht ein ganz anderes Thema aktuell, das ich ganz kurz beleuchten möchte. Ich meine die Demografie. Schon heute gibt es in Österreich rund 400.000 „Hochbetagte", das sind Menschen über 80 Jahre, um zwölf Prozent mehr als 2005. Bis 2015 wird es laut Statistik Austria 428.000 Hochbetagte geben und noch einmal fünfzehn Jahre später, also 2030, bereits rund 648.000. Das heißt: Ihre Zahl wird gar um 68 Prozent höher sein als im Jahr 2005.

Warum Angst haben, wenn die Leute älter werden? Warum sich fürchten, dass die Zahl der über Achtzigjährigen von Jahr zu Jahr zunimmt? Think positive! Aber kann man das wirklich, und ohne Einschränkung? Ich habe mich mit diesen demografischen Problemen, und es sind zweifellos Probleme, bereits intensiv befasst und auch ein Buch darüber geschrieben. Es ging darin unter anderem auch um die sogenannte „Methusalem-Bombe". Die Zahl der Hochbetagten wird immer größer, aber trotz aller Fortschritte der Medizin auch die Zahl der Pflegebedürftigen. „Hilfe, wer pflegt mich?" nannte ich das Buch, das sich mit dieser Sorge befasste.

Die Angst, im Alter jemand anderem zur Last zu fallen, ist die eigentliche Angst vor dem Altern. „Hauptsache gesund", lautet dann der stets geäußerte Wunsch. Und weil die Zeichen des Alterns gleichbedeutend scheinen wie die Zeichen möglicher Pflegebedürftigkeit, will man sie ausmerzen. Man will sie zum Verschwinden bringen. Aus Angst, alt zu scheinen, will man Jugend vortäuschen.

Auch in Zeiten der Banken- und Finanzkrise gibt es demnach einen Markt, der krisenfest war und ist wie kein zweiter: den Markt der Kosmetikindustrie. Die einschlägige Produktion wird immer mehr zu einem enormen Wirtschaftsfaktor. Man spart beim Urlaub, oft auch bei Restaurantbesuchen. Aber man möchte seine Angst vor dem Altwerden und Altaussehen dadurch beheben, dass man sich verjüngt, zumindest dem Anschein nach.

Nahezu in jedem Land der Welt. Keineswegs nur in jenen, die man früher die „westlichen" nannte. Auch die Schwellenländer, sogar die Entwicklungsländer sind nicht ausgenommen. Auch dort verzeichnet das Anti-Aging-Segment zweistellige Steigerungsraten und ist damit die wachstumsstärkste Kategorie im Markt. Und die Zielgruppe der Verbraucher ist bereits in der Alterssparte ab zwanzig angesiedelt.

Anti-Aging: das ist Anti-Angst. Das soll die Sorge, man könnte alt aussehen und deshalb zur Gruppe der Alten gerechnet werden, nach Möglichkeit zerstreuen. Dabei ist auch in Österreich dieser Markt noch eine Wachstumsbranche, selbst in Zeiten der Krise. Dieses Wachstum ist beträchtlich. Es lag in den letzten Jahren jeweils zwischen acht und zehn Prozent.

Ich habe mich mit dem Thema bereits in meinem Buch „Hilfe, wer pflegt mich?“ befasst. Damals schrieb ich: *„Mehr sein als scheinen. Jünger wirken als man ist, die Falten verdecken, auch wenn sie Lachfalten sind. Die Kosmetikindustrie weiß, was sie ihren Kunden, und die sind keineswegs nur weiblichen Geschlechts, zu bieten hat. Und wenn die Salben, Tinkturen und Pflästerchen nichts mehr nutzen, gibt es ja immer noch das Messer des Schönheitsoperateurs. Jede dritte österreichische Frau zieht eine Schönheitsoperation in Erwägung, zeigt eine einschlägige Statistik. Weltweit meinen 28 Prozent der Frauen und 14 Prozent der Männer, sich unter Umständen einer solchen Operation unterziehen zu wollen. Und was man nicht glauben würde, gäbe es nicht die Statistik: Jeder fünfte Mann hierzulande würde sich unter Umständen operativ liften lassen.“*

In Großbritannien hat sich die Zahl der Schönheitschirurgen seit 2003 verdreifacht. Nein, nur nicht alt aussehen! Interessant ist in diesem Zusammenhang, dass gerade in Russland der Prozentsatz der Frauen, die regelmäßig Schönheitskosmetika verwenden, besonders hoch ist. Und 48 Prozent der Russinnen ziehen eine Schönheitsoperation in Erwägung, um so den Alterungsprozess optisch zu verzögern.

Dieses Buch soll kein Kosmetiklexikon sein. Eher ist das Gegenteil der Fall. Wenn Frauen und Männer, die in Ehren ergraut sind, partout diese Ehren ablegen wollen, und zwar mit ihren grauen Haaren, ist die Frage gestattet, warum sie dies tun. Von Berufs wegen? Dann ist im Grunde kaum etwas dagegen einzuwenden. Oder doch?

Wer sich in der politischen Arena zur Schau stellt, ist gut beraten, nicht alt zu wirken, weil alt – siehe oben – fast schon mit Gebrechlichkeit gleichgesetzt wird. Ich kenne kaum einen Politiker und schon gar keine Politikerin ohne gefärbte oder zumindest getönte Haare (sofern noch vorhanden). Sie alle scheinen Angst zu haben, nicht mehr fit zu wirken – auch politisch. Manche Herren aus der politischen Arena lassen sich auch noch operativ liften. Hand aufs Herz: Wieso eigentlich ist Silvio Berlusconi noch immer faltenlos?

Es gibt die Angst, mit dem Alter auch die Würde des Alters zu verlieren. Ich habe die Angst vor der Endzeit erwähnt. Alter ist Endzeit. „Happy Enders“ werden in den USA gelegentlich jene Menschen genannt, die bereits das letzte Drittel oder Viertel ihres Lebens erreicht haben, aber keineswegs unglücklich sind. So wie jene Gruppe von silberhaarigen Damen, die ich im amerikanischen Westen vor einem Motel traf, an das ein Tanzsaal (den man aus besonderem Anlass geschmückt hatte) angeschlossen war.

Ich kann nicht umhin, diese Geschichte zu erzählen. Ein Verein alter (pardon: älterer) Damen hatte zu einem Tanzabend geladen, an dem keine Männer teilnehmen durften. Der Ball trug den Titel „Happy Grandmothers“, und sie waren es auch, sie waren happy, die grandmothers, es herrschte Jubel, Trubel, Heiterkeit. Die Damen waren samt und sonders abendlich gekleidet, trafen mit einem Autobus ein und ihre Kommandeuse rief, als der Bus hielt: „Come on, girls!“

Sie hatten keine Angst vor dem Altwerden gehabt, diese „Girls“, von denen jedes 70 plus gewesen sein mag. Aber sie hatten auch keine Angst vor der Selbstinfantilisierung, ein Begriff, dessen Bedeutung sich selbst erläutert: Man infantilisiert sich. Soll heißen: Man benimmt sich nicht seinem Alter gemäß. Man gibt, weil man vor dem Altern Angst hat oder jedenfalls davor, für alt gehalten zu werden, einen Teil seines Selbstwertgefühls auf. Selbstinfantilisierung: Das kann bis zur Verwandlung in eine Witzfigur gehen.

Was natürlich auch vom Kulturkreis abhängt. Der Kreis der Alten ist in Afrika und Asien eine Runde, die Ehrfurcht gebietet. Vor vielen Jahren war ein Vietnamese kurz bei uns zu Gast. Als meine

Großmutter das Zimmer betrat, erstarrte er fast und wollte ihr die Hand küssen. „Vénérable“, sagte er. Ehrwürdig.

Die heute gelegentlich feststellbare Selbstinfantilisierung bringt zwar Geld in die Kassen der Schönheitsindustrie, aber kaum jene Befriedigung, die gemeinhin die Menschen erwarten, die sich ihr unterziehen. Immer wieder fällt mir in diesem Zusammenhang (und beim Stichwort Würde) der Haushofmeister Malvolio ein, der in Shakespeares „Wie es euch gefällt“ in gelben Strümpfen herumstolziert, weil er seiner Herrin Olivia gefallen will. Ein Auswuchs des 16. Jahrhunderts? Keineswegs. Es ist dies vielmehr ein besonders eklatanter Fall von Selbstinfantilisierung gewesen.

Dieser Versuch, jünger zu scheinen als man ist, ist in Wahrheit der Wunsch, die Gruppe zu wechseln. Man will wieder „dazugehören“. Man will jene Altersschicht nicht verlassen, die angeblich gesünder, glücklicher, dynamischer ist als man selbst.

Es ist immer wieder der Zeitgeist, der da eine Rolle spielt. Der Zeitgeist bläst den Jugendwahn vor sich her. Man will zu jener Jugend gehören, weil sich (aber das ist eine andere Geschichte) die Werbung offenbar nur an „dreißig minus“ wendet. Die Endzeitangst ist auch die Angst, als abgeschrieben zu gelten.

Es ist vor allem die Politik, die diesbezüglich Druck ausübt. Wer junge Wähler mobilisieren möchte, darf nicht aussehen wie deren Großvater. Und auch die Politikerinnen unterliegen dem Zwang, jünger auszusehen, als sie sind. Auch dies ist, könnte man sagen, eine Frage des Kulturkreises.

Das amerikanische Magazin „Time“ hat vor nicht allzu langer Zeit „Zehn Ideen, die die Welt gerade jetzt verändern“ in einer Coverstory beschrieben; eine dieser Ideen ist der Wunsch, der Angst vor dem Altern dadurch zu entgehen, dass man versucht, sich bis zum Lebensende jung zu geben. Nicht abgeschrieben, noch lange nicht, ist laut „Time“ der Amerikaner Mark Zuckerberg, ein Milliardär mittleren Alters, der sein Vermögen aus eigener Kraft geschaffen hat und zeit seines Lebens aussah wie ein Maturant. Simon Cowell wieder, 50 Jahre alt, ist ein Star im englischen Show Business und will – ebenfalls laut „Time" – seinen Körper in jenem Zustand erhalten, den er jetzt besitzt. Er verwendet deshalb Botox. „Ich gebe auf mich acht", sagt er. Wie das Magazin berichtet, zeige sein Gesicht bereits einen tiefgefrorenen Ausdruck – Botox soll ja die Gesichtsnerven zeitweilig lahm legen.

Cowell ist einer jener Bühnenstars, die jünger aussehen und sich jünger anziehen wollen als ihre Mitmenschen. Und es sind keinesfalls nur die Stars, die so leben wollen. In den USA findet man „Amortals" in rauen Mengen. Was sind Amortals? Menschen, die der Amortality anhängen. Das wieder ist eine Wortschöpfung neuesten Datums. Sie negiert den Begriff „Mortality", indem sie das „A" voransetzt. Amortality – man könnte „Todesverweigerung" sagen. Das emotionale Leben dieser Amortals sei laut „Time" ebenso chaotisch wie ihr finanzielles Planen. Und ihre Lebensmaxime hat den gleichen Kick, die gleiche Art und die gleichen Verbrauchsgewohnheiten vom späten Teen-Alter bis zum Tod.

Amortals sind eine lukrative Einkommensquelle für die Musikindustrie, frequentieren Fitnesscenter bis zum letzten Atemzug und haben Sex bis ins höchste Alter – dank Viagra. Nur die Sterbevereine kommen da nicht mit. Amortals denken nicht daran, Vorkehrungen für ihr Ableben zu treffen.

Sie wollen eben jung bleiben und bekämpfen damit ihre persönliche Endzeitangst. Altersgemäßes Benehmen ist ihnen fremd. Sie wollen eben dazugehören. Zu den Jungen gehören, auch wenn sie alt sind. Sie wollen keine Angst haben. Der erwähnte Simon Cowell könnte, heißt es im „Time"-Magazin, glatt als Konterfei der Amortals plakatiert werden. Das US-Magazin verkneift sich in diesem Zusammenhang nicht, Anleihe bei der europäischen Politik zu nehmen. Es nennt Nicolas Sarkozy einen Amortal, wie er im Buch steht.

Freiheit oder Sicherheit

Die Angst, ein gläserner Mensch zu sein

Jedes Märchen hat eine Spur von Realität in sich – oder von Realitätssinn. Zwar ist die Wirklichkeit recht oft drastischer als das, wovon ein Märchen erzählt, aber irgendwie spiegelt dieses Wunschträume wider. Meist spielt der Reichtum eine Rolle, gelegentlich die Sehnsucht nach irgendetwas, das man nicht greifen und nicht erreichen kann. Zumeist sind es dann Stadien der Angst, die man durchschreiten muss, bevor man ins gelobte Land der Zufriedenheit gelangt.

Es geht auch anders. Das Märchen vom gläsernen Haus, das von einem Ehepaar bewohnt wird, nimmt den Wunschtraum als Anfang und den Verzicht als Ende. Mann und Frau haben ein Heim ersehnt, von Licht durchflutet und nach allen Seiten durchsichtig, damit die Insassen die Umgebung betrachten können. Mann und Frau im Glashaus! Das Paar war zufrieden und glücklich, bis es entdeckte, dass nicht nur der Blick ins Freie möglich war, sondern dass auch die anderen ins Innere des Hauses blicken konnten. Keine Bewegung blieb unentdeckt, die Nachbarn wussten über das Leben des alten Ehepaares ganz genau Bescheid.

Und das passte den beiden verständlicherweise nicht, sodass sie die Fee (oder wer immer ihnen den Wunsch des gläsernen Hauses erfüllt hatte, so genau kann ich mich nicht erinnern) anflehten, wieder in einer ganz gewöhnlichen Behausung wohnen zu dürfen. Der Wunsch wurde ihnen erfüllt, und sie lebten seither glücklich und zufrieden bis an ihr seliges Ende. Es war ihnen unerträglich gewesen, zu wissen, dass alles, was sie unternahmen, dass jeder Winkel ihres Hauses, jede Arbeit, jeder Schritt beobachtet werden konnte.

Das gläserne Haus ist zum gläsernen Menschen geworden, und wir haben Angst. Wir fühlen uns auf Schritt und Tritt überwacht, auch wenn es nicht der Fall ist, und wissen doch, dass wir Sicherheit gegen Freiheit eintauschen könnten. Beobachtet werden, sofern dies wirklich der Fall ist, auch die Missetäter. Das macht uns sicherer. Da aber auch oft wir selbst beobachtet werden und der Schritt von der Beobachtung zur Kontrolle ein kleiner ist, geben wir zugunsten der Sicherheit einen Teil unserer Freiheit auf. Freilich vertrauen wir in dieser Hinsicht auf die Gesetze, auf den Datenschutz, auf den Schutz der Intimsphäre und was dergleichen Begriffe mehr sind. Aber schon Lenin hat gesagt, dass Vertrauen gut sei, Kontrolle aber besser.

Es hat eine Zeit gegeben, da das Vertrauen in die Umwelt so groß und die Angst vor deren Gefahren so gering war, dass es sich gekrönte Häupter leisten konnten, auf Bodyguards zu verzichten; sie wussten wahrscheinlich gar nicht, was man darunter zu verstehen hatte. Ausnahmen bestätigten die Regel persönlicher Sicherheit. Auch Könige und Königinnen, Präsidenten und Hochgeborene sind von Attentaten heimgesucht worden, Österreichs Kaiserin Elisabeth war da ein düsteres Beispiel. Sie ist nach dem Verlassen eines Schiffes am Uferkai des Genfer Sees von einem Anarchisten erstochen worden.

Aber noch meine Mutter hat als kleines Mädchen erlebt, wie Kaiser Franz Joseph I. täglich von Schönbrunn über die Mariahilfer Straße zur Hofburg fuhr. In einer offenen Kutsche und nur von einem Adjutanten begleitet. Da war nichts von Bewachung, nichts von Sorge oder gar Angst. Die Männer zogen den Hut und die Frauen und Mädchen knicksten. Bodyguards waren nicht notwendig.

Heute schürt die Politik die Sorge. Nicht nur jene der Politiker, sondern auch die des Volkes. Von der steigenden Kriminalität und deren Konsequenzen handelt ein anderes Kapitel. Hier soll von der Alternative die Rede sein, die zwischen Freiheit und Sicherheit zu entscheiden hat. Beides ist heute scheinbar nur noch selten zu vereinen. Da ist einerseits die Sicherheit, oft auch jene des Staats, und da sind andererseits die Freiheiten der Bürger. Selten präsentiert sich das Angstdilemma so deutlich wie in diesem Fall. Sollen wir Angst vor der Kriminalität haben, wobei die tödlichste der Terror ist, oder Angst davor, in gläserne Menschen verwandelt zu werden?

Dass sich die Terrorangst längst schon zur Hysterie ausgewachsen hat, darf als bekannt vorausgesetzt werden. Wer „Nine-Eleven“ sagt, meint den Ursprung permanenter amerikanischer Panikstörung. Fast handelt es sich bereits um ein geflügeltes Wort. Am 9. September 2001 hat sich, wie wir wissen, das folgenschwerste Attentat auf amerikanischem Boden ereignet, mit nahezu 3000 Todesopfern, verübt von Arabern. Das Leben in den USA ist, wie viele behaupten, seither nicht mehr dasselbe wie vor 9/11. Die US-amerikanische Demokratie hat eine Delle davongetragen, die bis heute nicht geglättet werden konnte.

Ein Hauptinstrument war der Homeland Security Act, der aus der ersten Amtsperiode von George W. Bush stammte. Um den zweiten Wahlsieg Bushs zu sichern, sollte der damalige Homeland-Minister Tom Ridge überredet werden, die Terrorangst der Amerikaner zu vergrößern. Die Terror-Alarmstufe sollte auf den höchsten Stand, nämlich auf Orange, geschraubt werden. Ridge, der dies in einem jüngst erschienenen Buch bekannte, ist kurze Zeit später zurückgetreten – allerdings, wie er schrieb, aus anderen Gründen. Die Alarmstufe ist dann doch nicht erhöht worden. Bush hatte dennoch seinen zweiten Sieg eingefahren. Die Angst seiner Landsleute war offenbar auch so schon groß genug gewesen.

Die „Homesecurity“ ist indessen zu einem Instrument der Innenpolitik geworden, von der sich auch die Außenpolitik nicht abkoppeln konnte. Jeder, der in die Vereinigten Staaten einreist, kann davon ein Lied singen. Die Ausweitung der Datenübermittlung wird wahrscheinlich nicht so bald wieder abgeschafft werden.

Denn die Terrorhysterie, zu der die Massenangst geworden ist, überschattet ein Land, das noch immer zu den freiesten der Welt gehört. Zugegeben: Präsident Barack Obama hat gleich nach seinem

Amtsantritt versprochen, das ominöse Lager Guantanamo, dessen Insassen entgegen allen Menschenrechten ohne Prozess festgehalten wurden, zu schließen. Aber dennoch hat in den Vereinigten Staaten die Terrorangst fast alle Bereiche des öffentlichen und zum Teil auch privaten Lebens durchsetzt. Die Angst der US-Bürger wurde gleichsam instrumentalisiert. Fernsehkameras in U-Bahn-Stationen sind längst gang und gäbe.

Auch hierzulande hat die Überwachung mit den technischen Errungenschaften in den USA Schritt gehalten. Der Globalisierung des Terrors entspricht die Globalisierung der Terrorangst und infolgedessen auch jene der Abwehr. Und die heißt Kontrolle.

Dass solche in Diktaturen vorausgesetzt wird, ist nachgerade selbstverständlich. Kontrolle gehört dort zur Politik, ist systemimmanent, und unter dem Deckmantel der Terrorangst fällt die Beobachtung der Staatsbürger leicht. Sie wird – siehe Freiheit oder Sicherheit – auch akzeptiert, vor allem dann, wenn man sie nicht bemerkt. Dazu eine kleine Geschichte. Während eines Moskau-Aufenthalts noch vor der „Wende" stellte meine Frau erbittert fest, dass sich in dem sonst gut ausgestatteten Badezimmer keine Seife befand, und teilte mir dies mit. Minuten später klopfte es an der Tür und ein Zimmermädchen brachte – was glauben Sie? – ein Seifenstück. Wanzen überall!

Und daher auch Angst vor Wanzen, wobei nicht die ungebetenen Bettgenossen gemeint sind. Als ich, es war noch zu Pinochets Zeiten, in der chilenischen Hauptstadt Santiago den dortigen Kardinal interviewte, schaltete dieser vor dem Gespräch den Radioapparat auf volle Lautstärke. Er hatte Angst, weil er mir über die von der chilenischen Polizei Verhafteten berichten wollte.

Was damals noch punktuelle Angst war, ist heute zu einer globalen angewachsen. Und was damals Diktaturen vorbehalten war, ist heute auch in fast allen Demokratien feststellbar. Angst vor Terror? Lieber Sicherheit als Freiheit, könnte man meinen.

Die Sicherheit freilich ist sehr oft auch eine, die – ich habe es schon erwähnt – der Staat für sich in Anspruch nimmt, auf Kosten seiner Bürger. Die aber können nicht wählen zwischen Freiheit und Sicherheit. Sie sind unfrei und unsicher, die in Unehren verblichene DDR ist da ein gutes Beispiel gewesen. Freilich sind auch die anderen Ostblockstaaten vor ihrer Demokratisierung ohne Geheimpolizei und Überwachung nicht ausgekommen, von der ungarischen AVO bis zur rumänischen Securitate.

Die Diktaturen brauchen die Angst des Volks. Und weil es für jeden Denkbereich antike Zitate gibt, sei auch in diesem Fall eines hervorgeholt: Oderint, dum metuant. Sollen sie hassen, solange sie fürchten. Das Motto stand und steht imaginär auf dem Wappen aller Terrorregime.

Angst und Politik sind gelegentlich wesenseins. Oft wird der Begriff „Polizeistaat" verwendet. Wer ihn für europäische Länder gebraucht, verfällt einem Irrtum. Freiheit oder Sicherheit? Auch bei uns kann dies als Alternative betrachtet werden, ohne es zu sein. Wird unsere Freiheit eingeengt, wenn die Bahnsteige der U-Bahn fernsehtechnisch überwacht werden? Fragen Sie jemanden, der Opfer eines Taschendiebstahls geworden ist. Fragen Sie ihn auch, ob er sich in seiner Freiheit beengt fühlt, weil er die kleinen TV-Kameras sieht.

Dass beim Bundeskanzleramt in Wien ein versenkbarer Balken die Einfahrt versperrt, ist selbstverständlich geworden. Dass automatische Fernsehkontrollen auch hinter den Toren von Wohnhäusern stattfinden, ist nichts Ungewöhnliches mehr und findet die Zustimmung der Bewohner. Dass man beim Verlassen von Kaufhäusern elektronisch „perlustriert" wird – auch dies ist auf Angst zurückzuführen. Angst vor Warendieben.

Es gibt Menschen, die sich über den vermeintlichen Polizeistaat erregen und trotzdem mehr uniformierte Polizisten auf den Straßen verlangen. Es gibt Leute, die jede Art von Kontrolle ablehnen, weil sie die Freiheit mindert, und die doch um ihre Sicherheit besorgt sind. Vertrauen ist gut, Kontrolle ist besser? Solange wir in die Gesetzestreue der staatlichen Institutionen vertrauen, bleibt die Freiheit unangefochten.

Und doch ist da der „gläserne Mensch". Ein Mensch, dem aufgetragen ist, mit dem Mainstream zu schwimmen. Ein Mensch, der sich hütet oder hüten sollte, als Nonkonformist zu gelten. Er liefe sonst Gefahr, einem der Opfer des Prokrustes zu ähneln. Diese griechische Sagengestalt hatte Leute, die ihm in die Hände fielen, in ein ewig gleich gestaltetes Bett gelegt. Wenn sie zu kurz waren für die Länge der Liegestatt, wurden sie gedehnt. Ragten die Beine heraus, wurden diese kurzerhand abgehauen. Die Angst, ein gläserner Mensch zu sein, paart sich mit der Angst, die Individualität zu verlieren.

Der gläserne Mensch ist jener, der durchleuchtet wird, und zwar vom Scheitel bis zur Sohle. Der gläserne Mensch hat kaum mehr Geheimnisse, weil seine Daten vernetzt sind. Man muss da nicht erst, wie gesagt, die Einreisebestimmungen für Trips in die USA bemühen. Man muss nicht erst darauf hinweisen, dass die EU-gerechten Reisepässe jetzt Fingerabdrücke des Inhabers aufweisen müssen. Es genügt, zu wissen, was auf den Computern der Ärzte gespeichert ist. Datenschutz wird es, so ist zu fürchten, bald nur mehr auf dem Papier geben.

Der gläserne Mensch kann nichts mehr verbergen. Dass Bewerberinnen um Posten in der Industrie gefragt werden, ob sie schwanger sind, ist längst nichts Ungewöhnliches mehr. Dass sogar sexuelle Gewohnheiten gleichsam abgeprüft werden, ist zwar ungewöhnlich, aber kaum unstatthaft: Wo kein Kläger, da kein Richter. Und gerade in Krisenzeiten ist der Job wichtiger als das Wesen der Intimität, sollte man meinen.

Die Beziehung von Politik zur Angst treibt freilich gelegentlich skurrile Blüten. Als vor etlichen Jahrzehnten die ÖVP im Nationalrat nur ganz knapp vor der SPÖ lag, versuchte die Volkspartei ihre Anhänger vor den Wahlen zu mobilisieren: „Nur ein sozialistisches Mandat mehr und die rote Herrschaft beginnt!", hieß es auf den Plakaten. Man wollte Angst machen – und es gelang. Die ÖVP konnte ihre parlamentarische Mehrheit behalten.

Dass Angst aber sogar die Weltpolitik steuern kann, ist nicht nur den Geschichtsbüchern zu entnehmen. Das atomare Gleichgewicht war in den Zeiten des Kalten Krieges nicht zuletzt deswegen nicht Ursache eines Dritten Weltkrieges, weil die Angst vor gegenseitiger Vernichtung die Vernunft steuerte: Es gab und gibt ein Gleichgewicht des Schreckens. Freilich war auch in diesem Fall die Überwachung ein Hauptfaktor. Vertrauen ist gut, Kontrolle ist besser: Auf kaum einem Gebiet ist dieser Lenin-Spruch so treffend wie dort, wo es um das Atomarsenal geht. Die Überwachung von Atomanlagen durch die Wiener IAEA ist ein treffendes, obwohl nicht immer funktionierendes Beispiel.

Als Kaiser Franz Joseph I. in der offenen Kutsche durch Mariahilf fuhr, zogen die Männer den Hut und die Frauen knicksten. Dass der Monarch einmal um ein Haar Opfer eines Messerattentats geworden war, hatte man längst vergessen. Der Täter wurde gehängt, nach dem Retter wurde eine Straße benannt, und der Bruder des Kaisers ließ die Votivkirche bauen. Angst hatte damals kaum jemand. Seither ist das Angstdilemma längst auch ein politisches geworden. Und 9/11 hat dazu beigetragen.

Helf Gott – dass' wahr is'!

Die Angst, nicht gesund zu bleiben

Er war ein Bänkelsänger und spielte, wie Bilder zeigen, auf dem Dudelsack. Er zog von Wirtshaus zu Wirtshaus, von Kneipe zu Kneipe und produzierte sich vor den Gästen. Man schrieb das Jahr 1679, eines der dunkelsten in der Geschichte Wiens. Die Menschen hatten allen Grund, aus ihren Ängsten geweckt zu werden – wenigstens für ein paar Stunden lang.

In der Stadt herrschte wieder einmal der „Schwarze Tod". Die Pest. Und der Spielmann, der die Leute aufheitern wollte, hieß Augustin Marx. Der Name hatte nichts mit dem Politphilosophen zu tun, der sich rund 200 Jahre später mit den Problemen des Kapitals auseinandersetzte. Deswegen ist der Bänkelsänger auch nur unter seinem Vornamen bekannt, und dem ist das Beiwort „lieb" vorangesetzt worden: der Liebe Augustin.

Was hat er mit dem Angstdilemma zu tun? Sehr viel. Der Spielmann lag, wie die Legende erzählt, eines späten Abends betrunken auf der Straße, wurde für tot gehalten, was zu einer Zeit, da die Seuche Tausende von Wienern hinwegraffte, nichts Ungewöhnliches gewesen wäre, und „Totenknechte" warfen ihn zu anderen Leichen auf den Karren, den sie zu einer der provisorischen Grabstätten führten. Wir wissen alle, wie die Geschichte endete. Augustin erwachte inmitten des Leichengebirges – und hatte keine Angst. Er kletterte ins Freie, griff wieder nach seinem Dudelsack und wankte ins nächste Wirtshaus.

Die Pest. Die Pestilenz. Ein Synonym für eine Seuche, derer man nicht Herr sein konnte – seinerzeit jedenfalls. „Die Pest über dich", riefen unsere Vor-Vorfahren und meinten es als Fluch. Die Pest –

nach der Volksmeinung die böseste, gefährlichste aller Krankheiten. Und jene, die immer wieder zurückkehrte. Sie ist bis heute nicht ausgerottet auf unserem Globus. Sie ist eine jener Seuchen, die Angst und Schrecken verbreiteten. Sie wird vom Biss der Pestflöhe verursacht und galt in früheren Zeiten als Todesurteil.

Dies soll kein medizinisches Lehrbuch sein. Was die Pest betrifft, sei dennoch ein kurzer Ausflug in die Geschichte der Medizin gestattet. Die Pest ist bis heute ein Inbegriff der Angst geblieben. Wenn Sie niesen, wird Ihnen „Helf Gott" gewünscht, mit dem allfälligen Nachsatz: „dass' wahr is'!" Es wird erzählt, dass dieser Wunsch aus der Pestzeit stammt. Das Niesen sei angeblich ein Indiz des beginnenden Heilungsprozesses gewesen, und der Wunsch nach der Hilfe Gottes, von Überlebenden ausgesprochen, war dann nur selbstverständlich. Einer anderen Version zufolge war das Umgekehrte der Fall. Das Niesen war ein Zeichen dafür, dass man krank wurde, von der Pest befallen war; aus dem Lungau gibt es eine Sage, wo sich zwei Liebende am Bretterzaun (der sollte Kranke und Gesunde abschotten) trafen, zu niesen begannen und rechts und links vom Zaun tot umfielen.

Die Angst vor der Krankheit, vor jeder Krankheit, ist eine der Urängste der Menschen – dass es viele davon gibt, habe ich erzählt. „Hauptsach' g'sund" meinen wir, wenn uns „Alles Gute" gewünscht wird. Was der Volksmund spricht, ist nur das Resultat unbewusster Sehnsüchte: Man will jede Art von Krankheit weit von sich schieben, weil sie – da sei Gott vor – allenfalls zum Tod führen könnte.

Und keine der Krankheiten führte so folgerichtig zum Tod wie jene, die seinen Namen trug: „Schwarzer Tod". Keine Epidemie, keine Pandemie zeugte so viel Angst wie die Pest. Sie ist heute heilbar – fast, wenngleich nur fast! Aber keine Krankheit hatte so viele steinerne Zeugnisse der Angst zur Folge wie sie. Oder der Dankbarkeit, wenn sie ihr Ende fand, wenngleich nur zeitweilig.

Auf der Karlskirche in Wien, errichtet von Kaiser Karl VI., um Gott für das Aufhören der Pest zu danken, steht: „Vota mea reddam in aspectu timentium deum“. Vor allen, die Gott fürchten, hat die Majestät ihr Gelübde erfüllt. Die Pestsäule am Graben in der Wiener Innenstadt zeigt Kaiser Leopold I. kniend am Fuße des himmelwärts strebenden Monuments. Was bedeutet menschliche Macht in Anbetracht einer, die den Menschen auslöschen kann?

Man betete zu Sankt Rochus, dem Pestheiligen. Man veranstaltete Geißelumzüge, die Flagellanten riefen zur Buße auf, der Aberglaube blühte. Dort, wo die Menschen das Woher nicht kennen und nicht wissen, was die Ursache einer Krankheit ist, glauben sie jedenfalls voll Angst, das Wohin zu kennen: in den Tod. Es war dies die Zeit, da die „Totentänze“ (über die ich in einem anderen Kapitel erzähle) zu ebenso makaberen wie beliebten Holzstichen wurden.

Die Angst vor der Pest ist die größte, schrecklichste Angst gewesen, die je im Zusammenhang mit einer Krankheit die Menschen heimgesucht hat. Schon in der Bibel ist von ihr zu lesen, und sie hat durch alle Jahrhunderte gewütet, als Strafe Gottes, wie viele meinten. Im 14. Jahrhundert hatte sie einen Höhepunkt erreicht und Millionen hinweggerafft. Eine Geschichte der Pest ist eine Geschichte der Ängste, des menschlichen Leids – und zugleich eine des Bevölkerungsschwunds. Er betrug in manchen Gegenden mehr als 30 Prozent.

Angst vor Krankheit: Das heißt auch Angst vor Epidemie, Angst vor Seuche, Angst vor dem Ungewissen. Man merke: Ungewissheit ist das Gegenteil von Wissen. Das Gegenteil von Wissen macht Angst – wir merken es in allem und jedem. Nach der Pest kam die Cholera, auch heute noch eine der gefährlichsten Epidemien, die vor allem auch durch mangelnde Hygiene verursacht wird. Sie grassiert nicht zuletzt dort, wo es kein reines Trinkwasser gibt. Der Dritte Weltkrieg, prophezeien manche Schwarzseher, wird einer sein, der um die Wasserquellen geführt wird …

Die Angst vor der Krankheit, diese Urangst, ist so unausrottbar, wie es die Krankheiten selbst sind. Sie ist in der Tat nicht zuletzt auf Unwissenheit zurückzuführen. Wissen um die Krankheiten und deren Ursachen hilft mit, die Krankheiten zu heilen – von Hippokrates bis zu den Nobelpreisträgern der Medizin reicht der Bogen derer, die das gepredigt haben. Die Krankheit zu erkennen, hilft zu überleben.

Die Krankheitsgefahr zu erkennen – auch dies ist Überlebenshilfe. Die Gefahr nicht erkennen zu wollen, weil sie einer Sucht entspringt, kann tödlich sein und ist es auch oft. Ich meine das Rauchen. Und gebe gleichzeitig offen zu, dass ich Nichtraucher bin.

Unternehmen wir einen Zeitsprung aus den Epochen der großen Pestzüge und Choleraepidemien in die Gegenwart. Lassen wir das Ende des 20. und den Beginn des 21. Jahrhunderts Revue passieren.

Leider ist die Menschheit trotz aller medizinischen Fortschritte und trotz neuester Behandlungs- und Heilmethoden vor Epidemien und Pandemien nicht gefeit. Die Epidemie erfasst Teile der Bevölkerung einer Gegend oder gar eines Landes, überschreitet aber nicht deren Grenzen. Eine Epidemie kann in einer Schule, in einer Stadt, einem Bezirk ausbrechen. Sie ist üblicherweise zeitlich begrenzt und auch örtlich eindämmbar. Pandemien aber haben einen Herd, brechen irgendwo aus und überziehen dann möglicherweise nicht nur Staaten, sondern auch Erdteile, schlimmstenfalls den ganzen Globus. Sie sind Seuchenzüge, die um die Welt gehen.

Die erwähnte Pest war eine solche Pandemie, sie hat mit teuflischer Regelmäßigkeit immer wieder die Welt umzogen und Millionen Opfer gefordert. Die schreckliche „Spanische Grippe“, die 1918/19 auf der nördlichen Hemisphäre wütete, war eine andere dieser überaus gefährlichen und daher zu Recht gefürchteten Pandemien. Zu ihren Opfern zählte unter anderem Egon Schiele.

Es gab in jüngster Zeit Seuchen, die sich zu Pandemien hätten entwickeln können, aber dies glücklicherweise (noch) nicht getan haben. Haben die Medien falschen Alarm geschlagen? Waren sie schuld an einer Hysterie? Oder waren sie sich diesfalls ihrer Verantwortung bewusst, lieber vorher zu warnen, als nachher zu klagen?

Der Rinderwahnsinn war eine von jenen Krankheiten, von denen man meinte, es sei nur eine Frage kurzer Zeit, bis sie auch auf den Menschen übergreifen und sich dann zu einer Epidemie, vielleicht sogar zu einer Pandemie entwickeln könnten. In Großbritannien wurden Rinder geschlachtet. In Mittel- und Westeuropa blieben die Supermärkte auf ihrem Rindfleisch sitzen. Ein paar Monate später konnten sie wieder verkaufen wie ehedem, die Menschen hatten sich beruhigt. Wir Angstmacher spürten es, ohne dass wir es eigens gemeldet hätten. Wir wandten uns anderen „Angstthemen" zu. Die Amerikaner, dem Beispiel Terrorangst folgend, fürchteten sich urplötzlich vor dem Milzbrand. Irgendwann, irgendwo und irgendwie hatte man dort gehört, gesehen und gelesen, dass Terroristen mit Milzbrandbakterien die Umwelt verseuchen wollten. Ein paar Wochen war davon die Rede, dann nicht mehr.

Eine andere weltumspannende Panikstörung, die sich gleichfalls in nichts auflöste, war SARS – Severe Acute Respiratory Syndrome. In China entstanden, hat diese Krankheit auch alle im Westen mit Sorge erfüllt. „Die wenigen in Europa aufgetretenen Krankheitsfälle, die allesamt mit Heilung endeten, reichten aus, um in der Bevölkerung Ängste vor dem fremden Keim zu erzeugen, die mit jedem Tag spürbarer wurden", schrieb das österreichische Nachrichtenmagazin „profil". Die Folge der Hysterie sei ein ökonomisches Desaster gewesen. „Airlines mussten mangels reisewilliger Passagiere Fernostflüge streichen. Der Tourismus lag danieder. Allein im ersten Halbjahr verursachte die Epidemie nach Schätzungen der Weltbank Schäden von rund 15 Milliarden Dollar."

SARS, die Vogelgrippe, der Milzbrand sind derzeit nicht aktuell. Sie alarmieren nicht mehr. Wir Angstmacher hatten schon vor Jahren, ja Jahrzehnten, ein anderes Thema gefunden: das „Acquired Immune Deficiency Syndrome", als AIDS bekannt. Ist es eine Pandemie? Es gibt kein Land der Erde, das bisher von AIDS verschont geblieben ist. Für die Medien, für die Panikmacher ist es eine Quelle permanenter Besorgniserregung.

Allein, gerade hier ist eine Doppelrolle besonders deutlich, die von den Medien gespielt wird. Da ist einerseits die Hysterieerzeugung. Da ist aber andererseits auch der Rat zur Vorsorge. Nicht nur auf den Gesundheitsseiten der Printmedien, sondern auch in einschlägigen Sendungen der elektronischen Medien wird immer wieder darauf aufmerksam gemacht, wie man sich vor dieser und anderen Krankheiten schützen kann. In diesem Fall gehen die Angst und der Rat zu Vorsichtsmaßnahmen gleichsam Hand in Hand. Es ist ein Angstdilemma, in dem sich auch die Medien befinden. Sollen wir, die Angstmacher, nur auf die durch Panik und Hysterie erzeugte Reichweite setzen und diese gleichsam lukrieren, oder nicht auch die Gegenmaßnahmen propagieren?

Es ist der Vorteil der Filmindustrie, vor allem der amerikanischen, sowohl die eine als auch die andere Version zu präsentieren. Am Ende steht immer das Happy End. Der Ausbruch einer Seuche wird geschildert, die Konsequenzen werden gezeigt und dann doch auch die Methoden ihrer Bekämpfung vor Augen geführt. Es sind realitätsnahe Horrorfilme. Fast immer ist Afrika der Herd. Fast immer sind Affen die ersten Virusträger. Fast immer wird absichtlich oder unabsichtlich ein Tier nach Europa gebracht, fast immer bricht es aus. „Outbreak“ heißt demgemäß auch einer der Streifen. Die Medien, vor allem auch die Filme zeigen aber, dass menschlicher Geist und menschliche Erfindungsgabe Pandemien besiegen können. Gewiss haben die Medien zeitweilig – man denke nur an die „Mexiko-Grippe“, dieses H1N1-Virus – Panik verursacht. Aber sie teilten auch mit, wie man sich schützen kann.

Die Medien also als Verantwortungsträger? Oder wir, die Journalisten, als Panikmacher? Nehmen wir den Fall der Vogelgrippe. Dass sie als tödliche Krankheit von einer Epidemie zur Pandemie werden könnte, ähnlich der Spanischen Grippe, konnte man weltweit in allen Zeitungen lesen. Ein einzelner Schwan, ein armes kleines Huhn, Federvieh, das sich plötzlich ungewöhnlich aufführte – alles das galt bereits als Alarmzeichen. Die Vogelgrippe war jenes Zauberwort, das eine Vergrößerung der Reichweite aller Medien zu garantieren schien.

Und dann verdämmerte der Alarm im Abendrot des publizistischen Interesses. Die Nachrichten wurden spärlicher und hörten schließlich völlig auf. Es gab nichts Neues zu berichten, jedenfalls nichts neues Schlechtes. Die Vogelgrippe ist vergessen worden. Man berichtete einfach nicht mehr über sie.

Dafür umso mehr über die erwähnte „Neue Grippe". Sie ist gleichsam der letzte Schrei des Seuchen-Pandämoniums, ein Angstschrei wie jener von Edvard Munch, der Büchse der Pandora entfleucht. Die Epidemie war, nimmt man alles in allem, ein veritables „Fressen" für die Boulevardzeitungen in aller Welt. In Österreich prangte der Titel „Killervirus" auf der ersten Seite eines kleinformatigen Blattes.

Aber was tun als Journalist, wenn sogar die Weltgesundheitsorganisation, sonst mit hervorragenden Leuten besetzt, sich aufraffte, den höchsten Platz der Pandemie-Skala dieser neuartigen Grippe einzuräumen, während gleichzeitig die einschlägigen medizinischen Experten versicherten, sie verlaufe wie eine ganz normale, mit einer minimalen Todesrate?

In Mexiko entstanden, hatte sie Menschen in den angrenzenden Vereinigten Staaten betroffen und ist von Reisenden auch nach Europa eingeschleppt worden. Zögernd gaben die Medien schließlich zu, dass die Gefährlichkeit der „Neuen Grippe" weitaus geringer war, als man angenommen und weidlich gezeigt hatte. Es nützte nichts, in manchen Ländern besiegte Angst die Vernunft. Die Japaner griffen wie gewohnt zum Mundschutz, die Briten achteten peinlicher als sonst auf Sauberkeit, anderswo wurden zeitweilig Schulen gesperrt. Und die Angst blieb.

Sie wurde dadurch geschürt, dass immer dann, wenn ein Todesopfer verzeichnet wurde (wobei nicht feststellbar war, ob die Grippe wirklich die Todesursache gewesen ist), gerne vom „ersten Toten" geschrieben wurde. Der Erste! Wie viele kommen noch nach? Wieder: Die Medien als Panikmacher!

Es fehlte das Wissen um die Ursache der Krankheit, ihr Wesen, die Möglichkeit der Ausbreitung. Es galt von Vogelgrippe und „Neuer Grippe", was von allen anderen Krankheiten gilt: Es fehlt die Kenntnis, eben das Wissen, wodurch die Angst zwar nicht zum Verschwinden gebracht, aber doch besänftigt wird. Der Arzt, der

Sie über das Wesen Ihres Leidens belehrt, der erklärt und erläutert, ist ein guter Arzt. Er weiß, wie sehr die Psychosomatik auch wirkliche Leiden lindern kann.

Demnach dient das sogenannte „ärztliche Gespräch“ vor operativen Eingriffen nicht nur der Bereitschaft der Patienten, allfällige Risiken zu akzeptieren und durch ihr Einverständnis die Versicherungen zu entlasten. Es soll auch beruhigend wirken. Die Angst vor einer Operation ist eine Elementarangst. Jeder hat sie, auch wenn er oder sie es nicht zugibt, und Ärzte als Patienten sind, wie ich höre, in dieser Hinsicht die Anfälligsten.

Auch wenn sie, die Ärzte und Ärztinnen, auf den Beipackzetteln in den Medikamentenschachteln als erste Ansprechpersonen genannt werden: „Zu Risiken und Nebenwirkungen lesen Sie die Gebrauchsinformation und fragen Sie Arzt oder Apotheker.“ Patienten die Angst zu nehmen, sollte einer der ersten Absätze des Hippokratischen Eides sein. Er wird an den medizinischen Universitäten, wie ich feststelle, viel zu wenig gelehrt.

Arthur Schnitzler hat dieses Problem zu einer seiner besten Stücke gestaltet: „Professor Bernhardi“. Der jüdische Chefarzt eines Spitals hindert einen Priester daran, ein Krankenzimmer zu betreten, um einer medizinisch bereits aufgegebenen jungen Patientin das Sterbesakrament zu reichen. Sie befinde sich, sagt der Professor, in einem Zustand der Euphorie, und es wäre furchtbar, wenn bei ihr durch die „Letzte Ölung“ die Angst erweckt würde, dass sie sterben müsse. Aus der Weigerung Bernhardis entwickelt sich ein Spiegelbild des damals grassierenden Antisemitismus – treffend geschildert von Schnitzler, der selbst sowohl Arzt als auch Jude war. „Professor Bernhardi“ gehört zur ganz großen österreichischen Theaterliteratur.

Die Frage „Wie lange noch?“ ist, wie wir wissen, ja die in jeder Hinsicht übermächtige Existenzfrage, die in Wirklichkeit nichts ist als die bange Frage nach dem Ende, was auch immer man darunter verstehen mag. Auch das zitierte „ärztliche Gespräch“ sollte geeignet sein, diese Angst zu mildern, jedenfalls dann, wenn es um die

Dauer einer Krankheit oder eines Spitalsaufenthalts geht. Ob es psychologisch gerechtfertigt ist, den Termin des Lebensendes preiszugeben, sprich: das „Wie lange noch?“ auf den Tod zu beziehen, mag fraglich sein und kommt, laienhaft gesprochen (ich bin Journalist und nicht Mediziner), auf die Verfassung und den Zustand des Patienten an.

Wobei anzumerken bleibt, dass sich dieser Zustand, wie es heißt (und wie gelegentlich die Medien berichten), auch durch medizinisches Zutun verschlechtern kann. In einem neuen Buch, das Aufsehen erregt hat, ist zu Protokoll gegeben worden, dass es unzählige Fälle gebe, in denen der Patient (die Patientin) falsch behandelt wurde. Unter dem Titel „Verschlusssache Medizin“ hat der Wissenschafts-Journalist Kurt Langbein akribisch aufgelistet, dass es in Österreichs Spitälern nicht weniger als 2500 Todesfälle gebe, verursacht durch Behandlungsfehler, durch Operationen, die nicht notwendig gewesen seien, durch falsche Diagnose und falsche Therapie.

Verständlich, dass das Buch vor allem von ärztlicher Seite angefeindet wurde. Man hat dem Autor unter anderem vorgeworfen, dass er internationale Zahlen auf Österreich hochgerechnet habe. Tut nichts: Dass es Behandlungsfehler gibt, steht außer Frage. Dass das falsche Bein amputiert, ja sogar der falsche Hoden entfernt wurde, so geschehen in einer angesehenen urologischen Klinik, ist bekannt und wurde in den Medien weidlich ausgeschlachtet. Dass man immer wieder hören kann, jemand sei bei der Behandlung „verpfuscht“ worden, ist nicht dazu angetan, das Vertrauen in die heimische Medizin zu stärken.

Aber vergleichen wir doch die Gesamtzahl der stationären Fälle, vor allem auch jene der chirurgischen, mit den „verpfuschten“. Und halten wir fest, dass es keinen, aber auch nicht den geringsten Anlass gibt, am Wissen, an der Routine und der Praxis sowohl der niedergelassenen als auch der Fachärzte zu zweifeln. Und dass es daher auch keinen Anlass gibt, das Vertrauen in die Medizin und jene, die sie ausüben, zu schmälern.

Der ärztliche ist jener Berufsstand, der mehr als jeder andere auf dieses Vertrauen gebaut ist. Deswegen halte ich die immer wieder in manchen Magazinen veröffentlichten Listen der „besten Ärzte“ für einen ebensolchen Unfug wie etwa ein Register der „besten Gymnasien“. Nur die „besten Friseure“ fehlen noch. Beste Ärzte: das heißt, dass es gute und weniger gute gibt. Und die weniger guten, nicht wahr – die meidet man am besten. Oder?

Angst vor der Krankheit, Angst vor dem, was der Arzt oder die Ärztin feststellen könnte – das alles ist nur zu verständlich. Aber Angst davor, dass man unter Umständen an einen schlechten Arzt geraten ist (wobei noch zu eruieren bleibt, was „schlecht“ in diesem Fall zu bedeuten hat), ist Angst, gepaart mit Misstrauen. Ist demnach gleichsam potenzierte Angst. Wer sie wissentlich schürt, vergeht sich an der Gesellschaft.

Die aus dem Elend kommen

Die Angst vor den Fremden

„Und nach diesem Elend zeige uns Jesum, die gebenedeite Frucht deines Leibes.“ So beten die Katholiken zur Heiligen Maria, der Gottesmutter. Nach diesem Elend. Denn das Erdenleben, nicht wahr, das ist, wie unsere Vorväter und vor allem die Vormütter meinten, ein Leben in Elend, in Armut. Ein Leben ohne Hoffnung – es sei denn die Hoffnung auf das ewige Leben, das dann, so hofften sie, viel besser sein werde als jenes im Diesseits.

Im Elend leben. Aber siehe da: „Elend“ hatte früher eine andere, eine ganz andere Bedeutung. Auf Althochdeutsch hieß es „die Fremde“. Im Elend leben: in der Fremde leben, abseits von zu Hause. Elend – das bedeutete die unbekannte Ferne, jene, aus der man so schnell wie möglich in die Heimat, ins Bekannte zurückkehren sollte. Denn Veränderung – darüber habe ich bereits geschrieben – ist bei den Alten negativ besetzt gewesen, und vielfach trifft dies auch heute noch zu.

Elend, die Fremde. Wer aus der Fremde kam und nicht bekannt war, ist ein Elender gewesen. Als ich während meines Jusstudiums mich mit deutscher Rechtsgeschichte zu befassen hatte (die mich im Übrigen ganz außerordentlich interessierte), mussten wir auch Vokabel lernen. Wörter, die es heute nicht mehr gibt, die vormals, vorzugsweise im Mittelalter, sehr gebräuchlich waren. „Elilanti“ – das hieß auf Althochdeutsch „der Fremde“.

Der Fremde aber kam aus einem Land, das *die* Fremde genannt wurde. Aus dem Elend eben. Aus der Verbannung – auch diese ist aus begreiflichen Gründen Elend genannt worden. Aber das Wort, der Begriff hatte noch zusätzliche Bedeutungen. Bedrängnis etwa, oder Not. Wer im Elend lebte, war also ein Elender. Er kam auf der Suche nach einer neuen Heimat aus einem anderen Land, war fremd und hilfsbedürftig. Es gab zwischen dem 14. und dem 16. Jahrhundert eigene „Elendbrüderschaften“, die sich um die Unterbringung armer, kranker Fremdlinge kümmerten. Sie wurden in eigene „Elendherbergen“ gebracht.

Der Elende, der Fremdling. Die Verwandtschaft mit Einwanderern heute, Fremdlingen also, ist nicht zu übersehen. Der Fremdling ein Elender? Wenn man der Kriminalstatistik glauben darf, ist der grassierende Fremdenhass von dieser Diffamierung offenbar nicht zu trennen, nach Meinung vieler jedenfalls.

„Xenos“ heißt auf Griechisch „der Fremdling, der Unbekannte, der Neuankömmling“. Man hielt ihn bei den Hellenen nicht unbedingt für einen schlechten Menschen. Deswegen fürchtete man sich auch nicht vor ihm. Es war einfach jemand, der eingewandert war, der aus der Fremde kam, aus dem „Elend“. Aber er war kein Elender im heutigen Sinn des Wortes.

Die Xenophobie hat es erst später, viel später gegeben. Die Angst vor dem Fremden. Man könnte sie fast als eine Abart der Sozialphobie bezeichnen. Xenophobie: Angst vor Unbekanntem – der Artikel kann nach Belieben verwendet werden: *der* Unbekannte, *das* Unbekannte. Angsterregend beides für Menschen mit schwachen Nerven.

Das dritte Jahrtausend aber beginnt mit einer neuen Art von Aufklärung, sollte man meinen. Im 21. Jahrhundert ist der Fremdling kein Elender mehr – sollte man glauben. Aber Fremde bleiben Fremde. Und man hat Angst vor ihnen, Sorge mit ihnen. Die Xenophobie grassiert. Auch in Zeiten, da das Wort „Multikulti“ zu einem der meistverwendeten geworden ist. Nicht als Wort des Jahres gebraucht, sondern sogar als eines, das man als Wort des Jahrzehnts bezeichnen könnte.

Multikulti. Sagen wir es anders: aus fremdem Kulturkreis stammend. Multikulti: ein Konglomerat verschiedener Kulturen. Fast ist man versucht zu sagen: verschiedener Zivilisationen. Der Vergleich mit dem Schmelztopf – siehe die Vereinigten Staaten – liegt auf der Hand. Immer schon hat es solches gegeben. Zur Zeit von Christi Geburt war in Jerusalem ein Völkergemisch vorhanden, das man sich heute kaum mehr vorstellen kann. Schon in der Apostelgeschichte ist davon die Rede:

„In Jerusalem aber wohnten Juden, fromme Männer aus allen Völkern unter dem Himmel. Als sich das Getöse erhob, strömte die Menge zusammen und war ganz bestürzt; denn jeder hörte sie in seiner Sprache reden. Sie gerieten außer sich vor Staunen und sagten: Sind das nicht alles Galiläer, die hier reden? Wieso kann sie jeder von uns in seiner Muttersprache hören: Parther, Meder und Elamiter, Bewohner von Mesopotamien, Judäa und Kappadozien, von Pontus und der Provinz Asien, von Phrygien und Pamphylien, von Ägypten und dem Gebiet Libyens nach Zyrene hin, auch die Römer, die sich hier aufhalten, Juden und Proselyten, Kreter und Araber, wir hören sie in unseren Sprachen Gottes große Taten verkünden. Alle gerieten außer sich und waren ratlos."

Es gibt Leute, die der Meinung sind, es ginge nicht um die Vielart der Sprachen. Vielmehr sei es die Vielart der Sitten, vor denen man Angst habe – oder jedenfalls Angst haben könnte. Vielfach ohne Grund. In einer Zeit der Massenmigration kommt es eben zur Vermischung auch der Gebräuche. Und die Toleranten, vielfach auch als „Gutmenschen" bezeichnet, verstehen die Konsequenzen – oder glauben sie jedenfalls zu verstehen. Dass sich Jugendliche gleicher Herkunft zusammenschließen, muss nicht unbedingt heißen, dass sie sich zusammenrotten.

Aber ein Haufen türkischer Halbwüchsiger macht Angst. Das ist dann mehr als Xenophobie. Das ist Fremdenhass. Er wird oft von politischer Seite geschürt, zum Teil auch instrumentalisiert. Angst, das haben wir immer wieder gesehen, ist auch ein eminent wichtiger politischer Faktor. Und Fremdenangst lässt sich von Terrorangst schwer trennen.

Ich bitte die Leser und Leserinnen, mir auf einem kurzen Ausflug in die Zoologie zu folgen. Gewiss, auch hier muss ich sagen:

Ich bin alles andere als ein Wissenschaftler, ein Zoologe gar. Und doch glaube ich, immer wieder gehört oder gelesen zu haben, welche Bewandtnis es mit der Psychologie des Rudels hat, oder der Herde. Wer nicht dazu gehört, wird im besten Fall in die Wüste geschickt, und zwar im buchstäblichen Sinn. Schlimmstenfalls wird er totgebissen.

Xenophobie. Die Angst vor *dem* Fremden und also auch vor *den* Fremden. Die Angst vor der Fremde, dem Elend und vor den Elenden. Sie können freilich auch, ins Überirdische verklärt, zur Angst gewandelte Bewunderung auslösen: Als der Erzengel Gabriel ins Zimmer der Jungfrau Maria trat, um ihr Christi Geburt anzukünden, sagte er laut Lukas: „Fürchte dich nicht".

Die Angst kommt in diesem Lukas-Evangelium gleich mehrfach vor. In der Gegend von Bethlehem, auch das ist im Neuen Testament zu finden, *„lagerten Hirten auf freiem Feld und hielten Nachtwache bei ihrer Herde, da trat der Engel des Herrn zu ihnen und der Glanz des Herrn umstrahlte sie und sie fürchteten sich sehr. Der Engel aber sagte zu ihnen: Fürchtet euch nicht, denn ich verkünde euch eine große Freude, die dem ganzen Volk zuteil werden soll."*

Fürchtet euch nicht. Der Engel wusste um die Reaktion der Menschen, auf die er zutrat. Sie hatten Angst. Auch Maria hatte Angst während der Verkündigung. Angst, das habe ich jetzt schon oft erläutert, ist ein ganz natürliches, sogar zum Überleben helfendes Gefühl. Sie ist es umso mehr, wenn man meint, es mit jemandem zu tun zu haben, von dem man nicht weiß, woher er kommt. Sein Wesen, seine Art, seine Kleidung, seine Sprache verursachen Furcht.

Als Hernando Cortez mit seinen Spaniern in der Neuen Welt landete, traten ihm Eingeborene entgegen und warfen sich auf den Boden. Sie meinten, weißen Göttern zu begegnen, und fürchteten sich sehr. Sie wussten noch nichts von Xenophobie. Sie sahen nur das vermeintlich Außerweltliche in den Ankömmlingen, die dem Meer entstiegen schienen, und glaubten Menschen zu sehen, die keine Menschen waren. Die weißen Götter verwandelten sich alsbald, wie man lesen konnte, in Raubritter. Der Rest der Geschichte darf als bekannt vorausgesetzt werden.

Xenophobie ist bis heute eine der am meisten verbreiteten Ängste. Dort, wo es homogene Menschenkommunen gibt, dort, wo man zu Recht glaubt, von einer Nation sprechen zu können, ist Xenophobie mehr daheim als anderswo. Dort, wo der Begriff der Nation nicht in allen Details zutrifft, ist die Fremdenangst nicht oder nur in Spuren vorhanden.

Die USA sind ein Paradebeispiel. Das Wesen einer Nation geht den Vereinigten Staaten von Amerika in mancher Hinsicht ab, obgleich sie das Wort „national" gerne verwenden. Aber gerade deswegen, weil sie nach Meinung mancher keine Nation im staatsrechtlichen Sinn sind, wirken sie seit Jahrhunderten als einer der erwähnten Schmelztiegel, der in der Lage ist, Einwanderer aus aller Herren Ländern zu „verdauen" – und nicht zuletzt dadurch groß zu werden.

Da ist nichts von Fremdenhass in den USA. Die Amerikaner fremdeln nicht. Fremdeln – ein Begriff, den wir bereits beim Thema Kinderangst, auch beim Thema Veränderung kennengelernt haben. Fremdeln: ein Begriff, der nicht unbedingt mit Xenophobie zu tun haben muss, und doch von Angst umwoben ist, vor allem dann, wenn es beim Kind darum geht, den Schutz der Mutter zu verlassen oder verlassen zu müssen.

In der Frühzeit meiner journalistischen Karriere, als Reportagen mit „verdeckter Identität" noch gebräuchlich waren – ich habe zum Beispiel mit nicht geringem Erfolg, der sich in einer Vielzahl von Münzen ausdrückte, einen Bettler gemimt – als solche Reportagen also zum journalistischen Know-how gehörten, wollte ich zusammen mit einem Kollegen erproben, wie es mit der Angst von Kindern bestellt sei, die von einem fremden Mann mit Schokolade gelockt werden. Während der andere einem Polizisten erklärte, worum es bei diesem „Experiment" gehe, versuchte ich Buben im Kindergartenalter mit Süßigkeiten zu locken: „Komm mit, Bubi, ich habe da hinten Zuckerln in meiner Tasche".

Angsterfüllt rissen die Mütter jeweils die Kleinen zurück. Aber sie hätten auch ohne die Schelte „gefremdelt". In keinem einzigen Fall haben sie sich von der Mutter gelöst. Es ist ihnen eingebläut worden, was auch mir als Kleinkind immer gesagt wurde: Habe vor jedem Menschen Angst, der dich freundlich anspricht, obwohl du ihn nicht kennst.

Xenophobie? Bisweilen ist sie ein Heilmittel. Oft aber wird sie gezüchtet, ist, wie gesagt, ein politisches Instrument. Xenophobie, Fremdenangst, ist Angst vor Unter- und Überwanderung. Sie ist mit der Angst vor einem Verlust des Arbeitsplatzes ebenso eng verbunden wie mit der Angst vor Verbrechen. Xenophobie ist keine Panikstörung. Sie kann – siehe Rudelmentalität – auch zum Schutzmechanismus werden. Als solcher wird sie, ohne sie beim Namen zu nennen, oft gepriesen. „Daham statt Islam" ist eine dieser im buchstäblichen und im übertragenen Sinn plakativen Aussagen. Der Slogan, von den Rechten vor Wahlen affichiert, nahm die Moscheen aufs Korn, die vom wachsenden Anteil der Muslime gefordert wurden.

Ist Fremdenangst nur negativ zu bewerten, als Xenophobie uminterpretiert? Oder ist sie nicht auch eine jener Ängste, die, wie uns die Psychologen und Psychiater sagen, Hilfsdienste leisten beim und zum Überleben? Es hat unzählige Zeiten gegeben, da das unsinnige Wort „Umvolkung" gerne gebraucht worden ist. In der Tat wird es in rechtsextremen Gedankensprüngen immer wieder „angedacht", wenn es etwa um den Streit geht, ob ein Minarett höher sein darf als ein Kirchturm. Vorerst aber und bis auf Weiteres ist Xenophobie negativ besetzt. Aber die Menschheit wäre ärmer, würde die Fremdenangst die Grenzen sperren. Auch der Geist wäre dann verbarrikadiert.

Wasser, Luft und Erde

Die Angst vor dem Klimawandel

Eine der Radiosendungen des österreichischen Rundfunks, die ich besonders schätze, nennt sich „Hörbilder“, wird von der Feature-Redaktion produziert und befasst sich mit den verschiedensten Aspekten und Erscheinungsformen des Lebens, national und international. Einer der interessantesten Beiträge war jener, der die Durchquerung der Eiswüste Grönlands durch drei Südtiroler schilderte.

Die drei Abenteurer (und das müssen sie wohl gewesen sein) haben diese zu Dänemark gehörende vergletscherte Rieseninsel zu Fuß bewältigt. Sie haben jeder einen Schlitten gezogen und haben für ihr Vorhaben natürlich Monate gebraucht. Sie sind heil angekommen. Aber zeitweilig hatten sie, wie der Expeditionsleiter dann in einem Interview erklärte, Angst gehabt. Angst vor dem Erfrieren. Angst, nicht mehr weiterstapfen zu können in diesem Inferno von Wind, Sturm und Schnee. Erst als sie nach langem Marsch endlich wieder auf menschliche Behausungen stießen, auf Inuits, wie die Eskimos heute genannt werden wollen, fühlten sie sich wieder in Sicherheit.

Grönland, die Massierung von Gletschern, Eis und Schnee. Grönland, die größte Insel der Erde. Grönland, das einst grün war. Bewachsen, bewaldet, offensichtlich auch von Menschen bewohnt. Die Wikinger haben der Insel den Namen gegeben, den sie heute noch trägt, obwohl nichts Grünes mehr an ihr ist, sondern nur mehr Weiß. Schneeweiß. Eis. Bis auf Weiteres.

Eine Klimaveränderung hat dies bewirkt. Die Temperatur der Erde war gesunken. Grünland wurde Grönland. Die Verwandlung in eine Eiswüste gilt als Paradebeispiel für das ewige Auf und Ab der Erdtemperaturen. Dies ist zu verzeichnen, seit die Erde bewohnt ist. Legenden, Märchen, Überlieferungen befassen sich seit jeher mit den Änderungen der Umwelt. Wir sind von ihnen abhängig, deshalb fürchten wir sie.

Genug der Grübeleien. Sehen wir uns die Fakten an. Dass die Erde einst ein Paradies war, erfahren wir nicht nur aus der Bibel. Wissenschaftler haben eine Erklärung. Sie meinen, in der Genesis werde, wie Kurt G. Blüchel in seinem Buch „Der Klimaschwindel" schreibt, die „wonnige Glückseligkeit von Menschen" geschildert, die, aus der tödlichen Kälte kommend, *„sich plötzlich in einem Land wiederfanden, wo buchstäblich Milch und Honig fließen; eben im Paradies"*. Die letzte Eiszeit war gerade zu Ende gegangen, die globale Temperatur lag im Schnitt etwa vier bis fünf Grad höher als heute. *„Die mächtigen Eisberge und Gletscher waren auf der Nordhalbkugel polwärts zurückgewichen, üppig wuchernde Wälder und saftstrotzendes Grasland bedeckten nun die einst über Jahrzehntausende unter kilometerdicken Eispanzern begrabenen Kontinente"*.

Grönland, Grünland. Die Sahara ist einst palmenbedecktes fruchtbares Land gewesen. Im Tschad fand man Höhlenzeichnungen von Krokodilen. Blüchel zitiert Homer und dessen Schilderung des Landes der Phäaken. Hesiod habe vom „Goldenen Zeitalter" geschrieben, in dem die Menschen „fern von Mühe und Leid" gelebt hätten. *„Auf allen Kontinenten der Erde hat das ewige Wechselspiel des Klimas den unaufhörlichen Wandel der Umwelt des Menschen und damit der Grundlagen seiner jeweiligen Lebensbedingungen entscheidend beeinflusst."* In der Tat: Die Umwelt des Menschen wandelt sich unaufhörlich.

Das muss erst einmal festgestellt werden, wenn von der Angst die Rede ist, die jede Klimakonferenz der Vereinten Nationen erfasst: Ist wieder einmal der Weltuntergang nahe, ein Weltuntergang, der schon so oft prophezeit worden war? Eine der ältesten Mythen ist jene von der Sintflut. Die Erzählung findet sich nicht nur in der Bibel, sondern auch in den Überlieferungen anderer

Völker: Riesige Überschwemmungen, unaufhörlicher Regen, kurz: Wetterkatastrophen. Und dann wieder: *„Ewiger Frühling herrschte, und sanfte Westwinde streichelten mit lauen Lüften die Blumen, die ungesät entsprossen waren. Bald trug ungepflügte Erde auch Getreide, und ohne nach einer Brache neu bearbeitet zu sein, war der Acker weiß vor schwerer Ähren"*. Die Beschreibung stammt aus dem Land der Sumerer und ist rund siebentausend Jahre alt.

„Klimaalarm: Die Skeptiker erwachen", überschreibt die „Wiener Zeitung" eine umfangreiche Materialsammlung über die Probleme von Warm und Kalt auf unserer Erde. „Die Temelín-Lüge" betitelte Pavel Kohout ein Essay über die Atomangst der Österreicher. Und auch das viel zitierte (und viel gefürchtete) Waldsterben sowie andere vom „Club of Rome" prophezeite Unfälle der Natur werden nun immer häufiger als zumindest übertrieben erklärt. Ist auch hier die Feststellung angebracht, dass es sich um ein veritables Angstdilemma handle?

Dass es auf der Welt immer wieder Klimaschwankungen allergrößten Ausmaßes gegeben hat, ist eine Tatsache und historisch belegbar. Und dass andererseits wir gleichzeitig in einer Periode leben, wo der übermäßige Ausstoß von Kohlendioxid, von dem gefürchteten CO_2, offenbar wieder einmal eine Erwärmungsperiode verursacht, bleibt unbestritten. Unser Dilemma besteht darin, dass wir nicht wissen, wem wir glauben sollen. Dass wir nicht wissen, wovor wir Angst haben sollen. Vor der Abholzung des Regenwalds, der, wie eine Studie der Stanford-Universität in den USA behauptet, der massenhaften Erzeugung von Treibstoff aus Pflanzen dient und gefährlicher sei als alles CO_2 zusammen? Oder vor den Blähungen von Kühen, die so betrachtet, angeblich nicht minder gefährlich sind?

Es ist nicht uninteressant, eine Liste aller jener Alarmnachrichten zusammenzustellen, die sich dann als falsch oder zumindest nicht richtig herausgestellt haben. Schmelzen wirklich die Gletscher? Sie waren, kann man lesen, in vergangenen Jahrhunderten schon viel kleiner gewesen als heute. Gibt es mehr Erdbeben als früher? Lesen Sie nach über San Francisco! Ist wirklich genmanipulierter Mais so gefährlich, wie uns erklärt wird? Warum ist die EU dann nicht besorgt? Und vor allem auch: Ist nicht (aus guten Gründen?) eine Renaissance der Kernkraft festzustellen?

Der ehemalige amerikanische Präsidentschaftskandidat Al Gore, jetzt Friedensnobelpreisträger und Reisender in Horrormeldungen, schlägt permanent Alarm, was die Erderwärmung betrifft. Er hat den heißen Sommer 1998 als „Kristallnacht des Erwärmungsholocaust" bezeichnet. Gore, der sich seine weltweiten Auftritte natürlich entsprechend bezahlen lässt, ist Liebling der „Ökophoben". Diese hängen einer neuen Art von Angststörung nach, der „Ökophobie". Unser Dilemma besteht darin, nicht wissen zu können, wer recht hat: die Umweltschützer oder jene, die behaupten, alles sei übertrieben, und die daher sagen: „Fürchtet euch nicht!"

Auf der einen Seite stehen die Klimatologen der Vereinten Nationen, die immer wieder versichern, es sei höchste Zeit, mit der von Menschen verursachten Produktion von Treibhausgasen aufzuhören, will man nicht die Erde à la longue unbewohnbar machen. Denn die Erderwärmung schreite unaufhörlich weiter. An Worst-Case-Szenarien ist da kein Mangel, selbst Hollywood trägt dazu bei: Die Zahl der einschlägigen Filme wird immer größer.

Ihr Inhalt, ihr „Plot", hat zum Ziel, unsere Ängste zu vermehren und zu vergrößern. Denn die Angstliste, was die Natur und ihre Einwirkung auf unser Leben betrifft, ist in der Tat lang genug. Da sind Trockenheit und Dürre in Teilen der Erde, da sind riesige Überschwemmungen anderswo. Da ist zu viel oder zu wenig Sonne, zu viel oder zu wenig Regen. Da gibt es in manchen Gebieten zu wenig und in manchen zu viel Wasser.

Angst um dieses kostbare Nass? Doch auch Angst vor dem Wasser. Das Bersten von Staudämmen und die darauffolgenden Katastrophen – Longarone ist da ein Stichwort – sind ein Beweis, dass die Natur, wo immer sie zuschlägt, tödlich sein kann. Angst ist überall: Atomangst, Erdbebenangst, Klimaangst.

Es ist im Grunde skurril, dass die Ökophoben bis auf Weiteres die erdrückende Mehrheit bilden. Deswegen ist auch die Publicity-Garantie nur dann gegeben, wenn Alarm geschlagen wird. Der streitbare (und als EU-Skeptiker bekannte) tschechische Spitzenpolitiker Václav Klaus nennt die Ökophobie einen „Umweltfetischismus“ und hält ihn für eine „neue gefährliche Religion“. Er ist, wie die „Wiener Zeitung“ zitiert, überzeugt: „Sie wollen den wirtschaftlichen Fortschritt stoppen und die Menschheit um Jahrhunderte zurückstoßen“.

Wieder ist das Angstdilemma klar. Müssen wir Angst haben, dazu gezwungen zu werden, in die Steinzeit zurückzukehren? Oder müssen wir uns davor fürchten, dass die Erde unbewohnbar wird? In den Medien findet sich keine Antwort. Zwar erhalten die Skeptiker mehr Platz als früher, aber sie gelten eben doch vorerst nur als Dissidenten.

Nicht zuletzt deswegen, weil die Medien auch in dieser Hinsicht dem Motto folgen, dass nur eine schlechte Nachricht eine gute (oder überhaupt eine Nachricht) sei. Gewiss, schon Malthus hat prophezeit, dass die Menschheit verhungern werde, weil sie sich in geometrischer Reihe vermehre, während die Nahrungsmittelproduktion nur arithmetisch wachse. Und stimmt nicht, dass in weiten Gebieten Afrikas der Hunger herrscht? Die Frage, ob nicht das Verteilungsproblem zusammen mit Kriegen und Unruhen die Wurzel des Übels sei, wird zu wenig beachtet.

Und was die Rohstoffe betrifft, so hat der erwähnte „Club of Rome“ das Ende der Vorräte so drastisch vorhergesagt, dass wir eigentlich kaum noch einen Tropfen Benzin oder Diesel tanken könnten. In Wahrheit hat die Welt noch immer genug Reserven, um den Ölpreis in – zugegeben weiten – Grenzen zu halten.

Es ist demnach an der Zeit, zumindest in diesem Fall, das Angstdilemma zu entschärfen. Mag sein, dass wirklich die Rohstoffknappheit irgendwann einmal überhandnehmen wird. Der Mensch aber ist immer schon in der Lage gewesen, dann, wenn es dringend notwendig ist, sein Innovationspotenzial freizusetzen.

„Die Krise ist eine Krise ist keine Krise", schreibt Dirk Böttcher im deutschen Wirtschaftsmagazin „brand eins": *„Die Rohstoffknappheit könnte sich auch als Glücksfall für die Wirtschaft erweisen, der weit über die alternativen Energien oder einige durch Berlin und Brüssel fahrende Elektro-Smarts hinaus ginge. Immer mehr Innovationen bauen bereits eine neue Welt."* Und der Zukunftsforscher Axel Zweck sagt: „Noch nie in der Geschichte stand die Weltwirtschaft unter so einem Innovationsdruck wie in Zeiten der hohen Rohstoffpreise".

Dass aber vom Angstdilemma selbst eine Berufssparte betroffen ist, deren Gebiet eigentlich nicht mit Angst zu tun haben sollte, ist mir wahrscheinlich ebenso neu wie Ihnen. Ich jedenfalls habe noch nichts von einem „Wissenschaftskabarettisten" gehört. Es ist einer, der, wie es in einem Rowohlt-Taschenbuch heißt, „mit Wortwitz und Komik sowohl Laien als auch naturwissenschaftliches Fachpublikum unterhält". Vince Ebert ist einer der Branche. Jawohl, er macht seine Späße: *„Welt retten ist ja zurzeit unglaublich hipp. Günther Jauch trinkt Krombacher für den Regenwald. Cameron Diaz benutzt einlagiges Klopapier. Und Frank Asbeck, der Chef der Bonner Solarworld AG, fährt mittlerweile seinen 300 PS starken Maserati aus Energiespargründen nur noch, wenn die Sonne scheint"*.

Aber Ebert kann auch ernst werden: *„Der Klimawandel ist eine Realität. Doch welche Rolle das CO_2 dabei spielt, ist alles andere als geklärt. Im Laufe der Erdgeschichte hat es schon immer riesige Temperatursprünge gegeben, ohne dass der Mensch CO_2 ausgestoßen hat. Vor 15.000 Jahren sind die Gletscher ja nicht deswegen geschmolzen, weil der Neandertaler die erste Grillsaison eröffnet hat."* Und genau aus diesem Grund, sagt der Wissenschaftskabarettist, gehen ihm „Leute wie Al Gore" auf die Nerven: *„Weil sie vor lauter Weltretterei die Menschen vergessen. Weil sie von einer Gesellschaftsordnung träumen, in der nicht der Mensch, sondern das Klima an erster Stelle steht. Und weil sie ein Weltbild vertreten, das als grundsätzliche Ursache für die Probleme der Welt allein die Verbreitung des Homo sapiens sieht"*.

Verlassen wir das Wissenschaftskabarett. Versuchen wir, unsere Kinder und Enkel zu beruhigen. Denn in der Reihe der kindlichen Ängste nehmen die ökologischen einen vordersten Platz ein. „Wird es die Erde noch geben, wenn wir groß sind?", fragen die Kleinen und sind beunruhigt. Horst-Eberhard Richter zitiert eine Ärztin, die ein exemplarisches Beispiel kindlicher Umweltangst berichtet habe: *„Der Junge schläft zurzeit nicht gut. Eines Abends geht er ins Gästezimmer, um sich bei dem Onkel, der zurzeit dort wohnt, über die Uhrzeit zu informieren. Er gibt an, dass er traurig sei. Offensichtlich hat er geweint. Auf Nachfrage des Onkels sagt er nur lapidar: Privatsache. – Nachdem das über mehrere Tage und Nächte so geht, er nicht mehr fröhlich ist wie sonst, frage ich ihn, ob ich ihm helfen kann. Erst auf mehrere Angebote, ob er sich nicht vielleicht erleichtern wolle, erzählt er unter Tränen vom Ozonloch. Er mache sich so große Sorgen um die Erde. Er will wissen, ob das so stimmt. Ob man die Erde vielleicht retten kann? Da ich ihn darüber nicht absolut beruhigen kann (meine Vorschläge, dass wir uns alle weiter für den Umweltschutz engagieren müssen, reichen ihm nicht), fühle ich mich ein wenig hilflos. Erste weitere Gespräche darüber, dass sich auch viele Große dazu Gedanken machen und sich darum praktisch kümmern, bringen ihm einige Erleichterung."*

Die Zukunftsangst, die auch unter den Kindern grassiert, ist vornehmlich eine Angst vor der Umweltzerstörung. Schon vor Jahren hat die Zeitschrift „Eltern" 2430 Schülerinnen und Schüler zwischen 8 und 16 Jahren die Frage beantworten lassen: „Was ist dein größter und wichtigster Weihnachtswunsch in diesem Jahr?" An erster Stelle rangierte besserer Umweltschutz, vor allem Maßnahmen um das Ozonloch, die Luft- und Wasservergiftung und gegen das Tiersterben. In Salzburg ist 1991 ein Forschungsbericht über Zukunftsvorstellungen Jugendlicher aus diesem Bundesland erschienen. Die Buben und Mädchen sollten malen und erzählen, was sie auf einer „Fantasiereise" durch die Zukunft erlebten. Die Mehrzahl berichtete von düsteren Eindrücken. 80 Prozent befassten sich mit Natur und Umwelt, die überwiegende Mehrzahl sah diese zerstört, und nur 17 Prozent zeichneten ein heiles Bild der Natur.

Sind die Kinder manipuliert worden? Sind alle diese Umfragen nicht akkurat, weil sie auf dem Einfluss der Familien, auf Gesprächen, vielleicht sogar Indoktrinierung beruhen? Gewiss steht außer Zweifel, dass die Buben und Mädchen ihre Zukunftsängste nicht aus sich heraus produziert haben, sondern aufgrund von äußeren Eindrücken – und diese haben sie wahrscheinlich auch aus den Medien bezogen. Faktum ist jedenfalls, dass die Zukunftsängste des Nachwuchses offenbar größer sind als die ihrer Eltern und Großeltern. Angst vor Umweltzerstörung und Klimawandel verdrängt bei den Kindern alle anderen Ängste. Ob und wie sie dazu beitragen werden, die Ökologieprobleme der Erde zu bewältigen, wissen wir nicht. Aber dass bei den künftigen Generationen der Wille dazu vorhanden ist, darf außer Streit gestellt werden.

CO_2 und Baumsterben, Erderwärmung und Treibhausklima, Ölknappheit und Wassernot und vor allem Hunger: Die apokalyptischen Reiter haben bereits Regimentsstärke. Was Wunder, wenn einem da immer wieder Roosevelt in Erinnerung kommt? Nur die Angst vor der Angst ist wirklich gefährlich. Bis jetzt hat er recht gehabt.

Gute Geschäfte

Spekulationen mit der Angst

Wann kommt der nächste Weltuntergang? Die imaginäre Frage, unbewusst und doch mit bewussten Motiven vollgestopft, immer wieder, vor allem von den Medien gestellt, verkörpert wie keine andere das Angstdilemma. Wie lange leben wir? Wie lange wird es unseren Globus noch geben? Ich habe ausführlich von dieser Sorge erzählt, von der Angst um die eigene Existenz. Um die Gesundheit zumal. Die Angst um das Wohlbefinden (oder, wie man heute gerne sagt, die „Befindlichkeit") – auch sie ist eine der Urängste. Es gibt sehr viele von ihnen. Aber auch das habe ich schon gesagt.

Dass die Befindlichkeit auch zur Geschäftsgrundlage werden kann, wissen wir. Aber wir sehen darüber hinweg. So ist es nun einmal. Mit dem Wohl der Menschen, mit ihrem Wohlsein, ihrem Wohlbefinden Geschäfte zu machen, ist normal, sagen wir. Alles hat seinen Preis, nur der Tod ist gratis, kann man immer wieder hören. Dass nicht einmal dieses stimmt, wollen wir hier nicht diskutieren. Wohl aber ist es an der Zeit, sich mit dem Problem des Geschäfts mit der Angst zu befassen. Es blüht und trägt viele Milliarden.

Da ist etwa das Geschäft mit dem Bauch, das so lukrativ ist. Der Bauch ist der Sitz des Lebens, hieß es schon in der Antike. Und Buddha lacht, weil er wohlgenährt ist. Sein Bauch ist im buchstäblichen Sinn sein am deutlichsten bemerkbarer Körperteil. Die Menschheit aber, könnte man meinen, hat permanente Bauchschmerzen. Den Werbespots nach zu schließen, ist diesen leicht abzuhelfen. Man braucht nur irgendwelche Mittel einzunehmen – das schmeckt sooo gut!

In diesem Kapitel will ich unter anderem die Frage behandeln, in welchem Ausmaß die Medien jenen Institutionen zur Hand gehen, die aus der Angst ein Geschäft machen. Ich möchte in diesem Fall die Frage ausklammern, ob das Geschäft mit der Angst nicht auch eines der Medien ist. Vergessen wir nicht die Auflage, die Reichweite, die Inserate!

Bleiben wir vorerst beim Geschäft mit der Krankheit. Bleiben wir bei den lukrativen Erscheinungsbildern von Seuchen, die vielleicht sogar zu Pandemien werden könnten. Geben wir zu: Wir fürchten uns vor dem Virus H1N1. Eine Pandemie? Die Weltgesundheitsorganisation, die WHO, hat diese Befürchtungen geteilt. Und wenn die WHO dies bekannt gibt (und zwar öffentlich), muss es doch stimmen, oder? Muss der Gefährlichkeitsgrad dieser Massenerkrankung doch gewaltig sein, nicht wahr? Also her mit einem Impfstoff! Her mit Medikamenten!

Auf die Gefahr hin, mich zu wiederholen, verspüre ich eine unbändige Lust, ein Register aller jener gesundheitlichen Weltuntergänge zu verfassen, die nicht passiert sind – eine Chronologie aller jener Epidemien aufzuschreiben, die in den letzten Jahren und Jahrzehnten die Menschheit in Furcht und Schrecken versetzt haben, ohne dann wirklich eingetreten zu sein. Die einzige Epidemie, die uns alle damals erfasste und heute noch grassiert, ist die Epidemie der Angst. Auch sie gefährdet die Gesundheit.

Es ist in der Tat die schreckliche Influenzaepidemie von 1918/19, die den Gesundheitsbehörden weltweit noch in den Gliedern steckt. Und es ist die Erwartung, eine neue Pandemie könnte auftreten, die in den Vorständen und Aufsichtsräten der Pharmaindustrie die Augen leuchten lässt. Vor nicht allzu langer Zeit haben sich Epidemiologen und Sozialhygieniker im Rundfunk geäußert. Ihr Urteil über das Geschäft mit der Angst, betrieben von den internationalen Pharmakonzernen, war niederschmetternd. Das Geschäft mit einem Impfstoff, den man wahrscheinlich und jedenfalls in dieser Menge nicht wird brauchen können, ist derzeit eines der besten und größten im Bereich der Pharmaindustrie. Selten konnte und kann die Angst derart „versilbert“ werden wie im Fall der Grippeviren, die sich angeblich (aber wieder: bis jetzt) fast so mild auswirken wie eine normale Verkühlung.

2007 sind in Österreich sechs Menschen nachweislich an der Grippe gestorben, hat die Statistik Austria, das einstige Statistische Zentralamt, berichtet. Anno 2006 waren es immerhin sieben. Sieben! 1970 gab es – ebenfalls laut Statistik Austria – pro Jahr im Durchschnitt 166 nachweisliche Grippetodesfälle. Die Impfstoffhersteller aber und etliche Experten (auch medizinische, deren Motive eher nicht nachvollzogen werden sollen) sprechen von 2000 bis 3000 Grippetoten im Jahr – und sogar mehr. „Die Wahrheit liegt irgendwo dazwischen“, sagt der Epidemiologe Franz Piribauer, „wir wissen nur nicht, wo dazwischen“.

Faktum sei jedenfalls, dass an der Grippe vor allem Alte und bereits erkrankte Menschen sterben. „Die Frage ist, wie lange sie ohne die Grippe auch noch gelebt hätten, und die eigentliche Frage, wie viele Lebenstage mit der Grippe verloren gegangen wären“.

„Das Problem sei, dass diese Dinge in Österreich noch nie jemand gründlich untersucht hat“, ergänzt der Grazer Hygieniker Martin Springer. „Ich nehme an, weil es kein Interesse gibt. Kein kommerzielles Interesse“. Die nächste weltumspannende Seuche wird zwar hoffentlich nicht kommen, aber den Menschen jedenfalls vorgegaukelt werden. Martin Springer spricht im Zusammenhang von Grippeepidemien von einem „Geschäft mit der Hypochondrie“. Mit den Todeszahlen würden die Menschen bewusst hypochondrisch gemacht, sagt der Experte.

Aber kann Hypochondrie wirklich den Umsatz der Pharmaindustrie steigern? Ein alter Freund aus dem Medienbereich, der fast stolz darauf ist, als Hypochonder zu gelten, bekannte offen, dass ihm das Wasser im Mund zusammenlaufe, wenn er an einer Apotheke vorübergehe. Gewiss, Molière hat den „Eingebildeten Kranken“ geschrieben. Aber Hypochondrie ist mehr als Einbildung, heißt es heute. Es ist eine krankhafte Beschäftigung mit dem Wohlbefinden des eigenen Körpers. Der Hypochonder achtet vermehrt auf geringe Veränderungen von Körperfunktionen und interpretiert auch geringfügige Signale als möglichen Ausdruck einer schweren Erkrankung. Die Folge ist ein „Doctor Hopping“ oder „Doctor Shopping“ – der wiederholte Besuch verschiedener Ärzte.

Die Hypochondrie wird daher folgerichtig als „hypochondrische Störung“ definiert. Sie ist eine Angststörung. Sie quält den Betroffenen und meist auch dessen Umgebung.

Der Hypochonder hat Angst davor, krank zu sein, weil er Schmerzen am Hypochondrium verspürt oder zu spüren vermeint. Dieses Hypochondrium liegt unter dem Rippenbogen, und dort, genau dort glaubt der Hypochonder, krank zu sein.

Hypochondrie ist tatsächlich Angst. Die Hypochonder werden verlacht, werden oft belächelt. Das ist ungerecht und unfair. Manche Leidende sind in der Meinung, krank zu sein, sogar von der Angst überwältigt – eine veritable Angststörung liegt vor. Dann ist ärztliche Hilfe notwendig.

Der Medikamentenverbrauch wäre geringer, viel geringer, und die Ersparnisse für die Krankenkassen wären größer, wenn nicht vor allem die Fernsehwerbung unausgesprochen Bewusstseinsbildung betriebe. Blähungen? Ein Medikament. Kopfschmerzen? Ein Medikament. Fernsehwerbung soll Angst vertreiben, kann sie freilich oft auch schüren.

Dann heißt es immer wieder, die Medikamente seien „erprobt“. Wohlweislich nicht „überprüft“. Das würde nämlich nicht stimmen. Stimmen aber die jeweiligen (bezahlten) Gutachten, die für Laien oftmals irreführend sind?

Wie hoch soll der Blutdruck sein? Als ich ein Kind war, hieß es, er sei ungefährlich, wenn der obere Wert das Lebensalter plus 100 nicht übersteige. Heute greift sich wegen solcher Werte jeder Internist an den Kopf. Die WHO und amerikanische Ärztevereinigungen haben den normalen Druck immer wieder hinabgesetzt. Wer „oben“ 124 hat, und ist er oder sie auch im 60-plus-Alter, ist diesbezüglich gesund. Aber wer hat schon diesen Wert?

Die Pharmaindustrie weiß, wo das Geld sitzt. Und wer weiß, gewinnt. „Vieles, was da geschieht, erweckt durchaus den Verdacht der ‚Geschäftemacherei'", zitiert die „Presse" den niederösterreichischen Patientenanwalt Gerald Bachinger. Die Bevölkerung, schrieb die Zeitung, sei oft einseitigen Informationen ausgesetzt, „denen die meisten Menschen nur staunend gegenüberstehen können".

Die Leute wüssten zu wenig über ihre eigene Gesundheit. Umso mehr glauben sie den zumeist zwar unabhängig wirkenden, aber durchaus einseitigen Informationskampagnen – etwa jenen, die auf Impfungen und Medikamentengebrauch Bezug nehmen. „Mündige Konsumenten müssten sich eigentlich fragen, wer die mit großem Aufwand betriebenen Aktionen bezahle", sagt der Patientenanwalt.

Das Geld kommt laut „Presse" und Bachinger von dort, wo es letztendlich wieder hinfließen soll, nämlich von Apothekern und Konzernen. Ein Beispiel: die „Initiative Influenza". Sie wurde vom Pharmakonzern Roche finanziert. Die „Presse" weiter: „Die Geschäftsinteressen sind nicht schlecht. Bei einer (im internationalen Vergleich geringen) Impfungsrate von zwölf Prozent und einem durchschnittlichen Serumspreis von zwanzig Euro macht das allein bei Impfungen einen jährlichen Umsatz von fast zwanzig Millionen Euro."

Noch einträglicher scheint das Geschäft mit den Antigrippemitteln zu sein. Zwei gibt es derzeit: Relenza und das berühmte Tamiflu. Beide ließen die Kassen klingeln. Als die Vogelgrippe-Hysterie um sich griff, stieg der jährliche Umsatz von Roche, der noch 2004 200 Millionen betragen hatte, auf 1,7 Milliarden Euro. Seither hatte er sich mit 1,3 Milliarden stabilisiert.

Wobei die Rolle der World Health Organization (WHO) auch in diesem Fall eine – nun, sagen wir: zweideutige ist. Sie hat, als die Vogelgrippe sinnloserweise Angst und Schrecken verbreitete, ihre Mitgliedsstaaten aufgefordert, entsprechende Medikamentenvorräte anzulegen. Die Regierungen konnten nichts anderes tun, als diesen Ratschlägen zu folgen. „In so einer Situation ist es schwer, zu sagen, dass man nichts macht", sagte der Generaldirektor für die öffentliche Gesundheit, Robert Hrabcik.

Dasselbe galt auch für die Schweinegrippe – nur dass die Angst der Menschen (darf man sagen: der Menschheit?) noch größer war. Immerhin hat ja die zitierte WHO die Gefährlichkeit der erwarteten Epidemie hinaufgestuft und ihr den Status einer Pandemie verliehen. Die Mediziner sprachen von einem Hype. Wie sich der neue Sturm auf Tamiflu in den Bilanzen von Roche auswirken wird, weiß man noch nicht. Man kann es sich vorstellen.

Es ist weder Vogelgrippe noch Schweinegrippe – es ist die Pandemie der Hypochondrie, die den internationalen Pharmakonzernen zugute kommt. Es ist die ganze Nationen erfassende Seuche der Angst, die auch dann nicht verringert werden kann, wenn die Gesundheitsbehörden versichern, in den Apotheken stünden ausreichend Antibiotika zur Bekämpfung bakterieller Zusatzerkrankungen zur Verfügung. Und die Millionen eingelagerter Gesichtsmasken kann man ja aufheben.

Geschäft mit der Angst. Furcht, von der die Kassen gefüllt werden. In den Vereinigten Staaten blüht das Waffengeschäft. Nein, nicht jenes mit Stinger-Raketen. Es sind die Handfeuerwaffen, die in Zeiten wie diesen reißenden Absatz finden. In Zeiten wie diesen: nämlich der Rezession. Auch in den USA nimmt die Zahl der Einbrüche und Diebstähle sprunghaft zu. „Was jetzt passiert, habe ich noch nie erlebt. Es herrscht Panik da draußen", sagt ein Waffenhändler, der die „Kunst des Schießens" lehrt; Ziel sind Pappfiguren, die Osama Bin Laden darstellen.

Der Verfassungsgrundsatz, der jedem Amerikaner erlaubt, eine Waffe im Haus zu haben, ist selten so strapaziert worden wie jetzt. Denn die Amerikaner haben Angst – mehr als nach dem 9. September. Sie fürchten um ihr Eigentum, vor allem deswegen, weil dieses bei den meisten immer geringer wird. In Europa ist es noch nicht so weit – und es wird voraussichtlich nicht so weit kommen. Dafür erleben jene Firmen, die Scherengitter, armierte Türen und Sicherheitsschlösser produzieren und feilbieten, ungeahnte Umsätze – fast gleichen sie jenen der Pharmaindustrie. Und auch für sie ist die Geschäftsgrundlage die nackte Angst ihrer Kunden.

Man kann es nicht leugnen: Es gibt in der Tat ein Dilemma. Im Kapitel, das sich mit der Frage „Freiheit oder Sicherheit" befasste, geht es nicht zuletzt auch darum. Warum hatte Kaiser Franz Joseph I. auf dem Weg in die Hofburg nie einen „Bodyguard"? Warum reisen Spitzenpolitiker jetzt nie ohne Leibwächter? Gewiss, die Kosten, die mit diesem „Angstgeschäft" auflaufen, trägt oft der Staat, also der Steuerzahler. Aber gerade im Nahen und Mittleren Osten ist für westliche Kaufleute oder Politiker ein Leben ohne Bewachung fast nicht vorstellbar. Und das kostet. Sogar sehr viel. Jene, die mit der Angst Geschäfte machen, sind in diesem Fall die Firmen, die „Security" im Schild tragen. Das Geschäft mit der Angst hat viele Gesichter.

Auch durchaus friedliche, wie wir feststellen dürfen. Da ist beispielsweise das Eigenschaftswort „Bio", das auf vielen Lebensmitteln prangt. Wer Angst hat, mit von Düngemitteln verseuchten Produkten in Kontakt zu kommen, ist gerne bereit, mehr zu zahlen, um sich weniger fürchten zu müssen. Die Probe aufs Exempel ist freilich noch nicht gemacht worden – man erkundige sich bei der EU; das Wort „Gen" ist in Brüssel vorläufig noch nicht gleichbedeutend mit Teufelssaat, sollte man meinen.

Einen besonders großen Anteil an den Geschäftserlösen, was die Angst betrifft, kann freilich die nun schon weidlich zitierte Pharmaindustrie auch auf einem anderen Gebiet für sich buchen, einem wichtigen Feld, vielleicht dem wichtigsten, was das Selbstverständnis und Selbstbewusstsein der Menschen betrifft. Bisweilen hat man den Eindruck, dass etwas, worüber man früher nicht sprach, heute zum wichtigen, ja zum wichtigsten Thema des Menschseins geworden ist: die Verdauung. Es muss nicht gleich das farbige Schnittmodel eines weiblichen Unterleibs sein, der sich nach der Einnahme eines rezeptfreien Medikaments deutlich sichtbar verkleinert, weil sich die Bläschen im Darm nach unten hin „verkrümeln". Die Dame mit der eng sitzenden Hose seufzt dann erleichtert auf; sie fühlt sich nicht mehr so aufgebläht.

Der Darm, der Sitz des Lebens, wie die alten Griechen und neuen Internisten zu erkennen glaubten: Funktioniert er nicht richtig, hat man Angst – man könnte ja krank sein. Dass in den Ländern des Fernen Ostens der dicke Bauch nicht unbedingt negativ besetzt ist, wissen alle, die je einen vergnügten Buddha gesehen haben, der lächelnd seinen Nabel entblößt. Hierzulande ist die Palette der Schlankmacher unübersehbar. Andere Länder, andere Sitten!

„Und es schmeckt gut", sagen die Models beiderlei Geschlechts, nachdem sie das Mittel geschlürft haben, das ihnen garantieren soll, kein Übergewicht anzusetzen. Dass die Zahl der Menschen, die an Adipositas leiden, in den meisten Staaten Europas trotzdem ständig zunimmt, freut jedenfalls die Pharmaindustrie, die nahezu buchstäblich aus dem vollen Bauch schöpfen kann.

Die Kosmetikindustrie wieder ist mehr als ausgelastet mit der Unzahl von Wässerchen und Cremes, die einer Elementarangst vorbeugen sollen, der Angst, alt auszusehen. „Ich bin stolz auf meine Falten, ich habe mir jede einzelne von ihnen redlich verdient", hat eine österreichische Politikerin gesagt. Sie gehört, glaube ich, einer Minderheit an, wenngleich einer qualifizierten.

Senectus ipse morbus? Sagen Sie das einem grauen Panther, sagen Sie das den jungen Alten, von denen es immer mehr gibt. Sagen Sie das den Vertretern und Vertreterinnen der „Juchu"-Generation, wie man die Menschen nennt, die sich partout, und sei es operativ, verjüngen und verschönern lassen wollen.

Und doch heißt es bei Goethe: *„Setz dir Perücken auf von Millionen Locken, setz deinen Fuß auf ellenhohe Socken, du bleibst doch immer, was du bist"*. Wer das gesagt hat? Mephistopheles hat es zu Faust gesagt. Dabei war damals von Verschönung unter dem Messer noch keine Rede.

Yes, we can

Wie Barack Obama die Angst beseitigen will

Wir leben mit der Angst. Sie ist gleichzeitig notwendig und erschreckend. Keiner von uns ist angstfrei, und ein beträchtlicher Prozentsatz der Menschen leidet an Angststörungen. Das heißt: Diese Menschen erleiden erklärliche oder unerklärliche Anfälle von Angst.

Die Weltgesundheitsorganisation hat Angst als Krankheit qualifiziert und klassifiziert. Sie ist in das Diagnoseschema der WHO aufgenommen worden.

Was tut man dagegen? Wie kann man die Angst vertreiben? Noch einmal: Es gibt keine angstfreie Welt. Das Angstdilemma ist überall. Es ist nicht zu eliminieren, sondern nur zu vermindern. Angst ist, alles in allem, eine psychische Störung. So betrachtet, sind wir alle psychisch gestört. Aber welche Möglichkeiten gibt es, die Seele wenigstens teilweise von solcher Belastung zu säubern?

Früher, als man Angststörungen nicht von anderen psychischen Erkrankungen zu unterscheiden verstand, wurden solche Menschen in Nervenheilanstalten untergebracht. Das war, als man noch nicht ahnte, welche Wurzeln die Angst haben kann und welche Möglichkeiten bestehen, sie loszuwerden, wenngleich auch nur teilweise. Denn noch einmal: Es gibt kein angstfreies Leben. Gott sei Dank nicht. Wie sehr die Angst uns am Leben erhält, habe ich bereits geschrieben.

Man kann es sich einfach machen und sagen: Wer Sorgen hat, hat auch Likör. Wilhelm Busch hat das geschrieben. Es sei, merkte er an, ein Rat „von alters her". Mit anderen Worten: Der Griff zur Flasche lässt die Angst zerstäuben, lässt sie in ein Hochgefühl der

Courage wechseln. Alkohol, mäßig genossen, schade selbst in den größten Mengen nicht, heißt ein alter ebenso falscher wie gesundheitsfeindlicher Spruch. Alkohol, mäßig genossen, bekämpft die Angst.

Im Ersten Weltkrieg erhielten Soldaten noch im Schützengraben vor dem Großangriff eine Ration Rum. Warum wohl? Im Zweiten Weltkrieg war bei den Amerikanern, die in ihren Landungsbooten zur mörderischen Omaha Beach unterwegs waren, der Whisky verboten. Sie haben stattdessen gebetet.

„Wein gemischt mit einer gleichen Menge Wasser vertreibt Angst und Schrecken", soll der griechische Arzt Hippokrates geschrieben haben. Er wusste noch nichts von den Möglichkeiten der Psychotherapie. Aber ist Angst wirklich therapeutisch zu behandeln? Wir alle haben sie, die einen mehr, die anderen weniger, und die Mehrzahl der Ängste sind keine klinischen. Sie sind Alltagsstörungen – wobei schon der Begriff „Störung" eigentlich verfehlt ist. Wenn ein Auto mit kreischenden Bremsen abrupt stehen bleibt, während wir die Fahrbahn auf dem Zebrastreifen überqueren – ist die Angst vor dem Überfahrenwerden, die uns folgerichtig überfällt, eine Störung oder eine Selbstverständlichkeit?

Noch einmal: Dies ist kein medizinisches Handbuch und auch keines mit therapeutischen Ratschlägen. Das Angstdilemma, von dem die Rede ist, ist das alltägliche. Und es lässt sich auch im Alltag mildern oder sogar beheben. Nicht von Medikamenten oder vom Besuch beim Psychiater soll hier die Rede sein. Wohl aber von den Mitteln, die jeder Mensch in sich trägt. Jeder. Weil ja auch jeder zeitweilig Angst hat.

„Wir überschätzen eine Gefahr, weil wir zu wenig darüber wissen", schrieb schon 1983 der Journalist Josef Kirschner, Autor etlicher Lebenskundebücher und einer meiner vielen Kollegen. Unter anderem hat er sich auch mit dem Phänomen Angst befasst. *„Wenn es in der Kunst, ohne Angst zu leben, überhaupt eine Maxime geben kann, dann diese: ‚Nichts geschieht für unser Glück, wenn wir nicht handeln. Im Handeln liegt die Lösung aller Dinge.'"* Nicht zu

handeln heißt, sich manipulieren zu lassen – eine der größten Gefahren für die Ängstlichen.

Aber der bereits mehrfach erwähnte Angstforscher Borwin Bandelow weiß, wie man mit Ängsten umzugehen hat, um sie nach Möglichkeit zum Verschwinden zu bringen. Seine Tipps sind die Ratschläge eines Experten, der sich zum Ziel gesetzt hat, die Menschheit angstfrei zu machen. Das heißt: Ihre Ängste zu bekämpfen, soweit sie nicht psychische Ursachen haben. In diesem Fall lädt er sie ein, sich einer psychotherapeutischen Behandlung zu unterziehen.

„Ignorieren Sie die Angst", sagt Bandelow. *„Vielen Menschen gelingt es, über die kleineren Befindlichkeitsstörungen, die durch harmlose Ängste ausgelöst werden, hinwegzusehen. Wenn man sich erst einmal im Klaren darüber ist, dass diese leichten Symptome keine gesteigerte Bedeutung haben und ungefährlich sind, so kann man sie wie Luft behandeln."*

Nächster Tipp: Den Ängsten nicht nachgeben. Sich ihnen stellen. Nicht mit der Bahn fahren, weil man Flugangst hat. Justament fliegen! Das ergibt auch gleich den Ratschlag: Situationen nicht ausweichen, weil sie Angst machen. Barack Obama hat dies den Amerikanern immer wieder eingebläut: Yes, we can! Tue es! Du kannst es! Immer wieder habe ich es von meinen Physiotherapeutinnen gehört, wenn ich vor dem Stufensteigen Angst hatte. Ich habe mich getraut, geübt – und war erfolgreich.

Allerdings: Es gibt tausend Wege, Angst loszuwerden, aber keiner von ihnen ist ein garantiert sicherer. Es gibt viele Pfade auf dem Weg zur Furchtlosigkeit (wobei zu bemerken ist, dass, wie gesagt, es durchaus gesund sein kann, sich zu fürchten), aber keiner ist eben. Jeder ist steinig. Und vor allem: Je besser man informiert ist über das, was einem in puncto Ängstlichkeit oder Angst durch den Kopf geht, je genauer man weiß, was das Motiv der Angst ist, desto besser.

Denn jede Art von Angst, auch die Panikstörung, kann bewältigt werden, wenn man ihre Herkunft kennt. Es ist zudem heute viel einfacher, seine Angst zu zeigen, als es früher einmal war. Man braucht sich nicht zu schämen, wenn man sich fürchtet. Deshalb sollte man sich seiner Angst stellen.

Als sich im Sommer 2009 auf Mallorca Bombenanschläge der baskischen Untergrundbewegung ETA ereigneten, wurden österreichische Touristen vor der Fernsehkamera interviewt. Fast alle sagten, sie hätten keine Angst. Sie würden ihren Urlaub nicht abbrechen. Nun gerade, gleichsam aus Trotz, würden sie die Ferieninsel nicht verlassen. Es war dies eine der besten Methoden, mit der Angst fertig zu werden.

Die Feriengäste auf Mallorca haben gleichsam die Angst ignoriert. Das ist ein guter Weg, sie loszuwerden. Ein Beispiel hat Goethe geliefert: *„Ich bestieg allein den höchsten Gipfel des Münsterturms und saß in dem sogenannten Hals unter dem Kopf oder der Krone, wie man's nennt, wohl eine Viertelstunde lang, bis ich es wagte, wieder heraus in die freie Luft zu treten, wo man auf einer Platte, die kaum eine Elle ins Geviert haben wird, ohne sich sonderlich anhalten zu können, stehend das unendliche Land vor sich sieht, indessen die nächsten Umgebungen und Zierraten die Kirche und alles, worauf und worüber man steht, verbergen. Es ist völlig, als wenn man sich auf einer Montgolfiere in die Luft erhoben sähe. Dergleichen Angst und Qual wiederholte sich oft, bis der Eindruck mir ganz gleichgültig war."*

Das war Goethe. Anders und moderner schlägt der Psychotherapeut Hans Morschitzky einen Weg zur Selbsthilfe gegen die Angst vor. Man solle, schreibt er, verstärkte normale Stressreaktionen nicht für Angstsymptome halten. Man möge Geduld haben und in der Situation, in der man sich befindet, warten, bis die Angst vorüber geht. Man möge beobachten, wann und wie die Angst von allein wieder abnimmt. Und vor allem auch: Man möge an etwas anderes denken – dann würden die Angstreaktionen schwächer.

Wie alle anderen Psychiater und Psychologen müssen freilich auch die Autoren dieser Studie gestehen, was freilich keineswegs ein Offenbarungseid der Medizin ist: Einen todsicheren Weg aus der Angst gibt es nicht. Denn es gibt eben so viele Ängste, wie es Menschen gibt.

Das aber heißt natürlich auch: Nicht immer muss jemand, der unter Ängsten leidet, gleich zum Nervenarzt. Die Selbstbehandlung von Ängsten kann oft sehr erfolgreich sein. Immer wieder wird gefordert, nicht vor Angst auslösenden Situationen zu kneifen. Yes, we can? Das Motto Barack Obamas, das er seinen Landsleuten immer wieder zugerufen hatte, kann durch einen Werbespruch ergänzt werden, der von einem amerikanischen Sportartikelerzeuger kommt: „Just do it!"

Es gibt begründete Ängste, es gibt sinnlose Ängste. Die einen von den anderen unterscheiden zu können, ist ein Weg der Therapie, der jedem offen steht. Und wenn es darauf ankommt, sollte man wissen: Angstzustände lassen sich leicht behandeln. Medikamentös, psychologisch, psychotherapeutisch. Scheuen Sie sich nicht, zum Arzt zu gehen, wenn Sie Angststörungen haben! Denn sie sind, wie wir jetzt wissen, viel häufiger, als man annehmen sollte. Noch einmal: So viele Menschen es gibt, so viele Arten von Angst gibt es.

Yes, we can! Wir können mit ganz einfachen Mitteln – es gibt, wie gesagt, sehr viele – unsere Ängste überwinden. Nicht zuletzt dadurch, dass wir sie erkennen und um ihre Ursachen wissen. Bedenken Sie: Kein Mensch lebt ohne Angst. Er weiß nur oft nicht, dass er sie hat. So betrachtet, ist geteiltes Leid nur halbes Leid. Und wir dürfen nicht vergessen, dass es einen alten Spruch gibt, der eine ebenso alte Wahrheit enthält: zu Tode gefürchtet ist auch gestorben. Wir aber wollen leben. Und die Angst verhilft uns dazu.

Die Würze in der Suppe

Wer Angst hat, hat mehr vom Leben

„Sie wollen mir meine Ängste nehmen – aber die Angst ist ja mein Kapital!“ So sprach Alfred Kubin, der österreichische Zeichner, dessen Hang zum Fantastischen, Dämonischen und Gespenstischen den Betrachtern seiner Werke immer schon Schauer über den Rücken gejagt hat. Kubin, der Meister des Grauenhaften, des Furchtbaren. Ein Künstler, der vom Tod fasziniert zu sein schien. Der aber auch den Hang zum Bedrohlichen lukrieren konnte. Ich weiß nicht, ob Alfred Kubin hätte reüssieren können, wenn er wie Albrecht Dürer ein „Wiesenstück“ zu Papier gebracht hätte. Oder so wie Amerling gefällige Porträts. Sein Kapital war die Angst – und er verstand es, mit ihr Geld zu machen.

„Sie wollen mir die Angst nehmen“, sagte Kubin. Für ihn ist sie ein Zustand, den Menschen überwinden müssen, damit sie seelisches Gleichgewicht erlangen können: *„Man muss hindurch, auch durch die Angst, um sich jenseits derselben nach einem infolge des Schwankens aller gewohnten Bewusstseinssicherungen qualvollen Übergangsstadium in einem neuen seelischen Gleichgewichtszustand wiederzufinden.“*

Angst, das Kapital. Offenbar aber auch Angst, das Positive. Kapital ist positiv zu verstehen. Die Angst ein Zustand, den der Mensch zu überwinden hat, um seelisches Gleichgewicht zu erlangen? Freilich: Wer Kubins Zeichnungen sieht, denkt nicht unbedingt an Gleichgewicht. Vielmehr an das Dunkel der Seele, eben an das Dämonische, das in ihr wohnt – in jeder menschlichen Seele, wie Alfred Kubin meinen mag.

Für den Künstler ist diese Angst offenbar lebensnotwendig gewesen. Sie war für ihn das Wesen seines Schaffens, sein Antrieb. Ohne Angst wäre Alfred Kubin vielleicht ein Allerweltsmaler geblieben. Durch seine Angst wurde er eine Berühmtheit. Wie kaum ein Zweiter – vielleicht ist Goya ein ähnlicher gewesen – hat Kubin in Zeichnungen geschildert, was Menschen fast nicht in Worten ausdrücken können. Er hat die Angst gezeichnet.

Angst: Kann sie wirklich auch positiv sein? Kann sie nicht nur Zittern, sondern auch Hochgefühl hervorrufen? Sagen wir es anders: Angst ist Antrieb. Angst ist Dynamik. Angst ist Leben.

Solches in einem Buch festzustellen, das sich mit dem Angstdilemma befasst, mag kontraproduktiv sein. Aber um die vielen Seiten, Ausprägungen, Facetten der Angst und ihre unterschiedlichen Variationen samt ihrer Herkunft zu erörtern, ist es notwendig, sich nicht im Negativen zu verlieren. Wir brauchen die Angst. Sie ist notwendig. Wie gesagt: Sie hilft uns, zu überleben. Wer Angst ignoriert, stirbt. Angst ist ein Warnsystem, es gehört zu unserer biologischen Ausstattung. Wir schauen nach links und rechts, bevor wir eine Straße überqueren. Sonst könnte uns ein Auto überrollen. Unsere Reaktion ist demgemäß eine der Angst, ohne dass wir es zugeben. „Angst hat immer eine existenzielle Dimension", sagt Hans Morschitzky.

Bleiben wir einen Augenblick bei dieser Feststellung, die nicht nur von Medizinern getroffen wird. Wir alle wissen es: Wer sich nie und nimmer und nirgendwo fürchtet, läuft Gefahr, unterzugehen. Die Hybris ist, das wussten schon die alten Griechen, eine verteufelte Eigenschaft – mit dem Akzent auf dem Wort „Teufel". Hybris: der Hochmut, die Hoffart, der Übermut. Hier haben wir ihn wieder: Übermut ist falscher Mut.

Wer sich in Gefahr begibt, kommt darin um. Es gibt kein skurrileres, kein – ich wage zu sagen – dümmeres Sprichwort als jenes, das feststellt: Wer wagt, gewinnt. Wagen heißt, keine Angst zu haben. Wer keine Angst hat, kommt nur allzu häufig zu Schaden.

Weise Menschen aus allen Jahrhunderten haben die positivsten Aspekte der Angst beschrieben. Für sie ist das Angstdilemma in der Tat eines, das im Grunde jedem Menschen eigen ist. Dilemma: „Die Schwierigkeit der Wahl zwischen zwei Dingen, wenn für beide gleichwertige Gründe sprechen." Im Prolog habe ich bereits darauf hingewiesen, was der Brockhaus zu sagen weiß, kurz, aber bündig. Gleichwertige Gründe: sich fürchten oder mutig sein, Angst haben, um weiterzuleben. Sonderbar, nicht wahr?

Wer immer aus medizinischer Sicht mit Menschen zu tun hat, die an Ängsten leiden, sieht nicht nur die negativen Folgen der Angst. Es gibt durchaus auch positive, ja faszinierende Seiten. „Angst ist nicht nur ein Hemmnis, sondern auch eine Herausforderung, eine Chance", schreibt der Angstforscher Bandelow und zitiert den dänischen Philosophen Søren Kierkegaard: „Die Angst lähmt nicht nur, sondern enthält die unendliche Möglichkeit des Könnens, die den Motor menschlicher Entwicklung bildet." Oder, wie das Beispiel Alfred Kubins zeigt – und wieder nach Bandelow: *„Angst kann die treibende Kraft sein, die uns zu schöpferischem Handeln anregt, zu herausragenden Leistungen anstachelt und unsere Fantasie und Kreativität steigert. Fast alle Eigenarten der Menschen – die schlechten und die guten – sind durch ihre Ängste erklärbar."*

In der Tat ist die Zahl jener ängstlichen Prominenten, die vielleicht dadurch groß geworden sind, dass sie gelegentlich Angst hatten, jedenfalls imponierender, als man meinen sollte. Sie haben samt und sonders Eigenschaften, die oft mit dem Ausdruck „normal" nicht bezeichnet werden können. Sie hatten Angstzustände, Panikanfälle, nervöse Störungen und haben doch Außergewöhnliches geleistet. Vielleicht sind sie gerade durch die Angst befähigt worden, groß zu werden. Denn es gibt, sagen die Wissenschaftler, keinen Erfolg ohne Angst. Wir brauchen sie, um nicht unterzugehen – so sonderbar dies auch klingen mag.

Charles Darwin hat bereits in jungen Jahren Zustände ertragen müssen, die man heute einwandfrei als Panikstörungen interpretieren müsste: Herzklopfen, Luftnot, Zittern, Weinen, Todesangst, Magen-Darm-Beschwerden, Benommenheit, Entfremdungserlebnisse. Bandelow hat dies akribisch aufgezeichnet. Darwin soll auch große Angst vor Menschenmengen, Festen, Reisen und vor dem Alleinsein gehabt haben.

Oder nehmen wir Robert Scott, der 1912 mit einer Expedition den Südpol erreichte – nur um festzustellen, dass Roald Amundsen bereits dort gewesen war. Scott und die anderen Teilnehmer der Expedition erlagen auf dem Rückweg den Strapazen des ewigen Winters. Später stellte sich heraus, Scott habe, wie der Expeditionsarzt geschrieben hatte, der auch selbst ums Leben kam, den sozialen Umgang so schwierig gefunden, „dass er seinem Tagebuch anvertraute, dass er vor Festen Beruhigungsmittel einnahm". Es habe zudem für ihn mehr Mut gefordert, vor einer Zuhörerschaft zu reden, als eine Gletscherspalte zu überqueren. Wenn das nicht soziale Phobie war – was dann?

Bandelow hat sich eingehend mit der ängstlichen Prominenz befasst. Einige seiner imaginären Patienten: Brecht, Beckett, Kafka. Auch Barbara Streisand litt unter sozialer Phobie – sie ist angeblich 20 Jahre lang nicht mehr aufgetreten, seit sie bei einem Konzert im Central Park in New York ein paar Worte eines Songs vergessen hatte. Laurence Olivier hatte ein ähnliches Schicksal: Er fürchtete, sich nicht an seinen Text erinnern zu können. John Steinbeck war von solchen Ängsten beeinträchtigt, dass er zum Alkoholiker wurde. Und Edvard Munch, dessen Bild „Der Schrei" eine der eindrucksvollsten Darstellungen menschlicher Angst zeigt, litt unter Depressionen, Psychosen und Alkoholabhängigkeit.

„Sigmund Freud, der Begründer der Psychoanalyse, soll Panikattacken und andere Ängste gehabt haben", schreibt Bandelow. „Sein Psychoanalytiker-Kollege Alfred Adler hatte schon in jungen Jahren eine so ausgeprägte Angst vor dem Tod, dass er beschloss, Arzt zu werden, um sich im Notfall selbst kurieren zu können – was ihm aber auch nichts nützte, denn er brach eines Tages mit 67 Jahren nach einem Herzanfall tot auf der Straße zusammen."

Angst, so Bandelow, „gibt uns die unendliche Energie, die für Spitzenleistungen erforderlich ist“. Zwei amerikanische Psychologen haben zu Beginn des 20. Jahrhunderts herausgefunden, dass ein Zuviel an Angst bestimmte Leistungen verschlechtere, dass aber ein gewisses Maß, also eine „mittelgradige Angst“, Bestleistungen zur Folge haben könne. Dies, sagten die beiden Psychologen, könne man bei Prüfungen feststellen. Ein mittlerer Angstlevel führe zum besten Ergebnis. Angst, zu versagen, ist eben eine starke, wenn nicht die stärkste Triebkraft für menschliche Leistungen.

Als ich mich trotz einer Halbseitenlähmung wieder im Freien bewegen konnte, wagte ich mich auf eine Rolltreppe, obwohl ich am Anfang Angst hatte, eine bewegliche Stufe zu betreten. Und siehe da: Es klappte. Seither bereiten mir Rolltreppen kaum mehr Schwierigkeiten. Als ich mich zum ersten Mal wieder einer Straßenbahn anvertrauen wollte, bat ich die zuständige Stelle der „Wiener Linien“, mich in einer Remise das Ein- und Aussteigen über die (hohen) Stufen des Waggons üben zu lassen. Ich hatte Angst, zu wenig mobil zu bleiben.

Immer wieder habe ich mich in diesen Tagen eines Spruchs meiner Mutter entsonnen, der da gelautet hatte: *„Ich will, das Wort ist mächtig, spricht's einer ernst und still. Die Sterne reißt's vom Himmel, das kleine Wort: Ich will.“* Pathetisch, wie es klang, hatte es doch einen tiefen Sinn. Angst ist in der Tat ein außerordentlich leistungssteigerndes Mittel. Sie ist sogar, wie manche Wissenschaftler sagen, die Würze in der Suppe des Lebens.

Aber man müsse, heißt es, mit der Angst kooperieren. Wer sich von ihr überwältigen lässt, zieht den Kürzeren. Sie ist ein guter Motor, aber ein schlechter Ratgeber.

Heißt das alles, dass wir wirklich ohne Angst nicht leben können, nicht *über*leben können? Zu viel Angst ist schlecht, zu wenig Angst ist schlecht. Welcher Heuhaufen schmeckt besser? So betrachtet, hat Franklin D. Roosevelt eigentlich unrecht, als er 1933 vor dem US-Kongress sagte: „The only thing we have to fear is fear itself.“ Dass er es ausrief, als die große damalige Finanzkrise noch nicht vorüber war, kann gerade heute fast symbolhaft aufgefasst werden. Das Einzige, vor dem wir Angst haben müssen, ist die Angst. Wir sollten uns, hat Roosevelt gemeint, nicht vor der Angst fürchten, weil dies die ganze Bredouille nur noch ärger machen würde.

Leicht gesagt! Nehmen wir trotzdem zur Kenntnis, dass die Angst auch ihre positiven Seiten hat, ja dass sie lebensnotwendig ist. Angst ist normal, fast jeder Mensch habe ein bis zwei Phobien, wissen die Psychiater. Wenn ich jetzt sage: Allzu viel ist ungesund – lachen Sie bitte nicht! Die Dosis macht das Gift. Also verstecken wir es im Giftschrank.

Wirklich ein Dilemma?

Keine Angst vor der Angst

Das Resümee, gezogen von einem Medienmann, der sich in diesem Buch ausführlich mit dem Phänomen Angst befasst hat, ist einfach. Und es ist jenes, das bereits im ersten Kapitel, im Prolog, festgestellt wurde: Die menschliche Angst ist immerwährend und allumfassend. Allein, sie kann böse und sie kann gut sein. Darin liegt ihr Dilemma. Das Angstdilemma.

Wir müssen mit der Angst leben. Seit es Menschen gibt, herrscht sie, diese Angst, die, wie wir gesehen haben, im Grunde nur eine ist: Todesangst. Alle anderen Ängste sind ihr untergeordnet. Auch die Krisenangst. Angst vor der Krise heißt Angst vor der Zukunft. Angst vor der Zukunft heißt Angst vor der und um die Existenz. Und Existenzangst, die auch die physische umfasst, ist im Grunde nichts anderes als übertragene Todesangst. Ich ängstige mich, also bin ich. Descartes würde dies, lebte er heute, vielleicht so formulieren.

Böse Angst – das ist jene, die von den Medien verbreitet wird, bewusst oder unbewusst, freiwillig oder unfreiwillig. Was ich in diesem Buch schon einige Male gesagt habe, muss ich wiederholen. Als Journalist, der seinen Beruf und dessen Branche kennt, weiß ich, wovon ich schreibe. Ich bekenne wieder: Für uns ist der Alarm wichtiger als die Entwarnung. Wir schüren Ängste. Wir schaffen sie nicht, aber wir vervielfältigen sie. Verstehen Sie dies als ein volles Geständnis. Dieses ist ja, wie es heißt, der wichtigste Milderungsgrund.

Dieses Buch ist eigentlich eine Reportage. Freilich eine, die im Grunde gegen ein Prinzip journalistischer Fairness verstößt. Fakten und Meinung werden nicht überall sauber und streng getrennt. In diesem Fall darf Descartes im Urtext zitiert werden: „Cogito, ergo sum." Ich überlege – daher existiere ich. Es ist dies eine Weisheit, die, wie ich glaube, für den gesamten Medienbereich gilt.

Ich überlege, daher existiere ich. In meinem Fall darf ich sagen: Ich denke, daher habe ich überlebt. Ich habe, wie gesagt, Angst gehabt. Oft und intensiv. Nicht immer habe ich sie als Angst verspürt, gelegentlich schien sie mir als Überraschung: Was soll's?

Dieses Buch ist daher auch so etwas wie ein Bekenntnis. Ich habe Angst gehabt und von Berufs wegen Angst verbreitet – nicht absichtlich, gewiss nicht. Aber ich war, glaube ich, doch einer von jenen, die ich in diesem Buch als Panikmacher bezeichnet habe. Angst ist Nachricht, ist News. Ich bin freilich in meinem Leben draufgekommen, dass das Motto, nur eine schlechte Nachricht sei eine gute Nachricht, nicht in jedem Fall stimmt. Als ich erfuhr, dass ich wieder reden, schreiben, gehen können werde, war dies die beste Nachricht, die ich erfahren sollte.

Wir Angstmacher, schrieb ich. Wir Panikmacher. Angst, hat man mir gesagt, hat einen fatalen, auch verbalen Zusammenhang mit dem Wort „Enge". Wenn du Angst hast, fühlst du dich irgendwie gewürgt. Man spricht von würgender Angst. Wie kommt es dann, dass man Angst auch als Würze in der Suppe des Lebens bezeichnen kann?

In der Tat, Angstdilemma, wohin man blickt. Wir müssen mit der Angst leben und können ohne sie nicht überleben. Es gibt keinen Fortschritt ohne Angst, weil es keinen Fortschritt ohne Risiko gibt. Risiko ist immer mit einer Spur von Angst verbunden, ob wir es zugeben wollen oder nicht.

Wir dürfen es ruhig zugeben. Es ist heute nicht mehr verboten, die Angst zu zeigen. Heute dürfen ja auch Männer weinen. „Sag feig!", sagten wir in der Schule, als wir uns etwas „trauen wollten". Sag feig! Eine der dümmsten Aufforderungen, wie ich glaube. So wie viele Arten des Muts und der Kühnheit, vielleicht auch der Courage, der Dummheit benachbart sind.

Und doch – wo wäre die Welt, wäre das Prinzip der Risikovermeidung ein allgemein gültiges? Die Weltumsegler und die Konquistadoren zu Beginn der Neuzeit hätten, wären sie mutlos daheim geblieben, den Globus nicht zur Gänze entdeckt.

Es ist verwegen und darf doch immer wieder behauptet werden: Ohne Angst gibt es keinen Fortschritt, ohne Furcht vor dem Verlieren keinen Wettbewerb. In der Tat fußt das Überleben der Menschheit nicht zuletzt auf der Angst, nicht überleben zu können. Angst gäbe, heißt es immer wieder, übermenschliche Kräfte. Doch auch das Gegenteil ist der Fall. Hätten wir nicht das Gleichgewicht des Schreckens, das Gleichgewicht der Angst vor gegenseitiger nuklearer Vernichtung, so wäre der Dritte Weltkrieg längst entbrannt – mit allen Konsequenzen.

Ich habe Angst, darum lebe ich. Ich hatte Angst, deshalb überlebte ich. Wir alle haben Angst. Aber die Angst ist notwendig. Sie bringt Sicherheit. Ohne sie wären wir längst tot.